Camina Junto a Mi

AVALES

Aquellos de nosotros que hemos servido al Señor transculturalmente nos hemos encontrado en un momento u otro en una encrucijada espiritual en nuestra carrera misionera. *Camina Junto a Mi* es una lectura obligada para cualquiera que ministre como servidor global. Los antiguos caminos de formación espiritual son esenciales para un crecimiento duradero en nuestro camino de fe. Si desea recuperar el poder radiante de los antiguos caminos para la formación espiritual, acepte la invitación personal de Herb Lamp a *Camina Junto a Mi*. ¡Será un deleite para tu alma!

PERRY BRADFORD
Director ejecutivo, Barnabas Internacional

Camina Junto a Mi de Herb Lamp analiza las disciplinas y conceptos espirituales básicos que son cruciales para un ministerio saludable en entornos interculturales desafiantes. Cada capítulo se basa en el anterior y enciende la esperanza de que podemos prosperar y florecer cuando estamos conectados y centrados en Jesús. Herb no prohíbe más trabajo y actividades de las que deberíamos realizar. Más bien, presenta los caminos históricos de la formación espiritual como oportunidades para una mayor vitalidad y conexión con la Fuente de la Vida. Ojalá este recurso estuviera disponible hace treinta años, cuando me embarqué en el ministerio intercultural. Es una lectura esencial para todos los trabajadores globales que se esfuerzan por hacer avanzar el evangelio en lugares difíciles.

JOHN DALLMANN
Director ejecutivo/presidente, Ministerios Internacionales de Ingeniería Global

Este libro es uno que los profesionales de atención a los miembros, los asesores de vida y los trabajadores en el extranjero deben tener en su caja de herramientas de atención de vida. He visto el gozoso fruto del trabajo de Herb Lamp con los misioneros a lo largo de los años y sé que estas son palabras de verdad. El camino antiguo sigue siendo el único camino verdadero que conduce a una vida rebosante de la plenitud y la salud de Cristo.

BILL DUNHAM
Director de Ministerios Marketplace, Alianza Cristiana y Misionera

Camina Junto a Mi es un recurso extremadamente valioso para cualquier persona involucrada en el ministerio global. A través de una profunda experiencia personal y del multitudinario testimonio de otros, es un relato honesto de los importantes desafíos espirituales que enfrentan aquellos llamados al trabajo transcultural. También proporciona un menú completo y rico de prácticas bíblicas y espirituales no sólo para ayudar a prevenir y afrontar los peligros del agotamiento y el desánimo, sino también para fortalecer la vida espiritual. Apoyo firmemente este libro como uno de los mejores libros para ayudar a guiar el propio viaje de formación espiritual en medio del ministerio. ¡Es excepcional!

ROBERT A. FRYLING
Autora de *The Leadership Ellipse: Shaping How You Lead by Who You Are*

Como gran admirador de todo lo relacionado con las prácticas espirituales, encuentro que Herbert Lamp cubre la totalidad con historias, ejemplos bíblicos, conexiones históricas y explicaciones sabias. Es emocionante encontrar una interpretación tan completa de siglos de prácticas espirituales. *Camina Junto a Mi* es verdaderamente un viaje no sólo para los trabajadores globales, sino para todos los que buscamos una conexión más profunda con Dios.

Jayna L. Gallagher, MA
Director espiritual, Escuela de Graduados de Wheaton College

Journey With Me es atractivo, perspicaz, desafiante y, sobre todo, profético. El veterano trabajador transcultural, Herbert Lamp, comprende las tensiones y angustias de la vida misionera, junto con el imperativo de cultivar caminos que conecten con Dios. El libro evidencia un profundo amor por el Señor y sus siervos globales, llenando las zonas áridas de nuestra alma con exuberantes ideas prácticas. Ojalá hubiera leído este libro cuando comencé a ministrar hace décadas.

Rev. Robert L. Gallagher, PhD
Professor emeritus of intercultural studies, School of Mission, Ministry, and Leadership,
Wheaton College Graduate School

Camina Junto a Mi es atractivo, perspicaz, desafiante y, sobre todo, profético. El veterano trabajador transcultural, Herbert Lamp, comprende las tensiones y angustias de la vida misionera, junto con el imperativo de cultivar caminos que conecten con Dios. El libro evidencia un profundo amor por el Señor y sus siervos globales, llenando las zonas áridas de nuestra alma con exuberantes ideas prácticas. Ojalá hubiera leído este libro cuando comencé a ministrar hace décadas.

Nydia R. Garcia-Schmidt
Director de área, Norteamérica y Sudamérica, Wycliffe Global Alliance

Con historias de la vida real, teología con base bíblica y atención a las necesidades de los servidores globales, los antiguos caminos de la formación espiritual cobran vida en la practicidad y la nutrición efectiva del alma. Estoy agradecido por esta importante contribución al movimiento de formación espiritual en todo el mundo y felicito los esfuerzos de Herb en nombre de todos nosotros.

Stephen A. Macchia, DMin
Fundador y presidente, Transformaciones de Liderazgo
Director, Centro Pierce, Seminario Teológico Gordon-Conwell
Autor de 16 libros, entre ellos: *Becoming a Healthy Church* y *Crafting a Rule of Life*

El espíritu gentil, la sabiduría y la experiencia de Herb están entretejidos a lo largo de este gran libro. Repleto de ideas que invitan a la reflexión, consejos prácticos y preguntas para reflexionar, *Camina Junto a Mi* es un excelente recurso para servidores globales, iglesias enviadas, organizaciones misioneras y aquellos que oran por un llamado al trabajo intercultural. Verdaderamente una lectura obligada para cualquiera que desee una intimidad más profunda con Cristo.

Scott Vair
Presidente/CEO, World Orphans

Camina Junto a Mi

Formación Espiritual Para Los Trabajadores Mundiales

Herbert F. Lamp, Jr.

visit us at missionbooks.org

Camina Junto a Mi: Formación Espiritual Para Los Trabajadores Mundiales

© 2024 by Herbert F. Lamp, Jr. Todo derecho reservado

Ninguna parte de este libro puede reproducirse, almacenarse en un sistema de recuperación ni transmitirse de ninguna forma ni por ningún medio (electrónico, mecánico, fotocopia, grabación o de otro tipo) sin el permiso previo por escrito del editor, excepto citas breves utilizadas en conexión con reseñas en revistas o periódicos. Para obtener permiso, envíe un correo electrónico permissions@wclbooks.com. Para correcciones, envíe un correo electrónico a editor@wclbooks.com.

William Carey Publishing (WCP) publica recursos para dar forma y avanzar en la conversación misionológica en el mundo. Publicamos una amplia gama de libros que invitan a la reflexión y no necesariamente respaldamos todas las opiniones expuestas aquí o en las obras a las que se hace referencia en este libro.

Las URL incluidas en este libro de trabajo se proporcionan únicamente para uso personal y están actualizadas a partir de la fecha de publicación, pero el editor renuncia a cualquier obligación de actualizarlas después de la publicación.

A menos que se especifique lo contrario, todas las citas de las Escrituras son de la Santa Biblia, Reina Valera© copyright © 1960. Utilizado con autorización de Zondervan Publishing House. Reservados todos los derechos.

Publicado por William Carey Publishing
10 W. Dry Creek Cir
Littleton, CO 80120 | www.missionbooks.org

William Carey Publishing es un ministerio de Frontier Ventures
Pasadena, CA 91104 | www.frontierventures.org

Portada del libro diseñado: Mike Riester
Image de la portada: Alexander Milo, unsplash.com
Traductor: Rachael Large

ISBNs: 978-1-64508-631-4 (paperback)
       978-1-64508-633-8 (epub)

28 27 26 25 24   1 2 3 4 5   IN

Library of Congress Control Number: 2024949776

CONTENIDO

Introducción	8
Capítulo 1: La Teología de la Espiritualidad: Los Antiguos Caminos de Comunión, Comunidad y Co-Misión	13
Capítulo 2: Cuidado del Alma: El Antiguo Camino hacia la Plenitud	25
Capítulo 3: La Palabra de Dios: El Antiguo Camino hacia Dios	37
Capítulo 4: Nuestra vida de Oración: El Antiguo Camino hacia la Intimidad	45
Capítulo 5: Reflexión: El Antiguo Camino hacia la Confianza	57
Capítulo 6: Regla de la Vida: El Antiguo Camino hacia la Intencionalidad	65
Capítulo 7: Sábado y Retiro: El Antiguo Camino hacia el Descanso	73
Capítulo 8: Guerra Espiritual: El Antiguo Camino hacia la Victoria en Cristo	83
Capítulo 9: Diferentes Enfoques hacia Dios: El Antiguo Camino hacia la Adoración	91
Capítulo 10: Silencio y Soledad: Los Antiguos Caminos hacia el Vaciamiento y el Llenado	101
Capítulo 11: Aprendiz de por Vida: El Antiguo Camino hacia la Humildad	107
Capítulo 12: Dirección Espiritual: El Antiguo Camino hacia el Discernimiento	117
Capítulo 13: Hospitalidad: El Antiguo Camino hacia el Espacio y la Libertad	125
Capítulo 14: Sumisión: El Antiguo Camino del Seguimiento	131
Capítulo 15: Ministerio Encarnacional: El Antiguo Camino de la Presencia	141
Capítulo 16: Sufrimiento: El Antiguo Camino hacia la Alegría	149
Capítulo 17: Discernimiento Comunitario: El Antiguo Camino hacia la Sabiduría	159
Capítulo 18: Tentación y Verdad: El Antiguo Camino hacia la Santidad	167
Capítulo 19: Comparación y Competencia: El Antiguo Camino hacia el Perdón	181
Conclusión	189
Agradecimientos	191
Bibliografía	193

INTRODUCCIÓN

Mi esposa Debbie y yo fuimos nombrados misioneros en la antigua Yugoslavia en 1981. Llegamos allí con nuestro hijo de dieciséis meses para comenzar a estudiar el idioma en Belgrado, la "Ciudad Blanca". Vivíamos aislados de los compañeros de trabajo porque en ese momento estábamos detrás del Telón de Acero y tuvimos que limitar el contacto con nuestra misión.

Mientras invertíamos en el estudio del idioma a tiempo completo, los días eran estresantes y solitarios. El estudio de idiomas no conduce al empoderamiento espiritual y pronto me sentí espiritualmente seco y vacío. En nuestro segundo año de estudio de idiomas, nuestra primera hija nació; y Debbie inicialmente dejó de estudiar el idioma formalmente para cuidar de nuestros dos hijos. Imprevisto por nosotros, nuestra relación se volvió distante cuando comencé a viajar y enseñar mientras Debbie mantenía la casa. Sentimos la creciente tensión, no sólo relacional sino también espiritual. Al no tener a nadie más con quien compartir y orar en el lenguaje de nuestro corazón, nuestras vidas se marchitaron aún más.

Esto fue mucho antes de la época de las computadoras e Internet. Nuestro tiempo personal en la quietud de la Palabra era la única fuente de aporte espiritual. Con dos niños pequeños, a Debbie le resultaba casi imposible tener tiempo con Dios cuando yo estaba viajando. Cuanto más temprano se levantaba para estar con el Señor, más temprano los niños también se despertaban. Finalmente, decidió dejar de intentarlo cuando se dio cuenta de que se estaba levantando ¡a las tres de la mañana!

Todo esto se vio agravado por un creciente sentimiento de oposición espiritual, que no estábamos preparados para afrontar. Fuimos atacados en innumerables frentes que, si soy honesto, a menudo nos derrotaron. Simplemente estábamos desgastados por el constante estrés y presión. Sin embargo, seis años después de nuestra llegada al campo, nos pidieron mudarnos a Viena, Austria, para una nueva asignación ministerial con nuestra misión. A pesar de que éste sería un nuevo país e idioma, y Debbie acababa de dar a luz a nuestro tercer hijo, cumplimos con esta solicitud.

Esto nos llevó a un ministerio activo que fue gratificante, pero también exigente. Mis horas de trabajo se duplicaron y casi nunca tenía un día libre. No tenía sentido del sábado y sentí una carga ministerial muy pesada. Después de algunos años de esto, no fue sorprendente que sufriera un agotamiento severo, que ahora sabemos, en retrospectiva, que fue la primera etapa de la depresión clínica. Desafortunadamente y en detrimento de mí mismo, mi familia y nuestro ministerio, esto no fue diagnosticado adecuadamente y no recibí la curación y ayuda que necesitaba. Mi vida espiritual estaba tan vacía como mi vida emocional. Dos años después de esta nueva asignación no pude hacer más, así que dejé mis

INTRODUCCIÓN

responsabilidades laborales y regresé a los Estados Unidos sintiéndome como un completo fracaso.

Al regresar, me dieron una posición en la oficina, lo que me permitió crecer e involucrarme en un movimiento embrionario hacia el cuidado pastoral misionera. Con el tiempo, y con un enfoque espiritual renovado, recuperé mi vitalidad espiritual. Aunque no entendía del todo lo que había experimentado, estaba desesperado por no volver a mis costumbres anteriores, así que comencé a tomar medidas para proteger mi alma.

En mi nuevo rol, comencé a escuchar historia tras historia similares al mío. Estos queridos siervos de Dios se enfrentaban rutinariamente al estrés resultante de adaptación cultural, conflictos de equipo, desafíos ministeriales, luchas matrimoniales, luchas personales, problemas con los niños y más. También descubrí que a menudo tenían una comprensión muy pobre de cómo sus vidas espirituales estaban siendo impactadas en el en medio de las tensiones de su vida.

Al pasar los años, y especialmente a través de mis estudios de doctorado, comencé a examinar la relación entre el ministerio y las almas de los trabajadores transculturales[1] Comencé a hacer preguntas centrales sobre la vida y el ministerio. ¿Cómo podemos equilibrar un corazón para Dios y manos para el servicio? ¿Cómo podemos practicar intencionalmente la formación espiritual en nuestras vidas ocupadas? ¿Cómo podemos ministrar desde el desbordamiento de nuestra relación con Dios en lugar de tratar el ministerio como un reemplazo de intimidad? Después de años de hacer estas preguntas, interactuar con misioneros, y experimentar un crecimiento personal, Debbie y yo desarrollamos un programa de retiro de formación espiritual de cinco días. El aprendizaje comunitario se convirtió en un aspecto único de nuestros retiros. En lugar de mucha enseñanza por una persona, los retiros dependen de la voluntad de cada uno de los participantes al involucrarse y liderarse unos a otros a medida que aprendemos sobre diferentes prácticas espirituales.

Ninguna de las disciplinas espirituales que practicamos en nuestros retiros eran nuevas para la iglesia, aunque a veces eran nuevas para algunos de los participantes. De hecho, el profeta Jeremías nos los presenta:

Así dijo Jehová: Paraos en los caminos, y mirad, y preguntad por las sendas antiguas, cuál sea el buen camino, y andad por él, y hallaréis descanso para vuestra alma. (6:16)

Si bien los caminos antiguos son para todos, creo que los servidores globales enfrentan algunos desafíos únicos al caminarlos. Hay ciertos desafíos y obstáculos que son específicos de la vida misionera y que por eso requieren una atención específica. Estos factores hacen que sea un desafío y una verdadera tarea para el servidor global equilibrar un corazón para Dios con manos para el servicio. Por eso he escrito este libro.

---

[1] Herbert F. Lamp, Jr., "Toward a Theology of Submission and Obedience in Missions" (DMin diss., Gordon-Conwell Theological Seminary, 2011).

La mayoría de los misioneros no son los guerreros espirituales que a algunos les gusta pensar que somos. A pesar de libros con títulos como *El Secreto Espiritual* de Hudson Taylor no hay fórmula secreta para la vida espiritual. Luchamos de manera ordinaria para conectarnos con Dios, como cualquier otra persona. Incluso si no ministras a través de áreas geográficas, fronteras étnicas, lingüísticas o culturales, aún puedes beneficiarte de estos antiguos caminos, por lo que te animo a continuar leyendo y explorando el contenido y las reflexiones en este libro. Ya seas un servidor global o un servidor en tu ciudad natal, Dios desea que todos tengamos una relación rica con él.

¿Quiénes son los servidores globales?

Quiero definir lo que se quiere decir cuando usamos el término misionero. Lo que a veces es francamente proclamado es que todos los cristianos son misioneros. Desafortunadamente, esto puede confundir el concepto de misión (Misio Dei) y misiones. Historiador de la iglesia y misionero, el Obispo Stephen Neill, señaló: "Si todo el mundo es misionero, nadie es un misionero."[2] Así que, si bien todos deben ser testigos, siervos del reino y llevar responsabilidad de la misión, no todos son misioneros enviados a las naciones. Guillermo David Taylor lo expresa de esta manera:

> *Le hacemos un flaco favor al "misionero" al universalizar su uso. Mientras que todos los creyentes son testigos y servidores del reino, no todos son misioneros. No glamorizamos ni exaltamos al misionero, tampoco le atribuimos un mayor honor en la vida o una mayor recompensa celestial, y tampoco creamos una oficina artificial.*
>
> *Esta conclusión enfocada proviene de una teología bíblica de las vocaciones (Dios nos ha dado vocaciones diversas y todas son santas, pero no todas iguales); una teología de dones (no todos son apóstoles ni todos hablan en lenguas—1 Cor. 12:29) y por lo tanto no todos los cristianos son misioneros; y una teología de los llamamientos (el Dios Triuno llama soberanamente a algunos a esta posición y tarea).*[3]

Para los propósitos de este libro, los términos servidor global y misionero se refieren a: hombres o mujeres que han sido llamados por Dios al trabajo transcultural; sirviendo dentro o fuera de sus propias fronteras nacionales, pero aun cruzando algún tipo de barrera cultural, barrera lingüística o geográfica como uno enviado llamado, autorizado y encargado.[4] El servidor global tiene la convicción y el reconocimiento de un llamado al servicio misionero, un deseo intenso de obedecer e ir adonde Dios nos lleve.

---

2 Stephen Neill, citado en William David Taylor, "Missionary", en *Evangelical Dictionary of World Missions*, editado por A. Scott Moreau (Baker, 2000), 644.

3 Taylor, "Missionary", 645.

4 *Misionero* es la palabra tradicional para una persona involucrada en el ministerio transcultural. Sin embargo, debido a los riesgos que implica el uso del término en áreas inseguras del mundo (áreas donde los trabajadores globales viven en condiciones muy inestables, como guerra civil, disturbios, persecución, desastres naturales o crimen), a veces en este libro Usamos el término *siervo* o *trabajador global* cuando nos referimos a misionero. Esta se está convirtiendo en la frase aceptada en los círculos misioneros.

INTRODUCCIÓN

Jesús habló muchas veces de su propio llamado y obediencia al Padre. "Mi comida", dijo Jesús, 'es que haga la voluntad del que me envió, y que acabe su obra'" (Juan 4:34). Dios ha llamado siervos globales para ir a las naciones enviándolos a hacer la voluntad del Padre, por el amor del Hijo y en el poder del Espíritu Santo. Sin embargo, para los misioneros no sólo para sobrevivir sino para seguir prosperando, debemos analizar más profundamente los corazones de los mensajeros de Dios. ¿Cómo se forman los corazones de los servidores globales? ¿Cómo se muestra su espiritualidad en sus llamamientos específicos y únicos? Estas son preguntas importantes para el misionero del siglo XXI.

MANOS Y CORAZONES

Los servidores globales son a menudo activistas por naturaleza. Les gusta cumplir sus objetivos. Ellos encuentran nutrición en la actividad e incluso en la lucha y el conflicto. Son profetas y apóstoles. Usan sus manos para el reino. Esto, por supuesto, no describe a cada misionero, pero sí describe a muchos.

Un impulso interno nos motiva a muchos a esforzarnos por lograr el éxito en nuestro ministerio, no sólo para la gloria de Dios sino también para nuestra propia validación. Desgraciadamente, en muchos países el trabajador siente la necesidad de justificar su ministerio ante las iglesias que lo apoyan compartiendo todas sus actividades laborales. Las iglesias a veces también comparan el fruto de sus diversos misioneros para ver quién debería recibir más dinero. Las iglesias quieren que sus misioneros estén ocupados. Entonces hay presión, tanto interna como externa, para que los misioneros demuestren su valor hablando constantemente sobre su trabajo. La lectura de una serie de cartas de oración misionera puede confirmar este hecho, de relatar las actividades a menudo domina lo que se informa.

Esta presión para actuar no es un fenómeno nuevo para los siervos de Dios. El profeta Elías, del Antiguo Testamento, experimentó un caso grave de agotamiento y fatiga después de su gran victoria sobre los profetas de Baal en el Monte Carmelo. Elías tuvo que descansar y escuchar la voz apacible de Dios para ser restaurado a la vida y al ministerio. Los servidores globales de hoy a veces se encuentran en la condición de Elías: fatigados y agotados, temerosos y desesperados, sintiendo que ya no dan más. Pero eso es porque han olvidado su fuente de vida.

Cada uno de los siguientes capítulos describe un camino de una disciplina espiritual que ayuda a nuestra comunión con el Dios Trino. Cada vía puede ser independiente, por lo que si estás interesado en una disciplina en particular puedes ir directamente a ese capítulo sin interrumpir el flujo del libro. Todas estas prácticas dan vida, o lo que Jonathan Edwards llamó "medios de gracia"[5]

Si eres un servidor global, sé que llevas una vida muy ocupada. Este libro aborda la realidad de nuestras vidas como servidores activos del reino y cómo podemos resistir perder nuestro primer amor: Cristo y su iglesia por la actividad que nos domina tanto. Mientras toma tiempo y energía para leer este libro,

---

5 Kyle Strobel, *Formed for the Glory of God: Learning from the Spiritual Practices of Jonathan Edwards* (IVP, 2013), 71.

espero que encuentres refrigerio, paz y una conexión más rica y profunda con nuestro Salvador. Por último, al leer estas páginas, oro "para que el Dios de nuestro Señor Jesucristo, el Padre de gloria, os dé espíritu de sabiduría y de revelación en el conocimiento de él" (Efesios 1:17).

El punto de partida de las misiones cristianas es la iglesia en el Nuevo Testamento. El misionero más conocido de esta época fue el apóstol Pablo. En palabras del gran historiador de la iglesia, Kenneth Scott Latourette, Pablo ha sido "al mismo tiempo el prototipo, el modelo y la inspiración de miles de sucesores."[6]

Se encuentra el registro más detallado y preciso de los viajes misioneros de Pablo en el libro de los Hechos, que registra tres viajes misioneros, más un viaje a Jerusalén y luego a Roma. La mayoría de las epístolas del Nuevo Testamento son correspondencias entre Pablo y las iglesias que fundó. Podemos aprender mucho sobre misiones y obra misional en estas fuentes primarias. Pero las escrituras de Pablo, por supuesto, también tienen el sello adicional de ser sostenido por la iglesia primitiva y todas las generaciones siguientes de servidores globales como la Palabra autorizada de Dios.

Cuando lees las escrituras de Pablo y sigues sus viajes misioneras, obtienes un sentido de alguien que ha enfrentado la vida y la misión en sus formas más reales. Pablo sabía el costo del servicio misionero, incluyendo el sufrimiento para Jesús. En 2 Corintios 6, Pablo enumera más de treinta factores estresantes individuales que había encontrado, como problemas, dificultades, palizas, encarcelamientos, disturbios, trabajo duro, noches de insomnio, hambre y deshonra.

Como con estrategias y términos de métodos misionales, Pablo también establece ejemplos de fortaleza espiritual y perseverancia para el servidor global de hoy. De hecho, Pablo escribe más sobre la necesidad espiritualidad integral del misionero que sobre las tareas, herramientas y recursos misionales. Claramente este era el secreto de la eficacia misionera de Pablo: su vida estaba escondida en Cristo (Col 1:3).

Paul
Apóstol misionero a los gentiles

---

[6] Kenneth Scott Latourette, *A History of the Expansion of Christianity, vol 1, The First Five Centuries* (Hendrickson, 1970), 80.

La teología de Espiritualidad

Los Antiguos Caminos de Comunión, Comunidad y Co-Misión

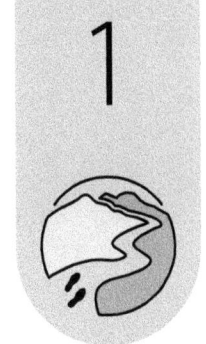

Antes de mirar los antiguos caminos de formación espiritual para el servidor global, quiero abordar los fundamentos teológicos que apoyan y alientan nuestro crecimiento espiritual. Este primer capítulo analiza la teología detrás de nuestra intimidad con Dios, la comunidad espiritual en la que debemos vivir y nuestro servicio empoderado por el Espíritu. Dentro de tal contexto, practicamos nuestras disciplinas espirituales personales.

Intimidad Espiritual con Dios

La sencilla palabra de Jesús: "Sígueme" (Marcos 1:17), puede ser la primera y mejor definición de espiritualidad cristiana. El comando revela los dos fundamentos verdaderos detrás de todo crecimiento cristiano: Jesús es el centro, y el discipulado es el método. Siguiendo a Jesús como su discípulo es un proceso que dura toda la vida. Este proceso de formación espiritualidad es la tarea suprema e la iglesia. Los primeros cristianos describieron la formación espiritual de esta manera: Ser cristiano es conocer, amar y servir a Jesucristo.[1]

El orden de conocer, amar y servir es progresivo. Como en cualquier relación, el conocimiento viene antes que el amor. Realmente no podemos amar a alguien a quien sólo conocemos teóricamente. El amor surge del conocimiento de alguien relacionalmente. Entonces de nuestro amor fluye el servicio. El cristiano maduro, entonces, es alguien que conoce íntimamente a Jesús aprendiendo sobre él en su cabeza (conocimiento), corazón (amor) y manos (servicio).

Lo que es cierto para el discípulo individual también lo es para la iglesia en su conjunto. Ser iglesia es ser un grupo de discípulos que son una "comunidad de aprendizaje que juntos en la fe buscan conocer a Jesús, crecer juntos en el amor a Jesús y alinear su vida, misión y forma de estar en el mundo a la irrupción del reinado de Cristo."[2]

---

1 Para una discusión sobre estos tres aspectos del discipulado Cristiano conculte Gordon T. Smith, *Called to Be Saints: An Invitation to Christian Maturity* (IVP, 2014), 38–48.

2 Smith, 39.

¿Qué es la formación espiritual?

Para el beneficio de claridad en la terminología, "espiritualidad cristiana" representa la relación del creyente con Dios y la vida en el Espíritu como miembro de la iglesia de Jesucristo: la propia identidad en Cristo. La "formación espiritual" se refiere más bien al proceso de santificación, en el cual el creyente crece en la justicia de Cristo a través de la obra activa del Espíritu Santo a través de medios tales como disciplinas espirituales. Aunque existe una congruencia entre los dos términos, la espiritualidad es la posición más amplia y la formación espiritual es más bien el medio.

La espiritualidad cristiana, por tanto, gira alrededor del eje de conocer y amar a Cristo íntimamente y luego servirle con pasión. Sin embargo, los misioneros a veces confunden el orden de este proceso colocando las manos (servicio) delante del corazón (relación con Dios). Podemos avanzar demasiado rápido hacia el ministerio, sólo hablando de labios para afuera nuestra relación con Cristo. Como compartí en mi propia historia, esto simplemente no funciona. El corazón siempre precede a las manos en la economía de formación espiritual.

Esta prioridad de la intimidad del corazón con Dios es afirmada por Andrew Brunson, un servidor global que, en 2018, fue detenido, encarcelado y luego liberado por el gobierno turco por hacer proselitismo. Hace un llamado a las organizaciones misioneras a prestar más atención a la intimidad con Jesús antes que los objetivos ministeriales de los misioneros. El dijo que su cercanía con Jesús fue vital para ayudarlo a superar su encarcelamiento.[3]

Isaías 52:10–54:17 es uno de los pasajes más poderosos y visionarios de La Biblia. Revela el corazón del Padre amoroso por su creación. Habla sobre la venida del Siervo Suficiente, enviado por el Padre para redimir y salvar al mundo. Es apropiado que los Moravos, el primer gran movimiento misionero protestante (lanzado en 1732), hicieron que este pasaje fuera el fundamento de su lema: "Para ganar para el Cordero la recompensa por su sufrimiento." William Carey, el padre del movimiento misionero moderno, también vio las palabras de Isaías como clave para evangelizar al mundo cuando, el 30 de mayo de 1792, predicó uno de los más grandes y conocidos sermones misioneros de la era de la iglesia. Hablando de Isaías 54, su sermón tuvo un gran efecto dominó en todo el mundo cristiano.

---

3 "Andrew and Norine Brunson Q & A at Mission Leaders Conference," YouTube, 27:36, Missio Nexus Sep. 21, 2019, https://www.youtube.com/watch?v=9jNyokjiV9c.

¿Qué impulsó a Carey y a los primeros Moravos a seguir el llamado de Dios? Como los primeros cristianos en el Nuevo Testamento era la creencia que Dios todavía estaba trabajando en el mundo, llamando personalmente a las personas a sí mismo basándose en el sufrimiento de su Hijo en la cruz. En las palabras de Pedro, "acercándoos a él, piedra viva, desechada ciertamente por los hombres, mas para Dios escogida y preciosa, vosotros también, como piedras vivas, sed edificados como casa espiritual y sacerdocio santo, para ofrecer sacrificios espirituales aceptables a Dios por medio de Jesucristo" (1 Pedro 2:4–5). A través de la intimidad con Dios nacen las misiones. A. W. Tozer llamó a esta relación el conocimiento de lo Santo.[4]

Espiritualidad Priorizada

Para cumplir la Gran Comisión, debemos ir más allá de las buenas directrices y las mejores prácticas. Para satisfacer adecuadamente las necesidades del ministerio global, debemos atender a nuestros propios corazones. En su libro clásico sobre el avivamiento, *The Dynamics of the Spiritual Life*, Richard Lovelace escribió que "prácticamente todos los problemas de la iglesia, incluyendo la mala teología surge de una espiritualidad defectuosa."[5] Si es así, entonces es imperativo promover primera y apasionadamente nuestra relación con Jesús. Debe existir una relación personal entre el Dios vivo y el siervo global. Explorar, expresar y comprometer el anhelo que Dios ha puesto en nuestros corazones para sí mismo es el núcleo del trabajador transcultural. Tal anhelo por Dios debe ser una parte integral del camino espiritual del misionero porque es también un factor crítico en la configuración de la visión de cualquier actividad misionera.

Si bien esto puede parecer obvio, en mi experiencia no siempre es tan evidente. Las juntas de misiones cristianas dedican una gran cantidad de esfuerzo y recursos a la elaboración de estrategias y promover su trabajo, pero a menudo descuidan los corazones de su gente. Asumen que la obra del Espíritu Santo ya ha echado raíces y ha sido desarrollado a través de la iglesia local del siervo global. Gastan una gran cantidad de tiempo evaluando la participación de un nuevo candidato en la iglesia, pero poco en lo que la iglesia realmente ha producido en la espiritualidad del futuro misionero.

Sin embargo, aunque las organizaciones ignoran la formación espiritual de su personal, es exactamente este deseo de intimidad con el Padre que conmovió el corazón de un servidor global a responder a la Gran Comisión en primer lugar. Una visión clara de Dios nos permite unirnos en torno a un centro centrado en Dios, desde el cual podemos ministrar desde un lugar de integridad y paz. Prácticas espirituales que nos ayudan a acoger los propósitos de Dios con una postura humilde y receptiva nos hacen mucho bien en nosotros, pero tiene que surgir del deseo de tener una relación íntima para que estas prácticas tengan un efecto de fruta verdadera.

---

4 A. W. Tozer, *The Knowledge of the Holy* (Harper Collins, 1961).
5 Richard Lovelace, *The Dynamics of the Spiritual Life* (IVP, 1979), 58.

El amor de Dios por nosotros y el nuestro por él se centra en su Hijo, Jesús. El escritor medieval Thomas à Kempis dice que el estudio principal del creyente es Cristo:

"El que me sigue, no andará en tinieblas" (Juan 8:12). Por estas palabras de Cristo, se nos aconseja imitar su vida y sus hábitos, si queremos ser verdaderamente iluminados y libres de toda ceguera de corazón. Por lo tanto, que nuestro principal esfuerzo sea el estudio de la vida de Cristo.[6]

El corazón de la espiritualidad cristiana debe ser el estudio de Cristo, modelando buscar y participar plenamente en la vida abundante de Cristo. Para hacerlo bien, utilizamos los recursos dados por el Espíritu Santo dentro de una comunidad creyente. Sin embargo, esto debe significar más que la simple adhesión a ciertas doctrinas cristianas o la práctica de algunas disciplinas cristianas por el simple hecho de practicar. Más bien, la espiritualidad cristiana genuina es caminar en la verdad y en amor por el poder del Espíritu, en interacción viviente con Cristo y su comunidad para la gloria del Padre. Es Trinitario y relacional. Es viviente. Es individual y a la vez corporal.

La vida espiritual se encuentra en la *pericoresis*, un término griego que literalmente significa "rotación", que los primeros padres de la iglesia usaron para describir la danza Trinitaria del Padre, Hijo y Espíritu Santo. Estamos invitados a esta danza para experimentar la vida real ante el Padre, por el Hijo y por el poder del Espíritu. Cuando nos encontramos fuera de la danza de esta vida divina, hemos perdido contacto con la espiritualidad verdadera. Del desbordamiento de esta vida conectada con el Padre surge abundancia.[7] Cuando estamos espiritualmente vacíos, sólo podemos tomar de los demás; pero cuando estamos abundantemente llenos, tenemos mucho para dar.

Formación Espiritual y el Cruce de Culturas

Jonathan Edwards, el gran pastor Puritano del siglo XVIII y teólogo, describe las prácticas de formación espiritual como un medio de gracia. Para ilustrar, habla del milagro de Jesús al convertir el agua en vino en la boda de Caná (Juan 2:1–11). De acuerdo con Edwards, nuestro papel en la vida cristiana es "llenar las tinajas de agua" y el papel de Jesús es convertir el agua en vino. Estos medios de la gracia, o las disciplinas espirituales, son formas de llenarnos de agua; esto establece las condiciones para recibir de Dios.[8]

La espiritualidad cristiana se desarrolla de diferentes maneras porque son creados y dotados de manera única por Dios mismo. Esta diversidad es algo para celebrar y no criticar. Ninguna sola espiritualidad puede reflejar adecuadamente y satisfacer a todos. Como dice Pablo en Romanos 12:4–6, Dios ha dotado a los

---

6 Thomas à Kempis, *The Imitation of Christ* (Hendrickson, 2004), 3.

7 Ver Juan 10:10.

8 Ver Romanos 6:13 y 12:1.

miembros del cuerpo de Cristo con diferentes dones y funciones. El uso eficaz de los obsequios (por ejemplo, liderazgo, hospitalidad, predicación, enseñanza) en diversas culturas exige diversas personalidades y actividades espirituales apropiadas tanto para la cultura particular como para la verdad.

El siervo global es llamado a traer a Jesús, no su cultura cristiana, al campo misionero. Históricamente, esta ha sido una lucha para los misioneros mientras tratan de determinar qué es espiritualidad bíblica y qué es espiritualidad cultural. Un asunto importante para los misioneros en el mundo musulmán es hasta qué punto los musulmanes conversos a Cristo necesitan abandonar su cultura musulmana.

No importa cómo veamos los distintos niveles de compromiso cultural y religioso, una cosa está clara: si bien los creyentes de origen musulmán no pueden identificarse con la cultura cristiana, sí se identifican con Cristo. "Nuestro objetivo es seguir Isa al-Masih (Jesús el Cristo), y les enseñaremos (a los nuevos creyentes) que Isa al-Masih es el Salvador y los bautizaremos."[9] Este seguidor de Cristo de trasfondo musulmán no tiene el deseo de adoptar una nueva religión. "No seré cristiano; Yo solo quiero seguir a Jesús", dice.[10] Jesús está en el centro de su espiritualidad. La espiritualidad de este creyente no se basa en convertirse en un cristiano cultural, sino en un simple deseo de seguir a Jesús. Jesús es el centro de su espiritualidad.

El punto aquí no es debatir si tales creyentes son o no genuinos. El punto es que la centralidad en Jesucristo es necesaria para que cualquier persona sea un verdadero seguidor en cualquier cultura. Mi conjetura es que muchos de los que mantienen su identidad en la cultura musulmana y, sin embargo, deciden seguir a Jesús como Salvador son más genuinos en su fe que algunos cristianos culturales en Occidente que van a la iglesia, pero no tienen ninguna relación con Jesús.

Formación Espiritual en la Comunidad

Si bien es cierto que cada uno de nosotros tiene una responsabilidad individual por nuestro propio camino con Cristo, nunca debemos viajar solos. Como creyentes, tenemos un compromiso de relacionarnos tanto con Cristo como con su iglesia (1 Cor 12:12–27). La clara intención de Dios es que seamos parte de su cuerpo, creciendo juntos espiritualmente. Hay demasiado material de discipulado escrito sólo para el individuo. Pablo no aprobaría aislar el crecimiento espiritual aparte del cuerpo de Cristo (Efesios 4:15–16). Todas sus cartas (incluso la de Filemón) fueron escritas para ser compartidas con las iglesias o grupos de creyentes. Para los cristianos del Nuevo Testamento, aprendieron y crecieron juntos en su fe, en comunidad.

---

9   David Garrison, *A Wind in the House of Islam: How God Is Drawing Muslims around the World to Faith in Jesus Christ* (WIGtake Resources, 2014), 119.

10 Garrison, 118.

Sin embargo, estar en una comunidad cristiana puede ser un desafío para los servidores globales que provienen de una cosmovisión que coloca un énfasis en la individualidad sobre la comunidad. Trabajadores que tuvieron que abandonar sus comunidades establecidas desde hace mucho tiempo en su país de origen, incluyendo familiares cercanos y amigos, pueden tener dificultades trabajando en equipos cuyo compañerismo a veces puede parecer superficial. Muchos llevan sus cargas en privado, temerosos de compartirlas con otros. Pero este ocultamiento obstaculiza el desarrollo espiritual de todos. Formación al negar uno de los mayores recursos que Dios nos ha dado para madurar como cristianos: la comunidad cristiana local.

Como seres creados a la imagen de Dios, somos criaturas relacionales: creados para modelar y expresar el amor dentro de una comunidad de seres humanos. Simplemente no podemos amar aislados; para amar debemos tener otros a quienes amar. Pablo lo dice de esta manera: "Por tanto, si hay alguna consolación en Cristo, si algún consuelo de amor, si alguna comunión del Espíritu, si algún afecto entrañable, si alguna misericordia, completad mi gozo, sintiendo lo mismo, teniendo el mismo amor, unánimes, sintiendo una misma cosa" (Fil 2:1–2). La naturaleza comunitaria de Dios en la que debemos crecer espiritualmente juntos en el amor es la base de la comunidad cristiana.

El Peligro del Aislamiento

La mayoría de los servidores globales estarían de acuerdo en que la comunidad cristiana es esencial para el crecimiento espiritual. Pero ¿cómo encuentras una comunidad espiritual cuando es posible que tú y tu familia son los únicos creyentes en la comunidad local? Es difícil encontrar compañerismo cuando estás plantando una iglesia en un área con pocos o ningún creyente. Afortunadamente, el círculo trinitario donde mora el Padre, el Hijo y el Espíritu Santo el uno con el otro y habitados unos por otros están abierto y todos estamos invitados a su *pericoresis*. Lo que esto significa es que nunca estamos realmente solos. Dios siempre está con sus hijos.

J. Hudson Taylor, uno de los grandes misioneros del siglo XIX y fundador de la Misión Interior de China, aprendió esto a través de su propia lucha espiritual. Describió esto "como el profundo secreto del dibujo para cada necesidad, temporal o espiritual, sobre 'la riqueza insondable de Cristo'".[11] En una carta a su esposa, Taylor, escribió sobre este descubrimiento: "¡Ah, hay descanso! Me he esforzado en vano por descansar en Él. No me esforzaré más. ¿Acaso no ha prometido permanecer conmigo, nunca déjame nunca fallarme? Y querida, Él nunca lo hará."[12]

Aunque está disponible siempre permanecer en Cristo, también deseamos la comunión humana. Primero, todavía podemos interactuar espiritualmente con personas incluso si no son creyentes. ¿No es un gozo practicar el fruto del Espíritu

---

[11] Howard Taylor and Geraldine Taylor, *Hudson Taylor's Spiritual Secret* (Moody Press, 2009), 14.

[12] Hudson Taylor, quoted in Taylor and Taylor, 153.

con todas las personas? ¿No es una alegría practicar el "uno con el otro" del Nuevo Testamento con alguien?

Hace poco hablé con un creyente camboyano que trabaja en un gran complejo de oficinas. Me dijo que practica el "uno con el otro" con cualquier compañero de trabajo, ya sea el jefe de la corporación o el conserje. Es el único cristiano que conoce en su oficina. Mientras hablaba con este amable hombre mayor, me di cuenta de por qué tantos de mis compañeros de trabajo lo describieron como el hombre más humilde y amable que conocen. Él hace brillar el amor de Cristo sobre cada persona que conoce, creyente o no creyente.

En segundo lugar, incluso con los desafíos de la distancia geográfica y la falta de miembros de equipo, no deberíamos permitirnos estar habitualmente aislados de otros cristianos. Es vital para nuestra salud espiritual buscar una comunidad saludable. Si no seremos impedidos al enfrentar las luchas físicas, emocionales y espirituales que nos rodean. Es cierto que, a diferencia de otras profesiones en las que más a menudo las personas son contratadas y despedidas de un grupo más grande, los servidores globales en su mayor parte deben trabajar con aquellos que están asignados a su equipo. Esto puede generar estrés adicional sobre la dinámica comunitaria cuando las personas son tan diferentes en personalidad, dones, y antecedentes. Sin embargo, este es un llamado para que seamos aún más intencionales trabajando por la unidad de nuestro equipo.[13]

Puede que no haya nada que puedas hacer para aumentar el número de tu equipo, pero puedes ser proactivo en la búsqueda de recursos adicionales. Con la ayuda de la tecnología, puedes proporcionar recursos como libros, podcasts, sermones y otras ayudas espirituales. También puedes aumentar tus comunidades a través del correo electrónico, grupos en línea, y conferencias telefónicas, entre otras cosas. Estas son solo algunas sugerencias para pastorear vuestras almas. Si tu organización no tiene un departamento de servicio de atención a miembros, otros ministerios, como el mío con Barnabas International, sirven la comunidad misionera a través del pastoreo global a través de llamadas telefónicas, visitas de campo, Zoom y llamadas de Skype, y oportunidades de enseñanza.

Nuestro enemigo está decidido mantenernos en la oscuridad y el aislamiento. Cuando nosotros nos aislamos, no tenemos a nadie que nos anime, consuele, nos equipe o nos desafíe. Podemos perder la perspectiva y la esperanza. La comunidad puede ser

---

13 Esta fue una de las principales causas de dificultades entre los misioneros que trabajaban con las tribus Waorani en Ecuador en los años 1960 y 1970. Negarse a cooperar juntos provocó un comportamiento controlador y abusive hacia la iglesia nacional emergente. Ver Kathryn T. Long, *God in the Rain Forest* (Oxford University Press, 2019).

difícil, pero es una manera excelente que Dios usa para traer sanidad y esperanza a todos nosotros.

Servicio Misionero

Los servidores globales son llamados a servir a Jesús como sus embajadores. Pero ¿Eso qué significa exactamente? ¿Cuál es la tarea del misionero? Quizás la mejor definición de nuestro papel proviene del mismo Jesús, cuando le encargó al apóstol Pablo:

Pero levántate, y ponte sobre tus pies; porque para esto he aparecido a ti, para ponerte por ministro y testigo de las cosas que has visto, y de aquellas en que me apareceré a ti, librándote de tu pueblo, y de los gentiles, a quienes ahora te envío, para que abras sus ojos, para que se conviertan de las tinieblas a la luz, y de la potestad de Satanás a Dios; para que reciban, por la fe que es en mí, perdón de pecados y herencia entre los santificados.
—Hechos 26:16–18

El encargo que Jesús le dio a Pablo es un eco de relatos del Antiguo Testamentarios del llamamiento de muchos de los profetas, en particular Isaías, Ezequiel y Jeremías.[14]

Cada caso se refiere al idioma de envío. Como los profetas fueron enviados a Israel y Judá, entonces Pablo fue enviado como apóstol de los gentiles. Este envío tuvo en torno dos propósitos. Pablo fue enviado como siervo y como testigo de Jesús de lo que había visto (v. 16), para abrir los ojos de los ciegos y proclamar el mensaje del evangelio (v. 18). Jesús llamó a Pablo para que lo enviara como siervo-mensajero. Esta misión de servicio y testimonio se describe repetidamente en el Nuevo Testamento como una labor gozosa.[15] Ser enviado por Jesús como su siervo y su testimonio es una gran responsabilidad, pero también una gran alegría.

Servicio y Jesús

Muchos trabajadores globales tienen voluntades y personalidades fuertes, que pueden ayudarnos en el trabajo que hacemos. Si bien nuestra fuerza nos ayuda a resistir, también puede interponerse en el camino—en el camino de la cruz de Jesús. Así como Jesús asumió la naturaleza misma de un siervo, nosotros también debemos ganar el corazón y el alma de un siervo, siguiendo sus pasos.[16] Aprendemos a ser como él al permanecer en él y depender completamente de su vida en nosotros (Juan 15:5). Sin embargo, no intentamos imitar servilmente (de todos modos, tarea imposible), sino que participamos en su vida y nos transformamos naturalmente a su semejanza, haciéndonos siervos como él era siervo. Como dice Siang-Yang Tan, "El servicio, o seguir a Jesús hasta el final, significa por lo tanto que vivamos en Jesús hasta el final."[17]

---

14 Ver Is 6:8-9; Eze 2:1-3; 3:4-8; Jer 1:1-17.

15 Ver Hech 8:8: 13:52; 14:17; 16:34; Rom 15:32; 16:19; 2 Cor 1:24; 7:7; Fil 1:4, 25-26, 29: 1 Tes 2:20; 2 Tim 1:4; Heb 13:17; 1 Juan 1:4; 2 Juan 4, 12; 3 Juan 3-4.

16 Ver Fil 2:6--7; Mat 20:28: Juan 13:14-16.

17 Sian-Yang Tan, *Full Service: Moving from Self-Serve Christianity to Total Servanthood* (Baker, 2006), 29.

Es imperativo señalar que servir como sirvió Jesús no es igual a convertirse en un felpudo para las demandas y deseos personales de cada uno. Jesús repetidamente trastocó las expectativas que otras personas tenían sobre él. Aunque se identificó como siervo (Mateo 20:28), vino voluntariamente "a dar su vida en rescate por muchos" (Marcos 10:45). Martín Lutero escribió: "Un cristiano es un señor perfectamente libre de todo, sin sujeción a ninguno. Un cristiano es un servidor perfectamente obediente de todo, sujeto a todo."[18]

Y aquí está la paradoja. Estamos llamados a la libertad en Cristo, pero al mismo tiempo somos llamados a servir también. La conexión entre libertad y el servicio se centra en nuestra comprensión de la diferencia entre servicio y servidumbre. El servicio incorpora las ideas de voluntad, elección y compromiso voluntario. La servidumbre, por otra parte, connota esclavitud, y trabajo involuntario.[19]

Los misioneros pueden caer fácilmente en la trampa de la servidumbre porque tememos que no estamos agradando a Dios si no servimos a todos en todo momento. Cuando esto pasa, terminamos asumiendo la responsabilidad de otros que Dios nunca planeó, y estamos sujetos al agotamiento. El resultado neto puede ser más perjudicial que beneficioso para ambos, el que sirve y el que es servido, porque estamos sirviendo de mala gana en un lugar de culpa envés de amor.

A veces deberíamos poder decir no libremente simplemente porque entendemos que Dios no nos ha llamado para atender personalmente cada petición o necesidad que se nos pide a nosotros. "Entonces, en el verdadero servicio, entregamos el control a nuestro Señor amo y no a la gente."[20] Ser siervo y portador de los mensajes de Dios no se basa en nuestras habilidades y dones. Se basa en el desbordamiento del amor de Dios a través de nuestro propio servicio, dado y recibido libremente.

Creciendo Raíces Profundas

En términos de teología, la iglesia ha visto la formación espiritual como el proceso de santificación, que se lleva a cabo mediante el poder del Espíritu Santo en la práctica de disciplinas espirituales. Estas disciplinas son lo que yo llamo caminos antiguos. Estos caminos son viajes que duran toda la vida y es el trabajo principal de la Iglesia. Dallas Willard llama al discipulado la tarea central, pero también el problema central para los creyentes:

> *El problema central que enfrenta la iglesia contemporánea en el mundo occidental y en todo el mundo, es el problema de cómo guiar rutinariamente a sus miembros por un camino de transformación espiritual, moral y personal que los lleve a una auténtica semejanza a Cristo en cada aspecto de sus*

---

18 Martin Luther, "Concerning Christian Liberty" en *First Principles of the Reformation*, ed H. Wace and C. A. Buckheim (William Clowes & Sons, 1883), 104.

19 Kennth C. Haugk, *Christian Caregiving: A Way of Liife* (Augsburg, 1984), 71. Aunque Pablo se llama a si mismo esclavo (doulos) en muchas de sus cartas, esta palabra puede conllevar una comprensión más matizada en un sirviente que elige server voluntariamente. Véase G. T. D. Angel, "Slave" en *The New International Dictionary of New Testament Theology*, vol 3, ed. Colin Brown (Zondervan, 1978), 592–98.

20 Tan, *Full Service*, 41.

vidas, permitiéndoles, en el lenguaje del apóstol Pablo, "os ruego que andéis como es digno de la vocación con que fuisteis llamados" (Ef. 4:1).[21]

Si la formación espiritual es el problema central que enfrenta la iglesia hoy en día, es de suma importancia que capacitemos a jóvenes misioneros en estos caminos antes y durante su servicio misionero. Debe haber más sobre la formación espiritual que en ser vigente en la comunidad cristiana, afirmando un cierto conjunto de creencias, y actuando con un determinado patrón de comportamiento. La formación espiritual genuina es mucho más profunda que esto. Debe ser intencional, disciplinado y centrado en el día a día. Opciones de obediencia actuales, que, por pequeñas que parezcan al principio, crecen continuamente.

Los servidores globales no viajan por cada uno de los senderos antiguos en todo momento, pero la intencionalidad es importante. Las investigaciones han indicado que, aunque la mayoría de los misioneros afirman que su vida espiritual es de gran importancia, sólo una pequeña minoría planea activamente la formación espiritual en sus vidas, y menos aún discuten su espiritualidad con el liderazgo de su misión.[22] Esta investigación muestra que algo no se alinea entre nuestras metas profesadas y nuestros comportamientos reales.

Como canales de un río caudaloso, las disciplinas espirituales nos permiten ser inundados con la gracia transformadora de Dios. Fluimos en estas corrientes de crecimiento guiado por el Espíritu y somos cambiados de adentro hacia afuera, con el evangelio como nuestro centro. "El evangelio es el poder de Dios para el principio, el medio y el fin de la salvación. No es simplemente lo que necesitamos proclamar a los incrédulos; el evangelio también necesita impregnar toda nuestra experiencia cristiana."[23]

El trabajo misionero no debe ser impulsado por la velocidad, el espectáculo o únicamente por los resultados, pero sí debe ser una preocupación para que las comunidades de fe plantadas puedan tener raíces profundas y sobrevivir ante los desafíos que inevitablemente surgirán. La transformación de la vida toma lugar cuando se realiza la naturaleza integral del evangelio, no sólo con el conocimiento de la cabeza, sino que a través de cambios en los corazones de los servidores globales y en aquellos a quienes son discipulados. Si esto no sucede, entonces el evangelio no se arraigará donde se planta.[24]

Miremos ahora estos antiguos caminos hacia el crecimiento espiritual: estos caminos anclan nuestro corazón en Dios y liberan nuestras manos para el servicio.

---

21 Dallas Willard, al avance a *Spiritual Formation as if the Church Mattered*, por James C. Wilhoit (Baker Academic, 2008), 9.

22 Jim Fieker, "Top Observations of IMPACT Leader Research Project and the Implications to Our Mission Organizations" (manuscrito inédito, 2008), 1.

23 Donald S. Whitney, *Spiritual Disciplines for the Christian Life* (NavPress, 1991), 29.

24 Eddie Gibbs, *Leadership Next: Changing Leaders in Changing Culture* (IVP, 2005), 41–42.

Reflexión y Puntos para Considerar

- Los servidores globales a menudo se sienten rechazados, no amados o no reconocidos por los demás y por Dios. A menos que reemplacemos estos sentimientos con la verdad de nuestra identidad en Cristo, podríamos arder en nuestra propia vida espiritual, y mucho menos en nuestra capacidad de liderar a otros en un crecimiento saludable en Cristo. ¿Cuál es la fuente de tu identidad como servidor global? ¿Estás arraigado en Cristo o tu identidad viene exclusivamente de roles y títulos?

- ¿Cómo pones en práctica tu conocimiento bíblico, incluso en las situaciones más mundanas de tu vida y ministerio? ¿Cómo puedes conectarte mejor con Jesús como el centro de tu vida diaria? ¿Te sientes llamado a Jesús primero y a un lugar o el ministerio en segundo lugar, o al revés? ¿Cómo puedes cultivar un mayor deseo por Jesús: ¿aprender de él, amarlo y servirlo?

- Muchos trabajadores globales son cada vez más conscientes de que ser un llanero solitario tiene un impacto negativo serio sobre el avance del reino. Podemos convertirnos en ineficaz cuando perdemos nuestro propio sentido de identidad como comunidad: la gente de Dios. ¿Cómo podes tú, en tú contexto local, aumentar la comunidad y disminuir el individualismo? ¿Cómo refleja tu vida la naturaleza comunitaria de la Divinidad y el valor de pertenecer a la familia de Dios?

- ¿Qué criterios utilizas cuando decides cómo distribuir tu tiempo y talento? ¿Qué impulsa tu agenda diaria y tus objetivos personales? ¿Qué llena tu necesidad más profunda de aceptación, significado y autoestima? ¿Estás impulsado a servir a Dios por razón que no sea su propia gloria?

Para Más Lectura

Barton, Ruth Haley. *Strengthening the Soul of Your Leadership* (IVP, 2008). Una discusión sobre el liderazgo de servicio, incluidas las prácticas espirituales para mejorar la dependencia del líder en el Espíritu de Dios en su función de liderazgo.

Calhoun, Adele Ahlberg. *Spiritual Disciplines Handbook: Practices That Transform Us* (IVP, 2005). Calhoun resume brevemente más de sesenta disciplinas espirituales, presenta apoyo bíblico y preguntas de reflexión práctica.

Howard, Evan B. *The Brazos Introduction to Christian Spirituality* (Baker, 2008). Estilo de libro de texto, pero muy completo, que rastrea la formación espiritual desde la iglesia primitiva hasta hoy.

Macchia, Stephen A. *Becoming a Healthy Team* (Baker, 2005). Una exploración de cómo nuestra fe cristiana debe y puede estar enraizada en la doctrina de la Trinidad.

Reeves, Michael. *Delighting in the Trinity: An Introduction to the Christian Faith* (IVP, 2012). Una mirada a cómo crear salud bíblica en una estructura de equipo.

Smith, Gordon T. *Called to Be Saints: An Invitation to Christian Maturity* (IVP, 2014). Yendo más allá de la justificación y la conversión, este libro se centra en lo que significa ser santificado y transformado por el evangelio.

Tan, Siang-Yang. *Full Service: Moving from Self-Serve Christianity to Total Servanthood* (Baker, 2006). Tan revisa cuidadosamente la vasta literatura sobre el liderazgo cristiano y ofrece una propuesta cuidadosa de cómo es el líder servidor en el día a día.

Lo que voy a compartir me tomó por sorpresa. Yo tenía mucho preparado y oré mucho por este retiro de formación espiritual que estaba ayudando a facilitar. Todo el tiempo que estuve allí, tuve la sensación de la presencia y guía de Dios. La atmósfera tenía una plenitud asombrosa.

El segundo día me tocó compartir sobre un tema y preparar a los presentes para la experiencia de una práctica espiritual particular. Después tuve un momento de silencio, así que me senté en un banco con vistas a un estanque y comencé a concentrarme en Dios. Amo la naturaleza, y fomenta una conciencia más profunda de Dios en mí.

Comencé considerando las Escrituras, pero Dios rápidamente me llevó al silencio y la contemplación. Pronto me sentí abrumado por su amorosa presencia en lo más profundo de mi alma. No hay palabras que puedan describir lo que sentí. Las lágrimas comenzaron a fluir. El tiempo pasó rápidamente y la creciente sensación interna contenía una profunda afirmación de la presencia de Dios conmigo en una forma dadora de vida y energizante, que sólo podía hablar de amor: su amor. Sabía esto como regalo, no como recompensa o algo que mereciera. La naturaleza de momentos abrumadores puede resultar demasiado para mí. Éste aguantó más de lo que normalmente podía resistir.

Dios me despertó al tiempo y supe que me estaba recordando mis responsabilidades. Al levantarme, me sequé las lágrimas, manteniendo un sentimiento más profundo de afirmación, llamado y dirección. Ninguna palabra de aliento cruzó por mi conciencia, sólo una sensación de que Dios estaba cerca. Ese día queda grabado en mi memoria, al igual que las circunstancias. Momentos como estos graban en mi alma una rica e indeleble comprensión del amor de Dios.

Doug
un servidor global en Polonia

Cuidado del Alma
El Antiguo Camino hacia la Plenitud

Hace años, cuando mi esposa y yo éramos nuevos en este campo, un trabajador global veterano nos dijo que para mí sólo hay dos tipos de misioneros que sobreviven en el campo. El primero es el pionero que tiene una increíble fuerza y voluntad propia. El segundo depende tanto del llamado de Dios que son capaces de perdurar cualquier cosa que se les presente. A lo largo de los años, he descubierto que este sentimiento es algo cierto.

Para aquellos de nosotros que nos relacionamos con el pionero, nuestra fuerte personalidad nos ayuda a aguantar y afrontar lo que la vida nos arroja. Pero nuestras personalidades también pueden interponerse en el camino, porque dependemos demasiado de ellos. Como ilustra la historia de mi propia vida, la fuerza sólo te ayudará a superar ciertas cosas. Mis esfuerzos solitarios sólo me llevaron al agotamiento y depresión. Sobrevivir y prosperar en el campo misionero requiere más que sólo la fuerza personal.

Pero aunque el compromiso interno a la guía de Dios es un buen comienzo, eso tampoco abarca el panorama completo. Es cierto que saber que Dios te ha llamado al ministerio y tiene un lugar para ti es esencial, pero el empoderamiento para prosperar sólo viene del poder del Espíritu Santo. Así como los pioneros que confían únicamente en sus propias fuerzas, aquellos que confían únicamente en su vocación también, en algún momento llegarán al final de sus propias capacidades limitadas.

Si me preguntaran cómo permanecer en el campo a largo plazo hoy, diría que ni la fuerza externa ni la convicción interna son la clave para la longevidad. Más bien, cultivar la presencia amorosa de Dios es la señal de perseverancia y resistencia—la clave de la longevidad. "La perseverancia debe terminar su obra para que sea maduro y completo, sin que le falte nada" (Santiago 1:4).

Cuidando la vida en Cristo, aunque a menudo muchos lo ignoran, es esencial para que el servidor global pueda sobrevivir en el campo misionero. Como Marta en la historia registrada en Lucas 10:38–42, nosotros también podemos estar tan ocupados en el ministerio que nos olvidamos del Señor. Cuando Jesús entró en el pueblo donde vivían las dos hermanas, Marta generosamente invitó a Jesús a su casa, aunque pronto se volvió preocupada y distraída con los preparativos de los invitados. Por el contrario, María se sentó a los pies de Jesús, escuchándolo atentamente mientras él hablaba. Cuando Marta vio la aparente inactividad de María, se molestó y se quejó con Jesús de que María no la ayudaba. En famosa respuesta Jesús reconoció que Marta estaba preocupada por muchas cosas, pero que María había elegido lo mejor. El ministerio, y simplemente la vida misma, pueden alejarnos de Jesús. ¿Cuáles son algunas de las circunstancias y actitudes que mantienen a siervos globales alejados de Jesús?

La vida es muy ocupada. La vida es especialmente ocupada para las personas que viven en una cultura extranjera. Navegando por la vida (especialmente en los primeros años) requiere mucha energía, y muchas tareas tardan mucho más en realizarse. Una mañana durante nuestro primer mes en el campo hice una lista de diez cosas pequeñas que necesitaba hacer o comprar para nuestra casa. Le dije a Debbie que no estaba seguro de cuánto tiempo tomaría, pero que probablemente regresaría mucho antes del mediodía. Regresé a casa a última hora de la tarde, ¡con una sola cosa lograda! Esto fue una llamada de atención para mí, que incluso las tareas más simples tardarían mucho más de lo que esperaba o entendía. Cuando nuestra vida personal y profesional está llena, la vida espiritual puede ser fácilmente pasada por alto y descuidada.

La vida es muy estresante. Además del ajetreo, el estrés también es un factor importante en la salud y el bienestar del servidor global. El estrés es la respuesta de la entera persona a las diversas demandas internas y externas (factores estresantes). A pesar de que el estrés es necesario para que podamos desempeñarnos en determinadas situaciones, cuando el estrés se prolonga o aumenta más allá de nuestra capacidad, puede manifestarse fácilmente en problemas físicos, como insomnio, hipertensión o dolores de cabeza, así como en problemas mentales y emocionales, como irritabilidad, depresión o agotamiento. Demasiado estrés puede afectar nuestra vida espiritual, emocional y física. Las dudas y la apatía espiritual también son señales comunes de que hay demasiado estrés en la vida. Las investigaciones han demostrado que simplemente comunicarse en un idioma extranjero es uno de los factores más estresantes en la carrera de un misionero.[1] Bajo prolongado o intenso estrés, nuestra vida espiritual a menudo sufre porque tratamos de compensarlo trabajando más duro, quitándonos tiempo para cuidar de nuestro ser físico, emocional y espiritual.

La vida es muy pesada. Últimamente, se ha utilizado en nuestro vocabulario el término fatiga por compasión. Las personas que trabajan en servicios de atención, como ministros y misioneros, albergan un alto nivel de fatiga por compasión. Cada día, estas personas trabajan en entornos de cuidado que habitualmente presentan desafíos de corazón emocionales y desgarradoras.[2] Esta dolorosa realidad, sumada a la experiencia de primera mano de vivir en un mundo quebrantado, pasa factura a los servidores globales, especialmente aquellos en los ministerios de socorro y desarrollo. En estas situaciones, el agotamiento emocional hace que la formación espiritual pase a un segundo plano y lo que más necesitamos; el consuelo y el aliento del Señor puede convertirse en lo último que buscamos.

---

[1] Marge Jones and E. Grant Jones, *Psychology of Missionary Adjustment* (Gospel Publishing House, 1995), 42–52.

[2] Un ejemplo de fatiga por compasión es la pandemia de COVID-19 d e2020, que llevó a la comunidad médica al punto de ruptura del agotamiento físico y emocional.

La vida está diseñada para demostrar nuestro valor. Vivimos en una época donde el consumismo, las estrategias modernas y los resultados medibles a menudo impulsan los objetivos de nuestra misión. La obra lenta del Espíritu de Dios de transformar vidas, incluyendo la nuestra, es fácilmente adelantada por nuestro deseo de tener éxito programable y numérico. Nos volvemos adictos al enfoque de "cuanto más grande, mejor", que luego motiva nuestra vida personal y profesional. Tenemos la necesidad de justificarnos cuando trabajamos cada vez más horas haciendo cosas para el Señor, pero cada vez menos tiempo para estar con él.

La vida no suele ser tranquila. Le he preguntado a muchos misioneros qué hacen para descansar y relajarse. Pocos pueden darme una buena respuesta. La mayoría simplemente no tienen un sábado. Las cosas que disfrutaban en el país de origen ya no son disponibles o son demasiado difíciles para experimentar en el campo. Algunos se sienten culpables por tomar tiempo libre cuando existen necesidades tan apremiantes que abordar. Muchos simplemente ignoran este aspecto de su vida, en detrimento de ellos mismos y de su familia. No es difícil ver que al hacerlo, corren el riesgo de cansarse de hacer el bien (Gálatas 6:9).

La vida es cara. Muchos servidores globales dicen que no pueden tomar vacaciones ni tener salidas divertidas porque simplemente les resulta demasiado caro hacerlo. Muchos misioneros vivimos con un presupuesto muy ajustado, y cuando parece que la elección es si poner o no comida en la mesa o irse de vacaciones, la elección es satisfacer las necesidades diarias.

La vida es confusa. Los servidores globales no son inmunes a seguir las últimas novedades ministeriales o modelo de ministerio. Pero necesitamos preguntarle al Señor si esta moda o modelo es para nuestro ministerio. Morris Dirks dice: "La cultura en la que los líderes cristianos sirven tiende a guiarlos hacia la búsqueda de sueños profesionales y ministerios ideales por razones equivocadas. La naturaleza riesgosa del trabajo comienza a debilitar al líder y el resultado los lleva a lugares que nunca anticiparon."[3]

Estos son sólo algunos de los factores que pueden alejar a los misioneros de intimidad con Jesús. Patricia Brown señala el peligro de la falta de cuidado del alma para los trabajadores cristianos que creen erróneamente que ellos mismos no necesitan pastoreo:

> *El fracaso de los líderes a la hora de ocuparse de sus propias almas, de su vida interior, es profundamente preocupante no sólo para ellos mismos, sino que también para otras personas con la miseria que causa. Las consecuencias destructivas de los líderes que no logran resolver un profundo sentido de su ser interno son asombrosas. ... Los líderes tienen una responsabilidad particular de saber lo qué está pasando dentro de sus almas.*[4]

J. R. Briggs ha reportado algunas investigaciones asombrosas y aleccionadoras sobre el agotamiento ministerial: miles de pastores abandonan el ministerio cada año debido al agotamiento; un gran número de matrimonios ministeriales

---

3 Morris Dirks, *Forming the Leader's Soul: An Invitation to Spiritual* Direction (SoulFormation, 2013), 24.

4 Patricia D. Brown, *Learning to Lead from Your Spiritual Center* (Abingdon, 1996), 11.

terminan en divorcio y las familias se ven afectados negativamente; casi la mitad de los pastores de América del Norte han tenido momentos en los que dejarían su ministerio si tuvieran otra manera de ganarse la vida; la mayoría no tienen amigos cercanos; y muchos informes muestran que tienen poca vida espiritual.[5] Este último hecho es trágico. Servidores globales y líderes en la iglesia hoy claramente tienen una necesidad desesperada del cuidado del alma.

Corazones Sanos

La clave para comprender nuestro estado espiritual individual está en nuestro corazón. Los servidores globales necesitan preguntarse continuamente: "¿Está sano mi corazón? Incluso aunque estoy en el ministerio, ¿estoy sano por dentro? Proverbios 4:23 dice esto muy claramente: "Sobre toda cosa guardada, guarda tu corazón; Porque de él mana la vida." David también expresa su anhelo y alabanza a Dios en los Salmos: "Pronto está mi corazón, oh Dios, mi corazón está dispuesto; Cantaré, y trovaré salmos" (57:7).

Tanto Jesús como Pablo afirman esta comprensión de nuestros corazones. Jesús reprendió a los fariseos que confiaban en su conocimiento sin dejar que ésa cambiara sus corazones.

> *¡Ay de vosotros, escribas y fariseos, hipócritas! porque diezmáis la menta y el eneldo y el comino, y dejáis lo más importante de la ley: la justicia, la misericordia y la fe. Esto era necesario hacer, sin dejar de hacer aquello. ¡Guías ciegos, que coláis el mosquito, y tragáis el camello!*
>
> *¡Ay de vosotros, escribas y fariseos, hipócritas! porque limpiáis lo de fuera del vaso y del plato, pero por dentro estáis llenos de robo y de injusticia. ¡Fariseo ciego! Limpia primero lo de dentro del vaso y del plato, para que también lo de fuera sea limpio.*
>
> *¡Ay de vosotros, escribas y fariseos, hipócritas! porque sois semejantes a sepulcros blanqueados, que por fuera, a la verdad, se muestran hermosos, más por dentro están llenos de huesos de muertos y de toda inmundicia. Así también vosotros por fuera, a la verdad, os mostráis justos a los hombres, pero por dentro estáis llenos de hipocresía e iniquidad.*
> *—Mateo 23:23–28*

Y Pablo habla de cómo Cristo debe morar en nuestros corazones con fe antes de que podamos conocer la plenitud de Dios:

> *Para que os dé, conforme a las riquezas de su gloria, el ser fortalecido con poder en el hombre interior por su Espíritu; para que habite Cristo por la fe en vuestros corazones, a fin de que, arraigados y cimentados en amor, seáis plenamente capaces de comprender con todos los santos cuál sea la anchura, la longitud, la profundidad y la altura, y de conocer el amor de Cristo, que excede a todo conocimiento, para que seáis llenos de toda la plenitud de Dios. —Efesios 3:16–19*

---

5   J. R. Briggs, *Fail: Finding Hope and Grace in the Midst of Ministry Failure* (IVP, 2014), 46–47.

Somos capaces de resistir cuando somos cambiados por dentro. Para hacer esto nosotros es necesario tener autocomprensión. Sin autocomprensión estamos ciegos a los lugares profundos y rotos en nuestras vidas. La autocomprensión surge cuando nos vemos a nosotros mismos como Dios nos ve: almas quebrantadas pero redimidas totalmente dependientes de él. Jesús dijo: "Bienaventurados los de limpio corazón, porque ellos verán a Dios" (Mateo 5:8). Esto sólo puede suceder cuando estamos en una relación cercana con Jesús y vivimos una vida abierta, sincera y pura —fieles a nosotros mismos y fieles a Dios.

Debemos examinar el lado oscuro de nosotros para entender dónde nuestro corazón está siendo descarriado.

El Lado Oscuro: el Ser Verdadero y el Ser Falso

Thomas à Kempis escribió: "Una humilde comprensión de uno mismo es un camino más seguro a Dios que una búsqueda profunda del conocimiento."[6]

Ésta es una gran verdad. Él nos enseña a recordar que nuestros corazones tienen luz y oscuridad en el interior de ellos. En la carta del apóstol Pablo a los romanos, reconoció cómo luchó con este dilema:

Porque lo que hago, no lo entiendo; pues no hago lo que quiero, sino lo que aborrezco, eso hago ... De manera que ya no soy yo quien hace aquello, sino el pecado que mora en mí. Y yo sé que en mí, esto es, en mi carne, no mora el bien; porque el querer el bien está en mí, pero no el hacerlo. Porque no hago el bien que quiero, sino el mal que no quiero, eso hago. —Romanos 7:15, 17–19

Nuestro profundo quebrantamiento es producto de nuestra naturaleza pecaminosa y la enfermedad de por vida, lo cual requiere más que respuestas superficiales para la curación. Este proceso toma más de lo que deseamos, porque primero necesitamos ser conscientes de los lugares rotos y de los pecados en nuestras vidas. Sólo entonces podremos empezar a abordarlos.

El evangelio nos invita a este proceso. El corazón humano ha sido creado para felicidad ilimitada en verdad y amor ilimitados. Sin embargo, nuestra vieja naturaleza a menudo se interpone en el camino de lo que Dios quiere hacer en nuestro corazón. Esto provoca un impasse. El término para esto se llama nuestro ser falso. El ser falso es la máscara que hemos creado desde la infancia para ocultar nuestro ser verdadero para evitar los dolores internos y las heridas que hemos sufrido. La mayoría de las personas son felizmente inconscientes de su ser falso.

Crecí con un padre perfeccionista que nunca les expresó amor emocional a sus hijos. En consecuencia, nunca sentí amor incondicional y subconscientemente sentí la necesidad de ganar aprobación y demostrar que era digno, especialmente para figuras de autoridad. También tenía la necesidad de controlar los acontecimientos para parecer capaz. A menudo me preparaba demasiado para cualquier tarea que debía hacer para poder eliminar cualquier error por descuido de mi parte. Así es como traté de convencerme de que era capaz y digno de aprobación y amor.

---

6 Thomas à Kempis, *The Imitation of Christ* (Hendrickson Press, 2004), 4.

Antes de pasar por la depresión, si me hubieran dicho que estaba buscando aprobación a través del desempeño, no lo hubiera creído. Desde mi ser falso había hecho un trabajo tan convincente que no me di cuenta de las motivaciones detrás de mi servicio. Me escondía detrás de una máscara de desempeño y perfeccionismo para evitar el dolor del posible rechazo por parte de las figuras paternas en mi vida.

A través de consejería, el Espíritu de Dios pudo ayudarme a quitarme suavemente la máscara y aprender esta verdad sobre mi ser falso. A veces todavía tengo la tentación de volver a ponerme la máscara, pero la diferencia ahora es que soy mucho más consciente de cuándo hago esto y así puedo contrarrestarlo atendiendo mejor a mi propia alma. Este cuidado del alma restaura mi equilibrio y mi relación transformadora con el Señor. Mi familia ha comentado sobre esta transformación, afirmando que ahora soy la persona real que conocen. La persona que estaba siendo proyectada al mundo nunca era mi ser verdadero, y ellos lo sabían, incluso antes que yo. Al quitarme mi ser falso, no perdí nada precioso, sino que gané mi ser verdadero.

Entonces, ¿cómo nos desenmascaramos? Escucha las primeras palabras que Jesús declaró mientras comenzó su ministerio terrenal: "Desde entonces comenzó Jesús a predicar: 'Arrepentíos, porque el reino de los cielos está cerca'" (Mateo 4:17). El arrepentimiento es esencial para revelar y tratar nuestro ser pecaminoso y nuestro ser falso. El arrepentimiento bíblico no se trata de golpearse con el esfuerzo de lograr la autoaprobación y la autocorrección. En cambio, es desviar la dirección equivocada de nuestro corazón de nosotros mismos y regresar a la dependencia sobre el Señor. Entonces podremos rechazar los ídolos de este mundo y arrepentirnos de todo lo que interfiere: los pecados y los miedos que ocultan nuestro ser verdadero. "Porque vosotros moristeis, y vuestra vida ahora está escondida con Cristo en Dios" (Col 3:3). Esto no sólo venda las heridas de nuestro corazón; esto nos está dando un corazón completamente nuevo (Ezequiel 36:25–28).

Pero nuevamente, esta transformación es un proceso. A menos que sea un solo acto por Dios eliminado amable y sobrenaturalmente, muchos de nuestros comportamientos, pensamientos, actitudes, acciones y sentimientos pecaminosos todavía están muy presentes en nosotros. Nuestro ser falso manifestado y familiarizado con cada nivel de nuestro ser, e incluso después de la salvación se vuelve difícil de erradicar. Teológicamente, esto se llama "depravación total". Y aunque eso no significa que seamos tan malos como podemos ser, sí significa que cada aspecto de nuestras vidas está afectado por la condición del pecado. Esta es la razón por la que necesitamos la continua obra santificadora del Espíritu de Dios. Al entrar en el proceso de la formación espiritual, podemos ministrar desde nuestro ser verdadero y abrirnos a ser reales y auténticos conductores del amor de Dios.

Robert Mulholland lo expresa de esta manera:

Todo lo que Dios ha hecho, está haciendo y hará en nuestras vidas para conformarnos a la imagen de Cristo (que es la imagen de nuestra totalidad) no es para que algún día sean una exhibición en una vitrina en el cielo como trofeos de la gracia. Toda obra de Dios para conformarnos a la imagen de Cristo tiene como único fin que podamos llegar a ser lo que Dios nos ha creado para ser en relación con Dios y con los demás.[7]

Al despojarnos de nuestro ser falso, creamos la capacidad de ministrar a otros del desbordamiento de la obra del Espíritu Santo en nuestras vidas, convertidos y viviendo en nuestra nueva naturaleza. Debilidades misioneras comunes como el egocentrismo, la compulsividad trabajadora, y un sentido distorsionado de la identidad propia puede transformarse a través de la obra de Dios. Esto nos trae la esperanza de la que habla Pablo en Romanos cuando dice: "Que el Dios de la esperanza os llene de todo gozo y paz al confiar en él, para que podáis rebosar de esperanza por el poder del Espíritu Santo" (15:13).

Autoidentidad

John Calvin escribió la famosa frase: "Sin conocimiento de uno mismo, no hay conocimiento de Dios. La verdadera y sana sabiduría consta de dos partes: el conocimiento de nosotros mismos y el conocimiento de Dios."[8]

El conocimiento de nosotros mismos es una parte clave del crecimiento espiritual del servidor global. Pero existen dos peligros importantes cuando se trata de nuestra propia identidad.

Primero, muchos misioneros llegan al campo con una identidad propia distorsionada. Ya han pasado por mucho sólo para llegar al campo. Probablemente han tenido años de estudio profesional y un período importante de búsqueda de apoyo, donde han sido el centro de atención y elogiados por dar sus vidas de manera tan sacrificadora. Luego llegan al campo pensando que tienen una gran ventaja en educación, habilidades y conocimiento. Vienen con dinero y recursos para hacer las cosas. En estas situaciones es fácil llegar engreídos, sintiéndonos como un salvador para el pueblo al que acudimos en lugar de siervos y embajadores del Señor.

En segundo lugar, y en contraste con una identidad propia engreída, muchos servidores globales rápidamente pueden sentirse infravalorados y pierden el sentido de quiénes son en su nueva cultura donde las personas que los rodean ven que no realizan ningún "trabajo" identificable. La partida de nuestra cultura de origen, donde ocupamos posiciones de estatus y logros, puede hacernos sentir impotente y débil al entrar en una nueva cultura, donde sabemos de poco a nada. Nuestra identidad propia como una persona realizada se pierde en el caos de la transición. Es fácil sentirse a la deriva, solo e incomprendido. Puede tomar meses o incluso años para volver a sentir una sensación de normalidad.

---

[7] M. Robert Mulholland Jr., *Incitation to a Journey: A Road Map to Spiritual Formation* (IVP, 1993), 40.

[8] John T. McNeill, 3d,k Ford Lewis Battles, trans, *Calvin: Institutes of Christian Religion, vol. 1* (Westminster Press, 1960), 35.

Desafortunadamente, ambos pueden existir al mismo tiempo en la misma persona, nadie es inmune.

Hay tres formas en la que podemos acercarnos a nuestra propia identidad. La primera actitud es el egocentrismo. Debido a la inseguridad, la energía es gastada hacia adentro para el auto-cumplimiento y la seguridad. La atención se centra siempre en uno mismo.

La segunda actitud es el egocentrismo disfrazado. La energía se ve gastada para el beneficio de los demás, pero en realidad se da sólo para la recompensa personal. La atención vuelve a centrarse en uno mismo.

La última actitud es el *amor propio*. Nuestra identidad está segura en Cristo, con una sana comprensión del amor propio y el cuidado del alma. El enfoque fluye hacia afuera desde uno mismo hacia Dios hacia los demás.

Cuando llegamos a comprender profundamente en nuestro corazón que siempre seremos, siempre somos y siempre hemos sido amados por Dios, podemos empezar a creer que no hay nada que podemos hacer para que él nos ame más y no hay nada que podemos hacer para hacer nos ame menos. Necesitamos recordar que nuestra verdadera identidad reside en el hecho de que Dios nos ama y nos ha adoptado en su familia como sus muy amados hijos. Sin esta comprensión del corazón, permanecemos inseguros en nuestros pensamientos, actividades y comportamientos. Nos esforzamos por demostrarnos, pero nuestra identidad sigue siendo desarraigada, dependiendo de las circunstancias que nos rodean. La curación de nuestras heridas y quebrantamiento no es posible, porque tenemos demasiado miedo de abordar nuestras necesidades. Olvidamos las palabras que proclamó el apóstol Juan: "¡Cuán grande es el amor que el Padre nos ha prodigado, para que seamos llamados hijos de Dios! ¡Y eso es lo que somos!" (1 Juan 3:1).

Sanadores Heridos

Cuando regresé a mi país del campo agotado y sintiéndome un fracaso, Dios usó esto para motivarme a ayudar a otros a evitar las experiencias por las que había pasado. Dios usó mi quebrantamiento para introducir el cuidado de los miembros en mi organización misionera. Pablo afirma que cuando nos aceptamos por completo, lo bueno y lo malo, podemos usar nuestras experiencias y pruebas para ministrar a otros:

Bendito sea el Dios y Padre de nuestro Señor Jesucristo, Padre de misericordias y Dios de toda consolación, el cual nos consuela en todas nuestras tribulaciones, para que podamos también nosotros consolar a los que están en cualquier tribulación, por medio de la consolación con que nosotros somos consolados por Dios. Porque de la manera que abundan en nosotros las aflicciones de Cristo, así abunda también por el mismo Cristo nuestra consolación. Pero si somos atribulados, es para vuestra consolación y salvación; o si somos consolados, es para vuestra consolación y salvación, la cual se opera en el sufrir las mismas aflicciones que nosotros también padecemos. Y nuestra esperanza respecto de vosotros es firme, pues sabemos que así como sois compañeros en las aflicciones, también lo sois en la consolación. –2 Corintios 1:3–7

En este breve párrafo, Pablo conecta fuertemente el sufrimiento y el consuelo. En cinco versículos, los verbos y sustantivos para "consuelo" aparecen diez veces, y el concepto del sufrimiento se hace referencia directa e indirectamente diecisiete veces. Pablo nos muestra que estamos unidos en nuestros sufrimientos y nuestro consuelo como hermanos y hermanas en Cristo. El consuelo que recibimos de Dios a través de Cristo debe ser compartido en mutuo intercambio unos con otros. Recibimos consuelo no sólo para nosotros mismos, sino que también lo recibimos para que podamos consolar a los demás. Paradójicamente, una de las grandes "alegrías" del dolor duradero es encontrarle sentido a ese dolor y poder compartir ese significado para consolar a otros.

En nuestra propia herida, podemos convertirnos en fuentes de vida para los demás. En el libro de Henry Nouwen *The Wounded Healer*, pregunta cómo los sufrimientos de alguien pueden convertirse en una fuente de curación para otros. Él dice: "Haciendo de sus propias heridas una fuente de curación no requiere compartir experiencias personales dolorosas superficiales sino por la constante disposición de ver el propio dolor y sufrimiento como surgiendo de la profundidad de la condición humana que comparten todos los hombres."[9]

Si ignoramos nuestro quebrantamiento, perdemos la oportunidad de que Dios nos sane por completo. Aunque lo intentemos, nunca podremos superar nuestro dolor ni curarnos a nosotros mismos. Aunque de este lado de la eternidad seguimos viviendo en un mundo de pecado y quebrantamiento, incluyendo el nuestro, el poder liberador del evangelio nos brinda sanación y consuelo. Nos permite un conocimiento mayor de nosotros mismos, para lo que fuimos creados. Entonces, a través del desbordamiento de este consuelo y sanación, podremos ministrar desde nuestros corazones, no por motivos ocultos, sino como nosotros mismos, como sanadores heridos. Debemos prestar atención a nuestra alma, cuidando esta preciosa vida que Dios nos ha dado en su Hijo.

Reflexión y Puntos para Considerar

El cuidado propio es un componente fundamental y crítico para la longevidad y el éxito del servidor global. Se necesita practicar intencionalmente para restaurar, refrescar, relajar y reagruparnos. Las actividades del cuidado propio se dividen en cinco dominios: físico, mental, emocional, relacional y espiritual. Estos dominios se superponen, pero todos son importantes para el cuidado. Toma un momento y explora cada dominio con la intención de examinarte.

Autocuidado Físico: Tomando medidas en nombre de nuestro cuerpo

- ¿Cómo afecta mi consumo de alimentos mi funcionamiento mental y emocional?
- ¿Qué actividades físicas realizo para cuidar mi cuerpo?
- ¿Le doy prioridad al sueño? ¿Permito que mi horario se adapte a la cantidad de descanso que necesito, no solamente la cantidad con la que puedo sobrevivir?
- ¿Qué actividades puedo realizar regularmente que contribuyan a relajar y restaurar mi cuerpo?

---
9 Henri J. Nouwen, *The Wounded Healer* (Doubleday, 1979), 88.

Autocuidado Mental: Ser intencional con lo que ponemos en nuestra mente

- ¿Qué programas de televisión o películas elijo ver? ¿Cómo podrían contribuir o restar valor de mi autocuidado mental?
- ¿Qué material de lectura elijo leer? ¿Leo sólo obras serias? ¿Leo sólo por diversión? ¿Me beneficiaría un plan de lectura más equilibrado?
- ¿Qué papel juega la música en mi vida mental?
- ¿Qué tan cómodo me siento con el silencio en mi casa, en mi auto, en la naturaleza, etc.? Cuando estoy en silencio, ¿en qué suelo pensar?

Autocuidado Emocional: Ser auténtico y honesto con nuestras emociones

- ¿Me conecto efectivamente o insuficientemente con mis sentimientos?
- ¿Cómo puedo atender mejor a mis emociones?
- Cuando experimento sentimientos de felicidad, tristeza, enojo o preocupación, ¿con qué frecuencia tomo tiempo para reflexionar sobre las razones por las que me siento así?
- ¿Cómo afecta mi relación con Dios mis reacciones emocionales a mis circunstancias?

Autocuidado Relacional: Cultivar relaciones recíprocas en las que somos igualmente atendido, buscado, cuidado y alimentado

- ¿Qué me hace sentir incómodo en las relaciones?
- ¿Qué me hace lucir en las relaciones?
- ¿Cuántos amigos recíprocos tengo?
- ¿Hay algo que pueda cambiar con respecto a cómo me relaciono con los demás que puede ayudar a que mis relaciones sean más sanas y equilibradas? ¿Hay alguna relación que necesito dejar de lado para poder lograr una mejor salud general?

Autocuidado Espiritual: Permanecer en un lugar de humildad y gracia, asombrado por el privilegio de ser un siervo del Dios vivo

- ¿Creo que atender a mi alma es egoísta?
- ¿He luchado con mi lado oscuro? ¿Sé detrás de qué máscaras me escondo? ¿Cómo describiría mi ser falso tanto como mi ser verdadero?
- Medita sobre tu identidad en Cristo a través de estas Escrituras: Génesis 1:27; Jeremías 1:5; Juan 1:12; Romanos 6:6; 15:7; 1 Corintios 6:17–20; 12:27; Gálatas 3:27–28; Colosenses 2:9–10; 3:1–3; 1 Pedro 2:9; y 1 Juan 3:1–2.

Para más Lectura

Benner, David G. *The Gift of Being Yourself: The Sacred Call to Self-Discovery* (IVP, 2004). Un excelente recurso sobre la exploración de la identidad cristiana.

Calhoun, Adele Ahlberg. *Spiritual Disciplines Handbook: Practices That Transform Us* (IVP, revised edition, 2015). En mi opinión, el mejor recurso moderno sobre las disciplinas espirituales y cómo practicarlas.

Tell, Bill. *Lay It Down: Living in the Freedom of the Gospel* (NavPress, 2015). Un gran libro sobre la abrumadora gracia de Dios. El evangelio es más que simplemente salvarnos de nuestro pecado; se trata de hacernos nuevas creaciones en Cristo.

Después de pasar nuestro primer mandato en Camboya, nuestra familia regresó a los Estados Unidos por un año. Me uní rápidamente a un estudio bíblico para mujeres que se reunía todos los miércoles por la mañana. Aprecié tanto estos tiempos de estudiar la Palabra con otras señoras que hablan mi idioma y pueden animarme como esposa y madre. Como procesadora verbal, me ayudó a estudiar la Biblia y luego discutirlo con otras mujeres.

Un día, nos pidieron que pensáramos en lo peor que podría pasar en nuestras vidas. Mientras luchaba por volver a encajar en la cultura estadounidense y criar a mis tres hijas, se me ocurrió que lo peor para mí sería perder a mi marido, Jeff. El líder del estudio nos pidió que lo representáramos mentalmente. Así que lo hice. Fue horrible. No me imagino cómo manejaría la vida sin Jeff, y mucho menos llenarme de alegría mientras crío a mis hijas sola.

Al final del estudio nos preguntaron si Dios era bueno. ¿Seguiría siendo bueno si pasa lo peor que imaginamos? ¿Dios seguiría siendo un Dios que ve y se preocupa por mí incluso si ocurre algo horrible? Llegué a la conclusión de que Dios es Dios y él seguiría siendo el mismo Padre bueno y amoroso incluso si Jeff muriera. Pasando tiempo en la Biblia con otras mujeres me ayudó a solidificar una verdad acerca de Dios, aunque poco lo sabía en ese momento, sería extremadamente importante en los días que iban a seguir.

A los pocos años de ese estudio, Jeff tuvo una gran convulsión y lo diagnosticaron con un tumor cerebral maligno. ¿Qué iba a pasar con mi marido? ¿Iba a morir? ¿Qué significaría esto para mí y para mis hijas? ¿Cómo seguiría moviéndose la vida hacia adelante? Me acordé de ese estudio bíblico que hice hace varios años. Yo sabía que no importaba lo que sucediera, Dios seguiría siendo Dios. Una paz se apoderó de mí. No estaba segura de lo que el camino por seguir deparaba para mi familia, pero sabía que podía confiar en Dios y en quién es él no había cambiado, a pesar de que yo estaba enfrentando una tragedia.

Estoy extremadamente agradecida por la oportunidad de estudiar la Palabra de Dios cuando las cosas eran relativamente fáciles en mi vida. La verdad que aprendí antes me ayudó a permanecer fiel y estable cuando la vida se puso realmente difícil. Por la gracia de Dios, el cirujano eliminó el tumor por completo y mi esposo fue sanado. El Espíritu Santo me recordó sobre lo que había estudiado de las Escrituras, así que la verdad estaba en lo profundo de mi corazón cuando más necesitaba.

Karyn
Servidora global en el sudeste asiático

La Palabra de Dios
El antiguo camino hacia Dios

Un joven misionero acaba de llegar al campo, deseando servir al pueblo. Dios lo ha llamado a comenzar a estudiar idiomas y conectarse con un pequeño grupo local de creyentes. Todos los domingos va a la iglesia y practica sus habilidades lingüísticas. Sin embargo, pronto se da cuenta de que recibe muy poco alimento espiritual. La mayoría pasan una gran parte de su tiempo durante la predicación buscando palabras en su diccionario e intentando, pero fracasando, encontrarle sentido al sermón.

Él decide comenzar a leer la Biblia en su nuevo idioma durante su tiempo devocional. Pero la traducción es antigua y difícil de entender. Una vez más, pasa la mayoría de su tiempo en el diccionario en lugar de en la Biblia. Pronto es pedido predicar y enseñar las Escrituras. De ahí la necesidad de investigar y estudiar la Palabra a su modo. Leer las Escrituras para la edificación espiritual es reemplazado por un estudio intensivo, porque el joven misionero siente tremenda presión para hacer las cosas bien para sus nuevos amigos. Pero todo el tiempo siente una sequedad espiritual y falta de poder en su alma. La Palabra se había convertido en una herramienta para el ministerio, pero no como una fuente de energía y vida.

Conozco esta historia muy bien porque es mi historia. Al perder la conexión con las escrituras, perdí mi vitalidad espiritual. Es comprensible que un nuevo misionero que está estudiando el idioma tendrá dificultades para leer la Biblia en ese segundo lenguaje. Sin embargo, el problema se intensifica cuando el estudio de idiomas es sustituido por la lectura de la Biblia. Esto se agrava cuando comenzamos el ministerio y comenzamos a usar la Biblia simplemente como una herramienta, como un medio de ministerio, en lugar de también usarlo como una conexión personal con la verdad y el amor de Dios.

Espiritualidad Basada en la Biblia

Eugene Peterson cuenta una divertida historia sobre su nieto Hans, de siete años que fingía estar estudiando el Nuevo Testamento, aunque no sabía leer. Él hace la analogía que muchos de nosotros abrimos nuestra Biblia, pero realmente no sabemos cómo leerla. Él dice que debe haber un problema, "una dificultad que todos compartimos en común cuando tomamos nuestra Biblia y la abrimos ... ¿Por qué no es fácil?"[1] Peterson cree que algo anda mal y continúa afirmando:

> *El desafío—nunca insignificante—de la lectura de las Escrituras cristianas es hacer que sean leídas, pero leídas en sus propios términos, como la revelación de Dios. ... No es que los cristianos no posean ni lean su Biblia. Y no es que*

---
[1] Eugene H. Peterson, *Eat This Book: A Conversation in the Art of Spiritual Reading* (Eerdmans, 2006), xi.C

los cristianos no crean que la Biblia es la palabra de Dios. Lo que se descuida es leer las Escrituras formativamente, leer para vivir. ... En orden para leer las Escrituras de manera adecuada y precisa, es necesario vivirlas al mismo tiempo ... Significa dejar que Otro tenga un decir en todo lo que decimos y hacemos. Es tan fácil como eso. Y tan difícil.[2]

Entonces el problema no es que no leamos la Biblia, sino que no dejamos que la Biblia nos lea a nosotros. Justo antes de ser arrestado, Jesús oró estas palabras por sus discípulos: "Santifícalos en la verdad; tu palabra es verdad" (Juan 17:17). Si la Biblia es la fuente de verdad y piedad en nuestras vidas, debe ser el centro de nuestra disciplina espiritual.

Uno de mis mentores, el Dr. David Currie, de Gordon-Conwell Theological Seminary, afirma que la Biblia es la base de toda nuestra espiritualidad. "La formación espiritual se basa en la Biblia como la revelación confiable y autoritaria de Dios. La Biblia, nuestra fuente principal de verdad, guía e informa el uso de la información de la disciplina espiritual y de los modelos de espiritualidad tal como han surgido en todo el mundo y a través del tiempo."[3]

Nos beneficiamos al estar abiertos a las diversas formas en que podemos escuchar la Palabra. Leer, escuchar, estudiar, memorizar, cantar las Escrituras y escuchar sermones son sólo algunos ejemplos. Pero cuando confiamos en un solo método, como escuchar sermones, por ejemplo, perdemos otros medios de formación para crecer en la palabra. Muchos servidores globales luchan en el campo porque el método de recibir la Palabra de Dios a la que estaban acostumbrados ya no está disponible para ellos de la misma manera. Recibir la Palabra de Dios a través de varios medios es una señal de un seguidor sabio de Jesús.

Durante el resto de este capítulo vamos a explorar dos enfoques básicos de las Escrituras que la mayoría de nosotros usamos: el método de estudio, que puede etiquetarse como un enfoque informativo; y el método de lectura, que se puede llamar enfoque transformacional.[4] Ambos métodos permiten que la Biblia se aviva en nosotros, impregnando nuestros corazones y mentes.

El método de estudio como disciplina espiritual

Nos dice en Josué 1:8 y Salmo 119:11–15, que mantengamos la Palabra en nuestros labios. Quizás esto signifique que debemos leer o citar las Escrituras en voz alta. En una sociedad oral con una baja alfabetización, como era el caso en Israel en ese momento, la lectura oral reforzó la Palabra para las personas. También se nos dice en Salmos 19:14 y 119:11–15 que debemos mantener la Palabra en nuestro corazón, quizás a través de la memorización. Memorizar las Escrituras ayudan a arraigarlo profundamente en nuestras almas.

---

[2] Peterson, xi–xii.

[3] David Currie, Gordon-Conwell Theological Seminary, class notes, 2007.

[4] Estoy simplificando aquí, ya que entiendo que el estudio de la Biblia también es transformador y que la lectura de la Biblia Informa y transforma.

Dios quiere que experimentemos muchas maneras de estudiar la Biblia, para así usar nuestra propia individualidad y dones para disfrutar de su Palabra. Si te cuesta estudiar debido a tu personalidad única o limitaciones de tiempo, sé creativo: explora diferentes métodos que podrían funcionar para ti.

Hoy tenemos muchos recursos disponibles y accesibles, tanto físicos como formularios digitales, para ayudar a comprender, estudiar, memorizar y meditar en la sagrada Escritura. Todos los servidores globales se beneficiarán al asegurarse de tener acceso a una variedad de estas ayudas para su estudio personal. En el mundo misionero de hoy, realmente no hay ninguna razón por la que esto no pueda lograrse.

No importa cómo lo haces, el estudio de la Biblia es esencial para el crecimiento espiritual. El trabajo de David Garrison, un misiólogo que estudia la religión del Islam, abarca Musulmanes a escala global: descubriendo sesenta y nueve movimientos hacia Cristo desde el 2000, que involucran setenta lugares diferentes en veintinueve países.[5] La investigación de Garrison encontró que muchos musulmanes vienen a Cristo porque se les ha entregado una Biblia, que han leído, especialmente en los Evangelios.

> *Otro camino hacia la fe en Cristo para los musulmanes ha sido el descubrimiento por sí mismo que los musulmanes creen que Cristo es quien dice ser. A diferencia del Corán, que sólo puede estar verdaderamente representado en el idioma árabe, la Biblia comienza con una traducción al idioma local. Más de un creyente de origen musulmán comentó: "No entiendo árabe ni el Corán. Pero entiendo la Biblia."* [6]

Un nuevo creyente de origen musulmán dijo que cada vez que no entendía el Injil (Nuevo Testamento), siempre podía acudir a un compañero creyente y, a través del estudio, obtener respuestas. "Nasr me dio un Injil y comencé a leerlo. Cosas que no entendía, se lo llevaría y él me lo explicaría. Ese fue el comienzo."[7]

El punto aquí es que sólo cuando las Sagradas Escrituras son estudiadas y entendidas, puede ser posible un cambio de vida. Un creyente de trasfondo musulmán puede haber memorizado el Corán, pero no tiene sentido si no lo entienden. Es lo mismo para nosotros. Puede que conozcamos las Escrituras, pero si no las estudiamos y aprendemos para poder entender lo que significa, no vamos a crecer.

Por supuesto, no queremos depender demasiado del estudio únicamente para nuestro consumo bíblico. Este fue mi problema cuando fui por primera vez al campo. Supuse que, si estaba estudiando la Palabra para propósitos de predicación y enseñanza, de alguna manera escucharía de Dios a través de su Palabra para mí. Los buenos maestros y predicadores ciertamente aplican la Escritura para sí mismo primero, pero fácilmente podemos sentirnos tentados a estudiar principalmente para otros y no para nosotros mismos. Cuando lo hacemos, dejamos de estar sentados personalmente bajo la Palabra de Dios. Para mantenernos comprometidos con una vida disciplinada por las Escrituras, debemos mirar cómo la Biblia nos transforma.

---

5 David Garrison, *A Wind in the House of Islam: How God Is Drawing Muslims Around the World to Faith in Jesus Christ* (WIGTake Resources, 2014), 5.

6 Garrison, 174.

7 Garrison, 219.

El Método de Lectura como Disciplina Espiritual

La lectura de la Biblia es el camino hacia la integridad moral y la transformación de la vida. ¿Cómo diferencian leer la Palabra de Dios y estudiarla? El siguiente cuadro ofrece una comparación útil de las diferencias.

En el método de *estudio*, usted ...	En el método de *lectura*, usted ...
Analiza el texto	Saborea el texto y entra en el
Hace preguntas sobre el texto	Deja que el texto te haga preguntas
Lee, comparar y buscar nuevas formas de aplicar hechos	Lee para dejar que Dios le hable (considerando hechos ya absorbidos)

Con el método de estudio, buscamos información para que nuestra mente pueda comprenderlo en la cabeza. Con el método de lectura buscamos la transformación en nuestro corazón para cambiar nuestra vida. Si bien necesitamos ambos métodos, tradicionalmente el enfoque bíblico del Occidente ha sido más informativo para la cabeza que transformativo para el corazón. Necesitamos mantener un equilibrio entre la cabeza y el corazón en nuestro consumo bíblico.

Lectio Divina

Entonces, ¿cómo leemos la Biblia por nosotros mismos? Por más de mil quinientos años, la gente ha seguido la práctica de la *Lectio Divina* (o Lectio para abreviar). *Lectio Divina*, que en latín literalmente significa "lecturas sagradas", se refiere a la santa lectura de las Escrituras. Requiere reflexión orante del texto, que lleva a la comunicación con Dios en oración. De hecho, la mayoría de los escritores espirituales cristianos definen la Lectio más como una disciplina de oración que una disciplina de lectura. Simplemente puesto, Lectio es leer un breve pasaje de las Escrituras y luego reflexionar sobre una palabra o pasaje breve que el Espíritu de Dios ha traído a nuestra mente durante nuestra lectura.

En los últimos veinte años más o menos, Lectio ha recuperado popularidad dentro de los círculos católicos tanto como en los protestantes. Las raíces de la Lectio Divina se remontan a un texto llamado "La Regla de San Benito" (Regula Benedicti o RB) en la primera parte del sexto siglo. El capítulo 48 de RB comienza con una instrucción general contra la pereza. "La ociosidad es el enemigo del alma. Por lo tanto, los hermanos deberían tener períodos especificados para el trabajo manual, así como para la lectura orante [Lectio Divina]."[8] Ricardo Paz explica cómo la Lectio se practicó por primera vez en los monasterios de Europa occidental.

> Los primeros monjes se acercaron a la Biblia a través de la Lectio Divina. Para ellos funcionó así: Durante el tiempo reservado para la lectura personal, la oración y la reflexión, un monje iba a un lugar privado y comenzaba a leer en voz alta un pasaje de las Escrituras. A menudo esto sería tomado de los Salmos o de los Evangelios. El monje habló en voz alta hasta que le llamó la atención una palabra o una frase. Luego se detenía y reflexionaba sobre esa palabra o frase, comprendiendo que es la palabra de Dios para él. Esta meditación (que

---

8 Saint Benedict, *Saint Benedict's Rule for Monasteries*, trans. Leonard J. Doyle (Liturgical Press, 2001), 48:1, 8.

es lo que él estaba haciendo) condujo naturalmente a la oración mientras el monje ofrecía a Dios lo que escuchó. A medida que se adentraba cada vez más en la oración, llegaba a un lugar donde descansaba en la presencia de Dios. Tal estado de contemplación era buscado activamente.[9]

La suposición detrás de Lectio es que los seres humanos son equipados con la capacidad de escuchar a Dios. Esto se refiere no sólo a santos especiales, sino también a la gente común, como tú y yo. La voz de Dios se escucha con mayor frecuencia a través de su Palabra. "La fe viene por oír el mensaje, y el mensaje se oye por la palabra de Cristo" (Romanos 10:17). Lectio es una práctica que nos ayuda a conectarnos directamente con el Señor a través de las Escrituras. Al menos, Lectio nos enseña a escuchar con el corazón las palabras de nuestro Padre.

La Lectio Divina finalmente se desarrolló en un proceso cuádruple, lo cual los cristianos todavía usan hoy. Estas son las cuatro fases para el ritmo de la Lectio: lectura (lectio), meditación (meditatio), oración (oratio) y contemplación (contemplatio). En su libro *Sacred Rhythms*, Ruth Haley Barton lo describe bien. En lo siguiente estoy parafraseando su material.

1. El primer movimiento es leer (lectio). En este paso leemos el pasaje en voz alta, escuchando una palabra o frase en particular que el Espíritu trae a nuestra atención. "Esta palabra de alguna manera se destaca de todas las demás, causa una reacción o atracción visceral."[10] Después de la lectura, hay un breve período de silencio en el que permanecemos ante Dios, sin necesariamente tratando de descubrir qué significa esa palabra. Luego leemos nuevamente el pasaje.

2. El segundo movimiento es meditar (meditatio). Aquí nos detenemos en esas palabras o imágenes, prestando atención a dónde y cómo interactuamos con ellas: ¿Están despertando recuerdos o susurrando situaciones actuales en nuestras vidas y ministerios? ¿Nos presionan con la urgencia de un pecado con el que necesitamos lidiar? ¿Está Dios brillando con su luz sobre algo que no sabíamos que estaba en nuestros corazones, por ejemplo, una esperanza o un deseo? Meditamos sobre el pasaje con la convicción que es el mismo Espíritu que inspiró su escritura que ahora está obrando para aplicarlo en nosotros, y por eso escuchamos con atención. Luego leemos el pasaje nuevamente.

3. El tercer movimiento es responder (oratio). Esta vez atendemos a nuestros sentimientos y las regresamos a Dios en silencio como una oración de nuestro corazón. ¿Hay una invitación o un desafío al que debemos responder? Luego oramos de vuelta esa palabra o frase a la que hemos respondido mientras se la ofrecemos a Dios. Luego leemos el pasaje por última vez.

4. El cuarto y último movimiento es descansar en Dios (contemplatio). Aquí descansamos en la amorosa presencia de Dios con lo que él nos ha revelado, dándonos cuenta de que Dios es el que revelará lo que nos ha mostrado. Nuestra resolución es simplemente llevar con nosotros, y durante el resto del

---

9 Richard Peace, *Contemplative Bible Reading: Experiencing God through Scriptures* (NavPress, 1998), 11.
10 Ruth Haley Barton, *Sacred Rhythms: Arranging Our Lives for Spiritual Transformation* (IVP, 2006), 57.

día para vivir su Palabra. Debemos mantener la mantente abierta y escuchar a Dios durante el día. Muchas veces para mí la Palabra que recibí por la mañana tiene aún más sentido al final del día que al comienzo.[11]

La Lectio Divina es poderosa porque combina un equilibrio de silencio y Palabra. Cuando estas leyendo, no te estreses por seguir un estricto patrón. Vivir el hábito de Lectio es realmente muy sencillo y se aprende mejor a través de la práctica en lugar de la explicación. Lectio se trata de una relación con Dios, y con el tiempo ayuda en su poder transformador en nuestras vidas.

Dos Peligros en el Estudio y la Lectura

Una advertencia sobre nuestra interacción con las Escrituras. Hay dos desvíos peligrosos de los que debemos estar conscientes al leer y estudiar las Escrituras. El primer desvío ocurre cuando nuestro estudio bíblico se vuelve demasiado objetivo. Las palabras de Santiago se aplican aquí:

Pero sed hacedores de la palabra, y no tan solamente oidores, engañándoos a vosotros mismos. Porque si alguno es oidor de la palabra, pero no hacedor de ella, este es semejante al hombre que considera en un espejo su rostro natural. Porque él se considera a sí mismo, y se va, y luego olvida cómo era. Mas el que mira atentamente en la perfecta ley, la de la libertad, y persevera en ella, no siendo oidor olvidadizo, sino hacedor de la obra, este será bienaventurado en lo que hace. —Santiago 1:22–25.

El segundo desvío es cuando nuestra lectura de la Biblia se vuelve demasiado subjetiva y leemos un texto con nuestra propia interpretación de lo que queremos creer o pensar sobre lo que deberíamos saber de ella. Esto tiene el potencial de alejarnos del significado original, además de permitirnos ignorar partes de la Biblia que no queremos leer o considerar. Siempre debemos mantenernos libres de lo que creemos que estamos escuchando del Señor y tratar de confirmarlo a través de los medios honorables de aportes de la comunidad, así como comprobarlo con otros pasajes de las Escrituras. Cuando leemos la Biblia y solo escuchamos con nuestra propia voz, arruinamos el propósito de leer la Palabra de Dios en primer lugar.

La elección, sin embargo, no tiene por qué ser entre elegir el escolasticismo seco o el subjetivismo irresponsable. Necesitamos acercarnos a las Escrituras con objetividad estudiosa y escucha sumisa. Por eso dedico tiempo tanto a la Lectio como al estudio en mis devocionales personales todos los días. Necesitamos análisis y aplicación. Necesitamos conocimiento y perspicacia. Necesitamos comprender, pero también vivir la Palabra en el contexto de nuestra vida diaria, y no sólo en el contexto de nuestras tareas ministeriales.

Jesús tiene algunas palabras desafiantes para nosotros sobre el entender y aplicar la Sagrada Escritura. "En una ocasión, un experto en la ley se levantó para poner a prueba a Jesús. 'Maestro,' preguntó: "¿Qué debo hacer para heredar la vida eterna?" "¿Qué está escrito en la Ley?" él [Jesús] respondió. '¿Cómo se lee?'" (Lucas 10:25–26).

Este pasaje ilustra maravillosamente la capacidad de Jesús para convertir una visión abstracta en una discusión teológica en una conversación sobre temas de

---
11 Barton, 56–58

la vida. Jesús primero llama al abogado a reflexionar sobre las Escrituras, pidiendo apoyo bíblico para su posición. Pero más adelante en el pasaje, después de que el experto responde, Jesús lo llama a pensar más profundo, lo que llevó al hombre a preguntar: "¿Quién es mi prójimo?" (v. 29). Jesús entonces da un ejemplo concreto en la historia del Buen Samaritano.

Eugene Peterson comenta sobre esta historia: "No hay nada malo en el conocimiento de las Escrituras por parte del erudito. Pero había algo terriblemente equivocado en el la forma en que lo leía, el cómo de su lectura. ... Nos plantea la pregunta de Jesús: "¿Cómo lees?""[12]

Ninguna disciplina espiritual es más importante que el consumo de la Palabra de Dios. Nosotros conocemos la persona de Jesucristo a través de la Biblia. Llegamos a este conocimiento a través de la lectura y el estudio, y aplicando la Palabra tanto a nuestra cabeza como a nuestro corazón. Cultivamos aún más la Palabra dándole tierra fructífera para que germine y produzca crecimiento en nuestras vidas (Mateo 13:8, 23). Cuando seguimos el camino antiguo al Padre a través de la Palabra, siempre lo encontraremos allí, guiando nuestra percepción, comprensión y aplicación, y proporcionando un despertar espiritual.

Reflexión y Puntos para Considerar

- En este capítulo hemos explorado las diferencias entre el estudio bíblico y la lectura de la Biblia. ¿Puedes describir las diferencias entre los dos métodos, y especialmente cómo puedes aplicar ambos enfoques a tu propio uso de la Biblia?
- ¿Cómo te ha hablado Dios a través del estudio de su Palabra? ¿Cómo ha afectado tu vida el estudio bíblico?
- Cuando la Palabra de Dios te parece seca, ¿qué haces? ¿Imaginas que está causando la sequedad? ¿El pasaje? ¿La vida ocupada? ¿Algo más? ¿Puedes cambiar algo para hacer que la Biblia tenga más vida en tu estudio o lectura?
- ¿Cómo ha influenciado tu lectura espiritual de la Biblia la dinámica de cabeza/corazón?
- Reflexiona sobre momentos en los que simplemente leer la Palabra ha sido útil para escuchar la voz de Dios. ¿Cómo te han traído las Escrituras a la presencia de Cristo?

Para más Lectura

Hall, Thelma. *Too Deep for Words:* Rediscovering Lectio Divina (Paulist Press, 1988). Una introducción básica a la lectura contemplativa y a la escucha de la Palabra de Dios, que incluye quinientos pasajes de las Escrituras para la oración.

Peterson, Eugene H. *Eat This Book: A Conversation in the Art of Spiritual Reading* (Eerdmans, 2006). Un libro sobre cómo leer la Biblia no sólo para obtener información sino también para lograr transformación.

---

12 Peterson, 83–84.

Mientras estaba en las universidades, los líderes de mi ministerio nos alentaron a ayunar durante el día o de una comida para recordarnos que debemos orar. Me uní a estos tiempos de ayuno, regocijándome en la experiencia de que cuando tenía hambre simplemente oraba, y Dios alivió mi hambre. A lo largo de los años he probado otros ayunos además de la comida, aunque todos eran ocasionales e inconsistentes.

Mi familia y yo hemos estado en el extranjero por cinco años y hay varios aspectos de nuestro trabajo donde necesitamos desesperadamente ver el movimiento de Dios. Recientemente, mientras pensaba en estas áreas, me acordé del ánimo que trae ayunar y orar. Al día siguiente decidí ayunar con mi familia hasta la cena. A medida que avanzaba el día, me di cuenta de lo acostumbrado que estaba a satisfacerme con comida. Vi con qué facilidad me distraía con un refrigerio o con pensamientos sobre qué comer para el almuerzo. Y me di cuenta de que no podía esperar desesperadamente a que Dios se moviera si mis anhelos podían ser tan fácilmente satisfechos. Era un recordatorio físico de un asunto espiritual. Si puedo sentirme tan fácilmente satisfecha con lo que me rodea, no clamaré al único que puede llenar cada parte y satisfacer todas mis necesidades. Si olvido que soy pobre porque tengo la barriga llena, me olvido de clamar en la dependencia.

Unos días después de esta experiencia, escuché a Dios pedirme que ayunara durante siete días por la salvación de mis hijos y padres. Pensé: "Sí, está bien, haré eso. Estoy desesperada por que Dios se mueva porque sólo él puede cambiar sus corazones." Luego conté los días con los dedos y pensé: "Señor, son varios días. No estoy segura de que me guste esto. Pero estoy dispuesta a hacer cosas que no tienen sentido lógico si esto me lleva al lugar donde dependo completamente de ti, esperándote, confiando en ti."

El primer día me alegré al insistir en la oración por estos asuntos tan queridos para mí. Dediqué más tiempo a la oración y a la lectura de la Biblia. Me hicieron acordar que debía orar mientras seguí con mis tareas diarias habituales. Algunos de los días no fueron tan alegres ni reflexivos, pero mi impulso natural de mantener mi barriga llena y mi apetito satisfecho significaba que debía seguir clamando a Dios durante el día, pidiéndole que se moviera.

Cuando se cumplieron los siete días, una parte de mí se alegró mucho al poder disfrutar del desayuno otra vez. Otra parte de mí no quería renunciar a lo que sentí durante ese tiempo. Estoy agradecida por la oportunidad de participar en las disciplinas espirituales del ayuno y la oración para recordarme que no debo satisfacerme tan fácilmente, ni rendirme o distraerme hasta ver a Dios moverse. Aunque no entiendo completamente cómo funciona, creo que también hay algo en el ayuno que impacta el poder de nuestras oraciones. La práctica de rechazar los placeres de este mundo por un tiempo para pedir algo más, algo más grande, algo eterno, es una disciplina que vale la pena aprender para espérate que no nos volvamos insensibles ni perezosos.

Sarah
Sirviente global en Norafrica

Nuestra Vida de Oración
El Antiguo Camino hacia la Intimidad

A lo largo de la historia de la iglesia, la pregunta principal que se hacen los mentores espirituales unos a otros son: ¿Cómo es tu vida de oración?

Nuestro tiempo de oración, más que cualquier otra cosa, revela la calidad de nuestra relación con Dios. ¿Cómo entendemos la oración? ¿Cómo practicamos la oración? ¿Cómo la oración moldea nuestras vidas y nuestros corazones para Dios? ¿Es sólo un deber o un acto de amar? ¿Oramos continuamente o sólo periódicamente? Estas son las preguntas que vamos a explorar en este capítulo.

Los servidores globales a menudo consideran que la oración es una de las prácticas espirituales más difíciles. Al principio de mi carrera misionera mis oraciones se centraban principalmente en el ministerio: pedir ayuda a Dios e interceder por los demás. Si bien ambos son buenas prácticas de oración, todavía tenía que aprender que la oración es mucho más. A menudo encontré que mi vida devocional estaba vacía. Estaba dando mucho hacia los demás, pero sentía que estaba recibiendo poco a cambio de Dios. La mayor parte del tiempo mi corazón estaba seco y estéril.

Cuando compartí mis preocupaciones con un colega, él compartió lo vacío que también su tiempo en oración se había convertido. No teníamos ninguna respuesta real a este problema, pero no estábamos contentos con dejar que las cosas siguieran como estaban. Decidimos que íbamos a hacer algo pase lo que pase, aunque realmente no sabíamos qué hacer.

Finalmente decidimos reunirnos una vez por semana. No nos reunimos para hablar de estrategia o incluso discutir temas de rendición de cuentas, como hacen muchos hombres. Nos juntamos para adorar. Simplemente pasábamos una hora cada semana juntos cantando y alabando a Dios. Créanme, no eran tiempos bonitos, ya que ninguno de nosotros tenía voces agradables, pero lo hicimos de todos modos. A veces parecía que simplemente estábamos pasando a través de los movimientos. Pero persistimos y descubrimos que Dios honraba nuestras intenciones.

Decidí escribir algunas de mis oraciones y también comencé a mantener un diario de oración, algo que nunca había hecho antes. Este diario de oración finalmente se transformó en una costumbre de por vida. Me llevó varios años descubrir otras formas de orar, pero todo empezó cuando mi colega misionero y yo empezamos cantando juntos.

¿Qué es la Oración?

Aunque creo que la oración es una de las prácticas espirituales más difíciles, también es una que podremos practicar más de lo que creemos. San Agustín, que vivió aproximadamente cuatrocientos años después de Jesús, expresó esta idea cuando dijo: "Es cierto, toda oración no es nada más que amor."[1] Lo que Agustín quiso decir es que cualquier manera en que oramos, la verdadera oración se centra en una relación de amor entre nosotros y nuestro Padre. Cuando amamos a Dios, estamos orando. Cuando oramos, estamos amando a Dios. La Trinidad está siempre en constante amor y, por lo tanto, está en constante oración. Como mencioné anteriormente, esto es pericoresis, la danza de la Divinidad. Lo notable de todo esto es que nosotros también, como hijos de Dios, estamos invitados al baile. ¿Cómo hacemos esto? A través de nuestro tiempo de oración.

Uno de los padres del desierto, Evagrius el Solitario (346–399), escribió uno de los primeros tratados sobre la oración, titulado *Sobre la Oración*. Evagrius definió la oración como "comunión con Dios en lo más profundo de nuestro corazón."[2] Esto significa que la oración es el lugar de conexión más profunda y honesta entre nosotros y el Padre.

Richard Foster dice que para que las oraciones sean efectivas, necesitamos ser amantes efectivos. "El amor abrumador invita a una respuesta. Amar es la sintaxis de la oración."[3] La oración no se trata sólo de pedirle a Dios que mejore nuestro ministerio. Se trata de entrar en un amor pleno y profundamente profundo que implica dar y recibir, en mutuo diálogo. Esto es lo que yo no entendía cuando era un joven misionero. Vi a la oración más como un acto devocional que como un acto de devoción.

Andrew Murray nos dice que la oración es fundamental para nuestro crecimiento. Esperar en la oración nos permite experimentar la plenitud de nuestra salvación, siendo más sobre el recibir y escuchar que el hablar.

Si la salvación realmente viene de Dios y es enteramente obra suya, tal como lo fue nuestra creación, se entiende que nuestro primer y más alto deber es esperar en Él y hacer la obra que le agrada. Esperar se convierte entonces en la única manera de experimentar la plenitud de la salvación: la única manera de conocer verdaderamente a Dios como el Dios de nuestra salvación. Todas las dificultades que se presentan, que nos impiden alcanzar la salvación plena, tienen su causa en esta única cosa: el conocimiento y la práctica defectuosa de esperar en Dios.[4]

Salmo 62:1 dice: "Mi alma sólo en Dios encuentra descanso; mi salvación viene de él." La primera frase de este versículo es difícil de traducir del hebreo. Literalmente se lee: "Sólo a Dios silencie mi alma." Esto explica la amplia variación

---

1 Richard J. Foster, *Prayer: Finding the Heart's True Home* (Harper, 1992), 1.

2 *Evagrius Ponticus' Chapters on Prayer*, trans. Sr. Pascale-Dominique Nau (self-pub., lulu.com, 2012), 1.

3 Foster, *Prayer*, 3.

4 Andrew Murray and Edward D. Andrews, *Waiting on God!* (Christian Publishing House, 2020), 11.

entre las versiones de traducción de la Biblia. Sin embargo, encuentro que la traducción del New English Bible es una de las mejores. Dice: "En verdad mi corazón espera en silencio a Dios." Esto implica una confianza amorosa entre la persona que ora y Dios. Los fieles esperan a que Dios hable, porque en su relación establecida con el Señor, hay confianza.

La oración se trata de amor, confianza y de encontrar un lugar de quietud y silencio ante él. Es una especie de espera inmóvil -santa inactividad- en anticipación de que solo Dios actuará. El Salmo 62:8 nos dice que "derramaremos vuestro corazón ante él." El verbo "derramar" describe vaciar completamente un recipiente de todo el líquido, sin retener nada. Podemos entrar en la tranquila confianza de la presencia de Dios cuando no retenemos nada– nuestro corazón está completamente expuesto con todo su pecado, quebrantamiento, miedo, debilidad, ansiedad y dolor. En esta vulnerabilidad, podemos esperar y confiar en nuestro Padre para su liberación. Ésta es la idea de Murray sobre cómo la oración impacta nuestra salvación.

Varias Formas de Oración

Veamos la oración en dos formas simples: oraciones del corazón y oraciones de las manos. Las oraciones del corazón se centran en nuestra intimidad con el Padre, como la alabanza, la adoración, la confesión, y acción de gracias. Las oraciones con las manos se centran en lo que hacemos en el servicio, como la suplicación y la intercesión.

Oración del Corazón

Primero, la oración del corazón es tan variada como las formas en que nos relacionamos con Dios. Oramos hacia un Dios viviente, alguien con quien estamos en constante relación. Por lo tanto, al igual que nuestras otras relaciones en la vida, nos comunicamos con el Padre, el Hijo y el Espíritu Santo de formas diversas, dependiendo de dónde nos encontremos en nuestra relación en ese momento. Por ejemplo, cuando estoy viajando hay veces que la única manera que tengo de comunicarme con mi familia es a través de correo electrónico o por teléfono. Sin embargo, cuando estoy en casa, hablamos cara a cara. Esta analogía no es perfecta, por supuesto, pero transmite el entendimiento de que si mi vida de oración realmente refleja mi corazón ante Dios, entonces en cualquier momento dado esa reflexión también es fiel a mi estado actual de ser. Entonces, si he pecado, oro confesando. Si estoy lleno de gratitud, oro con acción de gracias y alabanza. Si tengo una necesidad, oro en suplicación. Si yo estoy agobiado por otro, oro intercediendo.

En segundo lugar, como hemos comentado, la oración no tiene que ser verbal. Vamos a explorar esto más cuando hablamos de la oración contemplativa, pero por ahora permítanme decir que tales oraciones son desafiantes pero esenciales para una vida de oración madura. La oración del corazón significa una oración profunda y centrada, en la que Dios muchas veces toma la iniciativa.[5] Pablo

---
[5] David Teague, *Godly Servants: Discipleship and Spiritual Formation for Missionaries* (Mission Imprints, 2012),, 38.

dice en Romanos 8:26 que hay ocasiones en las que "no lo sabemos, pero el Espíritu mismo intercede por nosotros con gemidos indecibles". El Espíritu Santo de Dios se mueve dentro de nosotros mientras oramos. Por eso el silencio es un componente significativo de la oración madura. Lo esperamos y lo escuchamos, para oírlo hablar. Un ejemplo de esto es cuando sentimos una carga extrapesada de orar por alguien, aunque no sabemos exactamente por qué necesitamos orar, entonces simplemente encomendamos a esa persona al Señor.

Sin embargo, a veces las oraciones de nuestro corazón parecen secas y vacías. Esto es una experiencia común para muchos trabajadores globales porque, como en mi propia historia, muchos misioneros están tan motivados por el trabajo que su tiempo de oración se ha secado y han perdido el sentido de la presencia de Dios. Ahora es posible que algunas de las razones de esto sea la pérdida del sentido de la obra redentora de Dios, pecado habitual, falta de fe en la Palabra y las promesas de Dios, o obstinación narcisista oraciones, muchas veces no son actitudes o comportamientos incorrectos que nos hacen sentir que Dios está ausente. Más bien, Dios está haciendo algo más por nosotros.

Richard Foster identifica correctamente cuál debe ser nuestra postura ante Dios cuando esto pasa. No es sorprendente lo que implica esperar.

Si estamos estancados y no podemos avanzar en nuestras oraciones, no retrocedamos culpando a Dios o saltemos a la acción demasiado rápido. Mantengámonos en neutral si es necesario, basado en la seguridad de que Dios está a favor de nosotros y no contra nosotros, Él está obrando. Esperamos expectantes ante él en actitud de oración del corazón, convencidos que su voluntad es buena y perfecta para nosotros y para nuestros tiempos.

Oraciones de las Manos

Oraciones que son tradicionalmente entendidas como orar por las propias necesidades (súplica) u orar por las necesidades de los demás (intercesión) son lo que yo llamo oraciones de las manos. Ten en cuenta que las oraciones con las manos nunca deben desconectarse de las oraciones del corazón. Al igual que con las oraciones del corazón, el prerrequisito clave para las oraciones de la mano es una relación íntima con Jesús. Sin la cercanía del corazón a Jesús, nunca podremos entender sus propósitos y por lo tanto orar efectivamente por nosotros mismos o por los demás.

Como servidores globales, nuestra vida de oración es parte de nuestro trabajo. Patricio Johnstone, el autor de *Operation World*, dice: "No sólo oramos por el trabajo; ¡la oración es el trabajo!"[6] Un misionero que no intercede es culpable de la pereza espiritual. Santiago dice: "Cualquiera, pues, que sepa el bien que debe hacer y no lo hace, peca" (Santiago 4:17).

El escritor devocional Ole Hallesby afirma: "Un hijo de Dios no puede entristecer a Jesús de ninguna manera peor que descuidar de la oración. ... Muchos descuidan

---

6 Patrick Johnstone, *Operation World: The Dat-to Day Guide for Praying for the World*, 6th ed. (Zondervan, 1993), 11.

la oración hasta tal punto que su vida espiritual se extingue gradualmente."[7] Ser descuidados con las oraciones con las manos afecta nuestras oraciones del corazón también, porque cuando no oramos no nos estamos disponiendo a Dios.

> *La oración intercesora es como una elipse, que gira alrededor de dos puntos definidos: Cristo y nuestra necesidad. La obra del Espíritu en relación con la oración es mostrarnos ambos, no sólo teóricamente, sino prácticamente, haciéndolos vitales para nosotros de día a día. Consuélate pensando que es el Espíritu quien está obrando estas cosas en tu corazón todos los días.*[8]

El ministerio de oración depende de la experiencia diaria. Si descuidamos las oraciones de las manos, podemos descubrir que llegará un momento en que necesitemos desesperadamente interceder por alguien, pero hemos perdido el discernimiento y la voluntad de hacerlo. Crecemos en la oración orando. Cuanto más nos conectamos con Dios, más comprendemos cómo orar por los demás.

Estamos viendo en una de las mejores cosechas para Jesús en el mundo musulmán. Erudito David Garrison ha investigado los movimientos religiosos en el mundo musulmán. Durante los primeros mil cuatrocientos años del Islam, hubo un total de trece movimientos hacia la fe en Jesús. Pero en los primeros doce años del siglo XXI, sesenta y nueve movimientos ocurrieron hacia Cristo en el mundo musulmán.[9] ¿Cómo ha sido que un cambio tan dramático se ha producido?

La respuesta de Garrison es que "la oración ha sido la primera y principal estrategia para prácticamente cada nueva iniciativa en el mundo musulmán."[10] Cita a un musulmán seguidor de Jesús: "Creo que las oraciones de la gente en todas partes del mundo llevan muchos años elevándose al cielo. En los cielos estas oraciones se han acumulado como las grandes nubes durante los tiempos del monzón. Y ahora están lloviendo sobre mi pueblo los milagros y las bendiciones de salvación que Dios ha guardado para ellos."[11]

La oración nos acerca a Dios, y cuando nos acercamos a Dios, también nos unimos a él en su amor por las naciones.

Es un misterio cómo Dios usa nuestras oraciones para afectar la eternidad. Pero él decide hacerlo y, a medida que lo hace, nos alineamos aún más con su visión y propósito del reino y vivimos la vida del reino. Me sorprende cómo a veces me disculpo con mi base de donantes por gastar tanto tiempo en la oración. Siento que debo defenderme porque no estoy ahí afuera testificando y haciendo, sino sólo orando. A veces tengo una fe tan débil. Las oraciones de las manos son una fuerza poderosa en la vida del servidor global.

---

7 O. Hallesby, *Prayer* (Augsburg, 1975), 229.
8 Hallesby, 163.
9 David Garrison, *A Wind in the House of Islam* (WIGTake, 2014), 18.
10 Garrison, 18.
11 Garrison, 241.

Confesión y Arrepentimiento

En la oración confesional, simplemente reconocemos y repudiamos el pecado en nuestras vidas sin excusa ni compendio. El arrepentimiento y la confesión son dos áreas en la formación espiritual que a menudo son descuidadas por los servidores globales, sin embargo, ambas son esenciales para una vida llena del Espíritu. Jesús nos dice en el Sermón de la Monte que los pobres de espíritu son bienaventurados (Mateo 5:3). Cuando somos orgullosos, no podemos conocer plenamente la gracia de Dios. Pero cuando somos pobres en espíritu, estamos dispuestos a abrirnos para recibir la gracia de Dios en toda su plenitud. Esto nos permite experimentar la verdad de Dios "la verdad os hará libres" (Juan 8:32). Cuando venimos a Dios en verdadera confesión, sin agenda, él pronuncia su perdón en Cristo y nos honra con su bendición.

Al admitir honestamente nuestras propensiones pecaminosas, nos abrimos a experimentar la plenitud del amor sanador de Dios. San Ignacio de Loyola atribuyó diciendo: "El pecado es la falta de voluntad para confiar en que lo que Dios quiere para mí es sólo mi más profunda felicidad." Podemos identificarnos con la experiencia de David al sentir la mano dura de Dios sobre su culpa, así también sentir el alivio que produce la confesión y el perdón. "Porque de día y de noche se agravó sobre mí tu mano; Se volvió mi verdor en sequedades de verano. Mi pecado te declaré, y no encubrí mi iniquidad. Dije: Confesaré mis transgresiones a Jehová; Y tú perdonaste la maldad de mi pecado." (Salmos 32:4–5)

La confesión insiste en que no hay pecado imperdonable excepto no arrepentirse. Cuando nos negamos a arrepentirnos, blasfemamos el llamado del Espíritu Santo a la misericordia (Marcos 3:29). Afortunadamente, nunca hay un momento en que Dios no conceda su gracia a aquellos que están verdaderamente arrepentidos.

Si bien el pecado es específico o personal, también puede ser general o comunitario. Incluso si nosotros personalmente no hemos estado involucrados en los pecados del pasado de movimientos misioneros, debemos reconocer que en ocasiones y lugares a lo largo de los años, los misioneros han sido culpables de grandes pecados comunitarios como el imperialismo, la condescendencia, el racismo, y el orgullo. Conozco muy pocas agencias misioneras que practican corporativamente la disciplina de la confesión. Este sano autoexamen es algo que creo que fortalecerá agencias y conducirá a un testimonio aún mayor de Cristo, si se hace honesta y regularmente. Hay un gran poder curativo en el reconocimiento colectivo del pecado, cuando es apropiado, y arrepentirse ante Dios y su pueblo.[12]

¿Cuándo necesitamos involucrar a otros en nuestras oraciones confesionales? Al confesar nuestro pecado ante los demás, nos vemos obligados a hablar de nuestro pecado en voz alta. Vocalizando nuestra confesión nos lleva a un sentido más profundo de ser amados y revela nuestra humildad ante hermanos y hermanas. Es un evento bastante liberador. En muchas ocasiones me he reunido con misioneros que luchan con la culpa por un pecado pasado. Como ejercicio de verdadero arrepentimiento, era importante que otra persona confirmaran su perdón en

---

[12] Me complací en ver en el 2020 algunas agencias misioneras confesar y repudiar la contribución histórica al racismo del movimiento misionero.

Cristo. La experiencia de alegría y libertad al confesarse ante Dios y hombre es un punto de referencia poderosa y cementante para dejarlo atrás y seguir adelante.

Una palabra de precaución cuando confesamos delante de otros. Es importante en privado confesar los pecados que deben mantenerse en privado por el bien de los demás. Sólo deberíamos confesar este pecado en confianza y en ocasiones individuales, no colectivamente para no avergonzar a gente inocente. Sólo debemos confesar públicamente, delante de un grupo, esos pecados que afectan a todo el grupo. Una vez fui parte de un grupo de misioneros orando cuando un hombre se levantó y confesó sus pensamientos lujuriosos por una mujer en el grupo. Esto fue totalmente inapropiado y equivocado. Nunca debería haber hecho eso en público, y tuvimos que lidiar con las consecuencias después.

La confesión no sólo es buena para el alma; ¡También es bueno para el cuerpo! Cuando nos arrepentimos y confesamos, tal vez podríamos obtener alivio del estrés físico y mental y experimentar una paz profunda. Investigaciones recientes en neurociencia han confirmado que la confesión cambia nuestras capacidades cerebrales.[13] A través de la confesión, nuestra tendencia de ignorar las emociones, la falta de atención a la memoria, el comportamiento, la erosión y la confusión que el pecado trae a nuestra mente, se transforman. Como psiquiatra y autor Curt Thompson observa,

> *En la disciplina de la confesión, reflexiona honestamente sobre tu narrativa con un buen amigo de confianza, consejero o director espiritual. Esto te permite ser sensible a los elementos de la memoria implícita y explícita, junto con la física y mentales manifestaciones de desaires emocionales que, si no se controlan, pueden fácilmente llevarte hacia un camino de bajo comportamiento.*[14]

Más allá de las acciones que cometemos, el pecado está profundamente dentro de nosotros. La confesión nos libera del control que el pecado tiene sobre nuestro ser completo.

Tenga en cuenta, sin embargo, que debemos optar por confesar y arrepentirnos. Por eso llamamos a la confesión una disciplina. Sí, está lleno de gracia, porque para arrepentirnos verdaderamente necesitamos la obra del poder del Espíritu Santo. Pero es una disciplina porque debemos también elegir hacer algo. La verdadera confesión nos aleja de decir: "Lo siento si te lastimé" a "Lamento haberte lastimado." No hay culpa ni victimización, sólo verdadera honestidad: "Pequé, perdóname, Padre."

Estos factores nos recuerdan que la confesión es personal (entre Dios y yo); interpersonal (entre otros y yo); y corporativo (dentro de un grupo de comunidad adoracional). Dallas Willard dice: "La confesión es una de las disciplinas más poderosas para la vida espiritual. Pero es fácil abusar, y para un uso efectivo requiere experiencia y madurez, tanto para el individuo en cuestión y el liderazgo del grupo."[15] La confesión nos orienta hacia una mayor

---

13 Phileena Heuertz, *Mindful Silence: The Heart of Christian Contemplation* (IVP, 2018), 7.

14 Curt Thompson, *The Anatomy of the Soul* (SaltRiver, 2010), 197.

15 Dallas Willard, *The Anatomy of the Soul* (Harper & Row, 1988), 189.

conciencia de nosotros mismos. Nos lleva a través del arrepentimiento y el dolor al gozo, la esperanza, la libertad, y la justicia que Cristo nos dio cuando murió en la cruz por nosotros.

Oración Contemplativa y Espiritualidad Ignaciana

Un tema central de la oración cristiana es la contemplación.[16] La oración contemplativa es una oración permanente. Es una actitud de escuchar atentamente a Dios mientras vivimos "escondidos en Cristo" (Col 3:3). La oración contemplativa depende del estado de nuestro corazón. Esperamos delante de Dios, entregando nuestro corazón a sus funcionamientos. "Esforzaos y cobrad ánimo vuestro corazón, todos los que ¡Esperan en el Señor! (Sal 31:24).

La espiritualidad ignaciana nos ayuda en este asunto.[17] El corazón de la espiritualidad ignaciana es una entrega total a la voluntad y al plan de Dios para nuestras vidas. Esto lleva a confiar en la presencia amorosa de Dios a través de los movimientos internos del corazón. Ignacio llamó a estos movimientos "consolación" y "desolación". En el consuelo, uno se siente atraído por la voluntad de Dios; y en la desolación, uno está alejado.[18]

A través de este proceso uno puede aprender a reconocer y seguir la voz de Dios en medio de las muchas voces conflictivas de la carne, el mundo y el diablo. Es de por vida equiparnos para el discernimiento espiritual mediante el cual nos volvemos más conscientes de nosotros mismos, comprendiendo mejor nuestros motivos, aumentando nuestra capacidad de oración y tomando decisiones sabias. Hacemos esto aprendiendo a desapegarnos de nuestros deseos mundanos sosteniéndolos muy flojamente. En el vocabulario ignaciano esto se llama "santa indiferencia".[19] El subproducto es una mayor humildad, que proviene de una mayor libertad para ser y hacer la voluntad de Dios en nosotros.

Una parte clave del libro de Ignacio, *The Spiritual Exercises*, es la oración diaria de Examen.[20] El Examen nos invita a reflexionar sobre las actividades de nuestro día y a discernir dónde vimos o sentimos la presencia de Dios. Implica reflexionar y revisar el día pidiéndole a Dios "que te haga recordar actitudes, acciones y momentos en los que no lograste exhibir el carácter de Cristo o el fruto del Espíritu."[21] Le pedimos a Dios para obtener conocimiento espiritual al escuchar profundamente dónde Dios ha estado presente para nosotros durante el día y donde ha estado ausente. Fomenta el buen juicio: el aprendizaje de nuestros errores (nuestras desolaciones) y viendo donde hemos sido conformados a la imagen de Cristo (nuestros consuelos). Revisando nuestra vida diaria y reconociendo que el trabajo de Dios trae gran alegría.

---

16 John H. Cole and Kyle C. Strobel, eds., *Embracing Contemplation: Reclaiming a Christian Spiritual Practice* (IVP, 2019), 2.

17 Nacido en la provincia Vasca del noroeste de España, Íñigo López de Loyola (c. 1491–1556) fue el fundador de la Compañía de Jesús (Jesuitas) y autor de Los Ejercicios Espirituales de San Ignacio.

18 Ignatius of Loyola, *The Spiritual Exercises of St. Ignatius*, trans. Louis J. Puhl (Vintage Books, 2000), 175–76.

19 Ignatius, 179.

20 Ignatius, 77.

21 Ruth Haley Barton, *Sacred Rhythms: Arranging Our Lives for Spiritual Transformation* (IVP, 2006), 101.

El examen no es complicado. Se trata de varias preguntas sencillas para explorar los acontecimientos del día y las experiencias de tu corazón. Aquí hay unos ejemplos:

- Hoy, ¿por qué es lo que estoy más agradecido? Hoy, ¿por qué es lo que estoy poco agradecido?
- ¿Cuándo fue que di y recibí más amor hoy? ¿Cuándo di y recibí poco amor hoy?
- ¿Cuándo me sentí lleno de vida hoy? ¿Cuándo sentí que la vida se me escapaba?
- ¿Cuándo tuve hoy el mayor sentido de pertenencia hacia mí mismo, los demás, a Dios, y el universo? ¿Cuándo tuve poco sentido de pertenencia hacia mí mismo, otros, Dios y el universo?
- ¿Cuándo fui más feliz hoy? ¿Cuándo estuve más triste?
- ¿Cuál fue el punto más alto de hoy? ¿Cuál fue el punto más bajo de hoy?
- ¿Cuándo sentí más la presencia de Dios? ¿Cuándo sentí más su ausencia?[22]

Por supuesto, debemos tener cuidado de no depender exclusivamente de nuestros sentimientos. Pero los sentimientos sí importan, y este es el propósito de Examen: explorar y discernir si Dios ha estado trabajando y dónde, y no simplemente tomar la vida al pie de letra, para que podamos procesar correctamente nuestros consuelos y desolaciones trayéndolos al Señor.

Cuando los servidores globales oran el Examen diario, comienzan a desarrollar algunas sabidurías extraordinarias. El Examen produce una mejor flexibilidad, amplitud y profundidad, porque aborda nuestra relación fundamental con Dios. Es alentador y estimula un estrecho apego personal a la persona de Jesús y proporciona los medios para que cada servidor global aprenda y encuentre a Dios en todas las cosas, mientras cultiva un espíritu humilde y sumiso. Esta es la semilla de la santidad.

Hora Fija de Oración

Una tarde estaba visitando el cuartel general de una misión cuando escuché un largo sonido de una campana resonó por los pasillos. El líder de la misión con la que estaba hizo una pausa y dijo: "Son las tres en punto y necesitamos hacer una pausa de unos minutos para reflexionar sobre el Señor." Ella procedió a llevarnos a una habitación tranquila donde pasamos quince minutos en oración silenciosa. Lo que había acabado de experimentar con esta joven y progresiva organización fue la antigua disciplina llamada oración de horas fijas, u horas fijas.

En los tiempos tempranos de Hipólito de Roma (c. 170–235), el horario de la oficina durante el día de la iglesia primitiva era practicado recordando las horas de la crucifixión (Tercero, Sexto, Ninguno). Sin embargo, el horario de oficina se desarrolló plenamente como gran parte de la oración comunitaria en los monasterios durante el período medieval temprano y medio (c. 400–900). San Benito (c. 480–547), considerado el padre del movimiento monástico, es la

---

[22] La explicación más simple y quizás mejor que he encontrado para la Oración de Examen es el libro infantil *Sleeping with Bread: Holding What Gives You Life* (Paulist Press, 1995). La mayoría de estas preguntas provienen de este libro.

figura más conocida detrás del horario de oficina.[23] Las Horas Divinas surgieron de la comprensión benedictina de que el trabajo y la oración van a convivir juntos. Benedicto dijo: "Orar es trabajar y trabajar es orar."[24]

Las Horas Divinas son parte de la liturgia de la iglesia occidental. La liturgia incluye las ordenanzas de la iglesia, como la Cena del Señor y el bautismo; horas fijas; eventos especiales, como funerales y bodas; y el calendario litúrgico, que incluye Adviento, Navidad, Cuaresma y Semana Santa. San Benito enseñó una costumbre integrada de oración de intervalos diarios lo cual consistían en hasta ocho sesiones de salmodia durante cada período de veinticuatro horas. Las horas reales consisten en lo siguiente:

- Oración nocturna—Vigilias
- Oraciones al despertar—Laudes
- Oraciones para comenzar a trabajar—Prime
- Oraciones de acción de gracias a media mañana—Terce
- Oración de compromiso del mediodía—Sexto
- Oración de media tarde—Ninguna
- Oración vespertina de quietud—Vísperas
- Oración de confianza antes de ir a dormir—Completas[25]

Al pensar en orar en todos estos momentos puede ser abrumador, pero cada período es breve, y no necesitamos hacer esto de manera legalista. Si no llegas a hacer un tiempo de oración, date mucha gracia (¡especialmente por la noche!). En la tradición católica romana, hay un conjunto específico de elementos que se desarrollan durante las horas. Para nuestro uso, sin embargo, sería mejor al principio rezar los Salmos, interpuestos con silencio y adoración.[26]

¿Por qué practicar horas fijas? ¿Qué beneficio tiene para el servidor global? Permítanme decirlo de esta manera: en nuestro entorno natural, los servidores globales, especialmente los que son de norte américa, tienden a estar formados y conformados de manera desproporcionadamente por el entorno cultural. Entonces, sin una reflexión adecuada, fácilmente podemos volvernos impulsados por el consumidor, con la mentalidad de eficiencia, orientado a resultados y dominado por el tiempo. En cambio, de ofrecer nuestro tiempo a Dios, hacemos todo lo contrario. La oración en hora fija funciona en contra de esta tendencia redimiendo cada período de cada día regresándolo al Padre.

---

23 Para una mirada a la espiritualidad benedictina desde una perspectiva protestante, recomiendo el libro por Dennis Okholm, *Monk Habits for Everyday People: Benedictine Spirituality for Protestants* (Brazos Press, 2007).

24 George Lane, *Christian Spirituality: A Historical Sketch* (Loyola Press, 2005), 20.

25 Kevin W. Irwin, "Liturgy," en *The New Dictionary of Catholic Spirituality*, ed. Michael Downey (Liturgical Press, 1993), 609.

26 Algunos evangélicos luchan con la oración de horas fijas porque no creen que se encuentra en las Escrituras (aunque hacen una excepción con el libro de Daniel (cf. Dan 6:10). Sin embargo, el libro de Hechos sí señala que los apóstoles iban al templo a horas determinadas para orar (Hechos 2:42, 46; 3:1). Si te sientes incómodo practicando la oración a horas fijas, por favor no la fuerces. Después de todo, lo más importante es que ores no las horas específicas en las que lo haces.

Al regresar nuestro corazón y nuestra mente a Dios en horas específicas del día, integramos nuestra naturaleza de ser y hacer, lo que nos permite luego discernir mejor dónde Dios está guiando. Hay varias maneras en las que puedes recordarte que debes detenerte y orar: desde el sonido de la campana en el cuartel general de la misión hasta poner una alarma en tu reloj o teléfono. Independientemente de cómo te recuerdes que debes mantener un horario fijo, la clave es seguir practicando. La constancia es vital y el hábito de hacerlo entrena nuestro corazón.

El propósito de este tipo de oración es entrenarnos en los ritmos de las estaciones y los días, manteniéndonos honestos ante nuestro Señor y permitiéndonos reconsiderar nuestro primer amor: Jesús. Las Escrituras constantemente nos llaman a recordar al Señor y sus milagros.[27] La vida es a la vez progresiva (avanzando hacia una meta) y cíclica: el cambio de años y estaciones. A medida que crecemos en gracia, cada temporada y cada año trae experiencias de aprendizaje adicionales y distintas. Orar nos ayuda a mantenernos mejor conectados con Dios, con nosotros mismos y con nuestra comunidad en todas las etapas de la vida.

Reflexión y Puntos para Considerar

- En este capítulo hemos explorado varias prácticas de oración. ¿Te encuentras atraído por una práctica sobre las demás? ¿Cómo puedes volverte más intencional en el uso?
- ¿Cómo reaccionas ante la palabra contemplación? ¿Qué tipo de cosas podrías contemplar? ¿Cómo puedes documentar tus pensamientos y oraciones para poder meditar más sobre ellos?
- ¿Cómo podrías practicar el examen diario? ¿Funciona mejor por la tarde o por la mañana para tí (y por lo tanto reflexionando sobre el día anterior)? ¿Qué podría ayudarte a nombrar mejor tus consuelos y desolaciones?
- ¿Qué revelan tus peticiones de intercesión ante Dios acerca de tus deseos, motivos, prioridades y objetivos? ¿Cómo podría centrar tu corazón en Dios, envés de tus objetivos, influir en tus súplicas e intercesiones?
- ¿Cómo te sientes al memorizar oraciones o leer las oraciones de otros? ¿Te beneficiaría un libro de oración, como seguir el libro The Book of Common Prayer, para oraciones temporales?
- Reflexione sobre si le resultate beneficioso establecer un horario de oración de horas fijas. ¿Cuáles serían tus oraciones durante la jornada laboral? ¿Cómo puedes recordar la presencia continua de Dios y la actividad en tu vida, si los horarios fijos no son una solución para ti?

Para más Lectura

Foster, Richard J. *Prayer: Finding the Heart's True Home* (HarperCollins, 1992). Una mirada a más de veinte tipos diferentes de oración.

Millar, J. Gary. *Calling on the Name of the Lord: A Biblical Theology of Prayer* (IVP Academic, 2016). Una mirada exhaustiva, a través de las Escrituras, sobre cómo la oración se moldea y se forma en torno al cumplimiento del evangelio.

---

27 Vee Ex 12:3; 16:12; Num 15:39; Sal 42:4–6; 77:11; 105:5, Ecl 12:1; Isa 46:8; Mar 14:9; Juan 14:26; 2 Tim 2:8; 2 Ped 1:12.

En el seminario, un profesor me presentó una forma de tener un diario de espiritualidad que implica escribir las palabras de las Escrituras a mano y luego escribir mi propio comentario sobre el texto. Este no era un momento para hacer exégesis, sino más bien un tiempo para escuchar a Dios. Era la costumbre de escribir lo que sentía que Dios me decía en estos cuadernos devocionales que me ayudaron a fomentar el deseo de poner mis reflexiones por escrito. Mientras lo hacía, también me encontré escribiendo lo que Dios estaba haciendo en mi vida. Fue durante un tiempo de este estudio bíblico personal y reflexivo que Dios dejó claro su llamado en nuestras vidas para servirlo en Islandia.

Mientras reflexionaba sobre la historia de David y Goliat e imaginaba cuando el gigante filisteo se burla de los ejércitos de Israel para que envíen a alguien a luchar contra él. Tuve una visión de un gigante parado en Islandia. Era como si ese gigante estuviera diciendo: "¡Te reto a que envíes a alguien aquí!" En ese momento supe que tenía una opción. ¿Confiaría en Dios y su poder para enfrentar el desafío del servicio misional en esa avanzada? En mi diario anoté mi respuesta "sí" y así comenzó mi aventura del ministerio transcultural.

Hace unos diecisiete años, comencé a registrar mis pensamientos y oraciones mientras estaba estudiando la Biblia. En ese momento mi hija, que es artista, me regaló un diario bellamente decorado y me animó a escribir a diario. En la guarda de ese primer diario cite a Cecil Day Lewis, quien dijo: "Escribimos no para que nos entiendan sino para que entendamos."

Este ha sido mi tema a lo largo de los años. He empezado casi todos los días reflexionando sobre el día anterior en mis diarios. A menudo me regocijo en lo que Dios me está mostrando, arrepintiéndome de mis pecados pasados, registrando mis dolores y heridas, o ensayando mis anhelos y deseos profundos ante el Señor. Simplemente no puedo imaginar un día que no comience con una taza de café, mi Biblia y mi diario. Una vez al año miro hacia atrás a las entradas de mi diario y los temas de notas. Dios ha usado esta práctica para ayudarme aclarar objetivos e identificar aspiraciones.

A lo largo de los años de nuestra carrera misionera, he visto que el hábito de llevar un diario me lleva a un lugar secreto y sagrado de "recogimiento" y "recreación". Cuando estoy confundido, acosado, frustrado o herido, encuentro que al escribir mis pensamientos me proporciona una salida para encontrarme cara a cara con Dios y conmigo mismo. A través del espejo de mi diario, aunque a veces como en un espejo oscuro, encuentro ese espacio reflexivo que me ayuda a seguir auténticamente a Jesús.

Greg
Servidor global en Islandia

Reflexión
El Antiguo Camino Hacia la Confianza

Otto Adolf Eichmann fue un miembro destacado del gobierno nazi y fue responsable de la muerte de millones de judíos durante la Segunda Guerra Mundial.[28] Eichmann fue capturado y juzgado por crímenes de guerra en 1960. Fue descrito como un hombre obsesionado con un peligroso e insaciable impulso de matar. Sin embargo, en sus reflexiones durante el juicio, la periodista Hannah Arendt hizo algunas observaciones notables. Entre otras cosas, concluyó que el horrendo mal por el cual Eichmann fue responsable fue producto de su incapacidad para participar en el pensamiento crítico. La clave fue la irreflexión de Eichmann o, como lo expresó Arendt, "pura irreflexión ... extraordinaria superficialidad ... auténtica incapacidad para pensar."[29]

Arendt plantea una pregunta crítica: "¿Podría la actividad de pensar como tal, el hábito de examinar y reflexionar sobre cualquier cosa que sucede, independientemente del contenido específico y bastante independiente de los resultados, podría esto la actividad es de tal naturaleza que condiciona a los hombres contra las malas acciones?"[30]

Si Arendt tiene razón y nuestras mentes están diseñadas para mantener el mal a raya a través del don de la reflexión, ¡entonces debemos prestar atención para prestar atención!

Sin reflexión, perdemos la capacidad de ver a Dios obrando en nuestras vidas. Sin reflexión, perdemos perspectiva con respecto a nuestras vidas y ministerios. Sin reflexión, perdemos la conciencia de que Dios está con nosotros y no contra nosotros. Sin reflexión, perdemos la sensación de gozoso deleite que cada día debería traernos.

"Me acuerdo de estas cosas, y derramo mi alma dentro de mí; de cómo yo fui con la multitud, y la conduje hasta la casa de Dios, entre voces de alegría y de alabanza del pueblo en fiesta." –Salmo 42:4

---

28 Historia contada por John Swinton, *Raging with Compassion: Pastoral Responses to the Problem of Evil* (Eerdmans, 2007), 181–83.

29 Hannah Arendt, *Eichmann in Jerusalem: A Report on the Banality of Evil* (Penguin, 1994), 4.

30 Arendt, 4.h

Reflexión y Autoexamen Honesto

Una de las críticas de la reflexión es que la autorreflexión fácilmente se vuelve demasiado autoindulgente. En otras palabras, la reflexión hace que nos centremos demasiado en nosotros mismos en lugar de centrarnos en otros. Los críticos a menudo citan Jeremías 17:1–9, que afirma que el corazón es engañoso y, por lo tanto, incapaz de decirnos la verdad sobre nosotros mismos. Por supuesto, hay verdad en la advertencia de Jeremías. Pero el contexto de todo el capítulo muestra que el profeta no condena la reflexión en sí.

> *Bendito el varón que confía en Jehová, y cuya confianza es Jehová. Porque será como el árbol plantado junto a las aguas, que junto a la corriente echará sus raíces, y no verá cuando viene el calor, sino que su hoja estará verde; y en el año de sequía no se fatigará, ni dejará de dar fruto. Engañoso es el corazón más que todas las cosas, y perverso; ¿quién lo conocerá? Yo Jehová, que escudriño la mente, que pruebo el corazón, para dar a cada uno según su camino, según el fruto de sus obras. —Jeremías 17:7–10*

Jeremías nos llama a ser personas que confían en el Señor, incluso en tiempos difíciles. Sí, el corazón es engañoso; pero como Dios escudriña el corazón, podemos confiar en su examen. Por tanto, el problema no es el autoexamen, sino más bien un autoexamen apartado del Señor. El Salmo 139 lo confirma al declarar que Dios conoce el ser humano y entiende lo que nos irrita en nuestros niveles más profundos. Pablo también enseña que la vida en el Espíritu trae mejor claridad y seguridad porque el Espíritu nos ayuda entendernos a nosotros mismos (Romanos 8:26–27).

La parábola del hijo pródigo (Lucas 15:11–32) ilustra el peligro de la reflexión apartado de Dios. El hijo mayor de la historia representa al cristiano nominal que tiene un sentido inflado de sí mismo. Él se justifica a sí mismo por sus propias medidas y, por lo tanto, descuida la examinación de Dios (vv. 31–32). Sin embargo, el hijo menor también caracteriza un enfoque incorrecto del autoexamen. Representa a las personas temerosas o nerviosas que tiene un sentido de sí mismo desinflado. Está lleno de desprecio por sí mismo y crítica (v. 21). El hijo mayor está amargado, pero no debería estarlo porque Dios quiere darle lo que le corresponde. El hijo menor cree que ha sido rechazado, pero Dios todavía proclama su filiación. Esta parábola nos dice que aunque nos evaluemos demasiado alto o demasiado humilde a nosotros mismos, lo que importa es la perspectiva de Dios de quiénes somos.

Jesús y Reflexión

Jesús fue una persona sumamente reflexiva.[31] Confió en el Padre y muchas veces reflexionó sobre dónde vio a Dios obrando. Afirmó la presencia y los planes de Dios por su vida (Juan 5:17).

---

31 Vee ejemplos en Mat 4:1–11; 6:25–26; 9:4-5: 12:38–45; 13:31–32; 16:13–28; Mark 1:29–34; 3:1–7; 4:1–20.

Reflexión

La justificación de Jesús por todo lo que hizo se basa en su estrecha relación con el Padre. Era una persona reflexiva, era lo que sea, pero no pasivo. Cuando se alejó a un lugar solitario, se alejó para orar. Cuando habló hasta el momento, lo hizo a través de su propio corazón. Cuando oró los Salmos, demostró que los había ingerido profundamente. Jesús nos muestra que la verdad que la reflexión conduce a alguna forma de acción.

Hace poco tuve una conversación con un misionero que estaba abrumado por su trabajo. Usó la palabra agobiado para describir cómo se sentía. Agobiado es la palabra perfecta para describir lo que sucede cuando estamos tan ocupados con nuestros ministerios que acabamos ignorando, o al menos no reflexionando, nuestra unión con Dios. Sin una reflexión periódica, nuestro trabajo puede volverse oneroso porque perdemos la perspectiva de que Dios está con nosotros y nos está sosteniendo en nuestro ministerio.

A lo largo de la historia de la iglesia ha habido muchos maestros espirituales quienes han enfatizado la necesidad de encontrar a Dios en medio de la vida cotidiana. El hermano Lawrence, en su libro del siglo XVII, *The Practice of the Presence of God*, escribió: "La práctica más santa y necesaria en nuestra vida espiritual es la presencia de Dios."[32] Jean-Pierre de Caussade, sacerdote jesuita francés, destacó el "sacramento del momento presente"[33] Thomas Kelly, un cuáquero estadounidense, escribió sobre la "conciencia continua de Dios en el alma".[34] Frank Laubach, un conocido misionero de Wycliffe en las Filipinas, escribió en 1930:

Simplemente me siento arrastrado cada hora, haciendo mi parte en un plan que va mucho más allá mí mismo. Este sentido de cooperación con Dios en las pequeñas cosas es lo que tanto me asombra, porque nunca antes lo había sentido así. Necesito algo, y me doy la vuelta y lo encuentro esperándome. Debo trabajar, sin duda, pero hay está Dios trabajando junto a mi.[35]

Mantenerse en sintonía con Cristo requiere una atención reflexiva diaria. Si nosotros nos vamos a volver reflectores activos, es útil recordar el dicho: "Asistir y pretender." Asistir considera el lado reflexivo de las cosas, y la intención considera el lado reflexivo de las cosas. Actuamos, pero sólo después de escuchar a Dios y atendiendo donde y cuando él quiere que lo hagamos.

Los puritanos llamaron a este proceso "vista previa y revisión."[36] Comenzaron su día revisando la Biblia, escribiendo un diario y examinando su calendario, mientras se enfocaron en el día siguiente e invitando y entregándose a Jesús por lo que iba a venir. La revisión ocurrió cuando pasaron la misma cantidad de tiempo al final del día, notando momentos destacados y decepciones. Luego oraron por las situaciones y relaciones que podrían requerir mejor seguimiento y acción.[37]

---

32 Brother Lawrence, *The Practice of the Presence of God* (Whitaker House, 1982), 59.

33 Jean-Pierre de Caussade, *Abandonment to Divine Providence*, trans. John Beevers (Doubleday, 1975), 16.

34 Thomas R. Kelly, *A Testament of Devotion* (Harper Collins, 1941).

35 Frank Laubach, *Practicing His Presence* (Christian Books, 1976), 5.

36 Michael J. Sheeran, *Beyond Majority Rule: Voteless Decisions in the Religious Society of Friends* (Philadelphia Meeting of Religious Society of Friends, 1983), 91–92.

37 Sheeran, 91–21.

Maneras de reflexionar: La Mesa del Señor, la Gratitud y el Diario

Tres prácticas espirituales que nos ayudan especialmente a recordar y reflexionar sobre las obras de Dios en nuestras vidas: la celebración de la Eucaristía, la práctica de la gratitud y el diario activo.

La Mesa del Señor

La reflexión más importante que podemos hacer es reflexionar sobre la gracia de nuestro Señor. Al instituir la Cena del Señor, Jesús nos llama a "hacer esto en memoria de mí" (Lucas 22:19). Tomar la comunión es una disciplina comunitaria santa.

Esto puede ser un desafío para los servidores globales que trabajan en campos pioneros donde muchas veces no hay nadie más con quien compartir la Mesa del Señor. Todavía recomiendo que estos pioneros practiquen la comunión, aunque sea sólo con su familia. Cuando participamos de la Mesa del Señor, somos llamados a reflexionar sobre nuestro pasado, presente y futuro ante Dios:

Pasado: Quiénes éramos sin Cristo: Pecadores, perdidos y necesitados de un Salvador.

Presente: Quiénes somos en Cristo: Redimidos, por el don de la gracia mediante la fe y nuestra confesión de pecado.

Futuro: Quiénes seremos gracias a Cristo: Proclamamos la venida de Jesús nuevamente y nuestro reinar con él en gloria.

Al recordar la Mesa del Señor todo lo que Cristo ha hecho por nosotros, podemos restaurar y fortalecer nuestra vida ante el Padre y preparar nuestros corazones para el servicio venidero.

Gratitud

Una segunda forma en que podemos volvernos más reflexivos es a través de la gratitud. Una de las gracias clave en la vida es tener un corazón agradecido. Pablo dice orar "con acción de gracias" (Fil 4:6) y "dar gracias en todas circunstancias" (1 Tes 5:18). Dar gracias es una forma de cultivar un corazón sano, cercano a Dios. Crecemos y entrenamos a nuestros corazones cuando fomentamos un estilo de vida de gratitud por todo lo que nos ha sido dado.

Henri Nouwen escribió que en realidad sólo hay dos maneras de mantener al corazón lejos de la amargura por las traiciones de la vida. Uno es abrazar cualquier cosa que sea hermosa durante el dolor, y el otro es cultivar un corazón de gratitud.

> *La gratitud en su sentido más profundo significa vivir la vida como un regalo que debe recibirse con gratitud. Y la verdadera gratitud abarca toda la vida: lo bueno y lo malo, lo alegre y lo doloroso, lo santo y lo no tan santo. Hacemos esto porque tomamos conciencia de la vida de Dios, la presencia de Dios en medio de todo lo que sucede.*[38]

---
[38] Henri Nouwen, *Turn My Mourning into Dancing: Finding Hope in Hard Times* (W Publishing Group, 2001), 17.

Si la presencia de Dios nos mueve hacia la gratitud o la gratitud nos mueve hacia Dios, la gratitud nos da una perspectiva santa al manejar todo lo que esta vida trae. Pero vivir con gratitud no siempre es algo natural ni fácil. Requiere práctica. Cuando practicamos la gratitud, sabemos que incluso en tiempos difíciles podemos celebrar, porque la poda que se está produciendo no es un castigo sino una preparación (Juan 15:1–5). "Todo es gracia."[39]

Una forma de hacerlo es mantener un camino de gratitud y al final de cada día registrar eventos, personas, momentos, pensamientos por los cuales puedes agradecer a Dios. Es sorprendente lo rápido que se llena un diario así cuando buscamos seriamente cosas por lo que dar gracias. Cuando estamos profundamente arraigados en Jesucristo, rebozamos con agradecimiento. Nos sentimos atraídos hacia una comprensión más profunda de todo lo que Dios ha hecho por nosotros en Cristo, y nos regocijamos con gratitud por la bondad de Dios.

Recuerda, recuerda, recuerda ... No olvides recordar ... y ¡dar gracias!

Diario

Registrar nuestras experiencias con Dios nos ayuda a recordar. Como servidores globales, nuestras vidas están llenas y ocupadas. Parece que vamos de un evento a otro en nuestra vida diaria. No cuesta realizar un seguimiento de todo lo que hacemos, vemos y oímos. ¿Cuántos de nosotros hemos tenido la experiencia de visitar una de nuestras iglesias de apoyo sólo para olvidar los nombres de las personas que no sólo nos conocen bien, sino que han estado orando fielmente por nosotros mientras hemos estado fuera del país?

Si bien es muy vergonzoso, olvidarlo es normal. Llevar un diario nos ayuda a recordar no sólo las cosas que hacemos y las personas que conocemos, sino también cómo nos sentimos acerca de nuestras experiencias. Nos ayuda a recordar dónde y cómo Dios estaba hablando en nuestras vidas ocupadas. Sin este registro de la fidelidad de Dios, a menudo olvidamos exactamente cómo Dios nos guió en el pasado y fácilmente nos perdemos cómo Dios nos está guiando ahora. Simplemente al releer en nuestros diarios el fiel cumplimiento de las promesas de Dios, nos recuerda que Él también puede ayudarnos en nuestras necesidades ahora.

Si llevar un diario no es algo que te resulta cómodo o fácil de hacer, hay otras formas de lograr el mismo propósito. Considera la posibilidad de escribir blogs manteniendo un comentario continuo sobre tu vida (recuerda, sin embargo, que cualquier cosa publicada en el Internet es pública y cualquiera puede verlo). Quizás fotografiando momentos clave, personas o experiencias podría funcionar para ti. Algunos encuentran que hacer manualidades simbolizan marcadores clave entre ellos y Dios para ser útiles. Conozco un servidor global en Asia que ocasionalmente hace pulseras y collares de cuentas con cada cuenta representando un momento de Dios en su vida. El collage también es una forma maravillosa de utilizar

---
39 Nouwen, 19.

diferentes áreas del cerebro para recordar eventos y emociones. Cualquier cosa que encuentres útil, sé proactivo y aventurero. Puedes divertirte haciendo esto. Sólo recuerda que cualquier cosa que hagas debe ser privada y honesto hecho repetidamente dentro de tu rutina ordinaria y diaria.

A través de las salvaguardias de las Escrituras y nuestras oraciones, podemos confiadamente reflexionar sobre la forma en que Dios está obrando en nuestras vidas. La acción sin reflexión es acción sin sentido. Si pasamos nuestros días sin sentir la necesidad de reflexionar según lo que hemos observado, experimentado, sentido u oído, perdemos la rica conexión que podemos tener con el Señor. La disciplina de la reflexión expone todo esto de una forma saludable y vivificante.

A través del antiguo camino de la reflexión, aprendemos el significado de la obra de Dios en nuestras vidas y comenzamos a ver con mejor claridad cómo su gracia, poder, presencia y bendición se tejen a lo largo de cada nuevo día. Nos convertimos en personas que entienden los tiempos y pueden ministrar desde el entendimiento de la dirección de Dios.[40] Dios está obrando en cada relación y en cada experiencia. Mientras mantenemos nuestros ojos y oídos abiertos a su obra en nosotros, no podemos evitar celebrar su intervención divina.

---

40 Vee 1 Cron 12:32.

Reflexión y Puntos para Considerar

- Si vives una vida muy plena y ocupada, con muy poco tiempo para hacer pausas, ¿cuándo y cómo reflexionas intencionalmente sobre lo que está sucediendo en tu vida y ministerio? ¿Cómo puedes empezar a practicar la reflexión intencional e incorporarlo mejor en tu vida?

- ¿Por quién o qué puedes detenerte y agradecer hoy? ¿De qué manera sientes la invitación de Dios a estar más atento a recordar y dar gracias por tus muchas bendiciones?

- Practica reflexionando y recordando tu vida trazando la duración de tu caminar con Dios. ¿Cómo te acercaste cada año o década de vida a Dios? ¿Qué eventos o experiencias afectaron o continúan afectando tus decisiones? ¿Dónde viste más a Dios obrando?

- Haz un estudio personal de los pasajes de las Escrituras que abordan el valor de la reflexión. Quizás puedes enumerar versículos que hablen de recordar. ¿Qué principios y aplicaciones puedes dibujar para la disciplina de la reflexión?

Para más Lectura

Anderson, Keith R. *A Spirituality of Listening: Living What We Hear* (IVP, 2016). Una guía para desarrollar tus habilidades de escucha ante Dios y en el mundo.

Ford, Leighton. *The Attentive Life* (IVP, 2008). Utilizando el marco de las oraciones diarias de horas fijas, Ford nos lleva a una conversación sobre cómo prestar atención a la vida que nos rodea.

McHugh, Adam S. The Listening Life: Embracing Attentiveness in a World of Distraction (IVP, 2015). Un llamado a ser mejores oyentes.

Nouwen, Henri J. *The Way of the Heart* (Ballantine Books, 1981). Las meditaciones de Nouwen sobre el silencio, la soledad y la oración.

Palmer, Parker J. *Let Your Life Speak: Listening to the Voice of Vocation* (Jossey-Bass, 2000). Un Educador cuáquero comparte cómo escuchar mejor su llamado vocacional para crecer en su confianza en Dios.

Escuché por primera vez el término "Regla de vida" de un amigo. En ese momento de mi vida espiritual, esa solución era la menos útil para mi estancamiento en el ministerio. Mi esposa y yo estábamos plantando una iglesia que estaba creciendo, criando a dos niños, y tratando de mantenernos al día con los seguidores que estaban a un continente de distancia. Estaba sin oración, aunque creía en la oración en el sentido técnico. Estaba leyendo las Escrituras sólo para prepararme para la próxima tarea docente o para descubrir cómo funcionaban ciertas redacciones gramaticales en el idioma que estaba aprendiendo.

Quería discipular y enseñar a los hombres y mujeres que Dios estaba trayendo a la fe, pero yo no parecía estar creciendo. Quería ser un servidor de Cristo que había dado la su vida a la "atención a la oración y al ministerio de la palabra" (Hechos 6:4—el versículo de mi vida), pero sentí como si me estuviera ahogando en un mar de actividad ocupada para Cristo. "¿Cómo, me pregunté, una Regla tan anticuada podría ayudarme y ser una ayuda para mi espíritu reseco?

Le dije a mi amigo que investigaría lo que me contó, pero no le dije que realmente estaba planeando mirarlo un poco y luego dejarlo a un lado. Pero me sorprendí; Antes de que terminara el mes tenía mi propia Regla, que ahora me ha guiado por más de veinte años transcurridos desde ese momento.

Mirando hacia atrás, me doy cuenta de que tenía una Regla de vida que en realidad no era una Regla en ese momento. En esencia, estaba tratando de avanzar sin el costo de tratar de formar prácticas para ser lo que aspiraba a ser, aquello que realmente creo que quería ser. Muchos también tendrán su propia versión de una Regla, aunque no siempre estamos orgullosos de ella. Siendo alguien quien ha recorrido este camino y ha visto la transformación del poder que puede tener vida intencionalmente según una Regla, consideremos en oración cómo la discusión que sigue puede ayudarnos a moldear nuestras vidas hacia lo que Dios nos ha llamado a ser.

David
Servidor global en Francia

Regla de la Vida
El Antiguo Camino hacia Intencionalidad

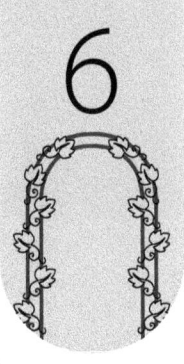

Un día, hace muchos años, cuando vivíamos en Belgrado, me reuní con mi supervisor quien estaba visitando para discutir algunos planes ministeriales. Decidimos que necesitamos reunirnos nuevamente en algún momento en el futuro para seguir nuestra discusión. Sacó su temporizador diurno (esto era mucho antes de los días de los dispositivos digitales) y dijo: "Bueno, no estoy seguro de cuándo podré regresar aquí. Tengo mi agenda bastante llena." Le mencioné un momento en el futuro y él respondió: "Bueno, no entiendes, ¡Ya tengo todo reservado para el próximo año!" Miré su temporizador diurno y vi que no sólo estaba completamente lleno para el próximo año, sino que se había comprometido a ¡Algo prácticamente cada hora durante los próximos 365 días!

Algunos podrían sentir que esto demuestra lo importante que era. Pero en realidad creo que reveló una mala gestión del tiempo, porque no tenía concesión para las interrupciones de la voluntad de Dios. En lugar de controlar su agenda, él estaba siendo controlado por ella. Probablemente todos conocemos a alguien que es así. La mayoría de las culturas misioneras tienden a creer que estar ocupado es algo bueno. Sin embargo, sin comprender la importancia de la intencionalidad y de crear espacio en nuestras vidas, reducimos nuestra capacidad de reflexionar en la gloria y los propósitos de Dios en todo lo que somos y hacemos. Una regla de vida es un antiguo camino que podemos utilizar para recuperar el tiempo, el espacio y la intencionalidad.

¿Qué es una Regla de Vida?

Una Regla de Vida es un compromiso de vivir tu vida de una manera intencional y cierta. Nos mueve hacia una mejor congruencia entre nuestras intenciones, pensamientos, palabras, y comportamientos. El objetivo es ayudarnos a lograr y mantener una estructura que facilita toda nuestra vida: física, relacional, emocional, psicológica y espiritual. A medida que desarrollamos nuestra Regla, incorporamos todos estos aspectos de nuestra vida en un marco unificado y centro equilibrado ante Dios.

La palabra regla proviene del latín regula, de donde deriva la palabra regulación, y regula proviene de la palabra griega que significa enrejado. Un enrejado es una estructura diseñada para permitir que las vides despeguen del suelo y crezcan hacia arriba para que sean más fructíferas. Qué buena analogía para ayudarnos a entender qué es una Regla de Vida. ¡Una Regla de Vida es una estructura que nos ayuda a ser aún más fructíferos en todo lo que somos y hacemos!

Sin embargo, estas reglas no deberían ser una forma de legalismo. Los seguimos siempre y cuando sean benéficos. Tenemos plena libertad para realizar cambios o abandonarlo por completo cuando creemos que han fracasado en sus propósitos o cuando han dejado de ser útiles. No necesitamos ver una Regla desde una perspectiva negativa. Una Regla de Vida enfoca y construye positivamente hacia un hábito de desarrollo personal para toda la vida.

Y aunque nuestra Regla es personal, no es privada, porque vivimos en una red de relaciones humanas como un conyugue, padres, familia extendida, vecinos, compañeros de trabajo, miembro de la iglesia y amigos. Incluso si es intencionalmente exclusivamente para uno mismo, fluyen hacia afuera e impactan a todos aquellos con quienes entramos en relación. Por lo tanto, todas las prácticas incluidas en nuestra Regla están basadas en ser miembros activos en todas nuestras comunidades.

San Benito

Benito de Nursia (480–547 d.C.) fundó el mundialmente famoso monasterio de Montecassino en Italia, que fue destruido durante la Segunda Guerra Mundial. El escribió lo que ahora llamamos La Regla de San Benito (RB) con el propósito de ayudar a los monjes bajo su autoridad que vivieran en comunidad piadosa.[41] La espiritualidad benedictina surgió de estas escrituras. Este núcleo espiritual ha servido como una inspiración para los cristianos durante quince siglos y es la semilla para el desarrollo de una Regla de Vida.

San Benito desarrolló la Regla de Vida de la comunidad de Monte Cassino en torno a 540 d.C., a la que llamó "Pequeña regla para principiantes."[42] Sus palabras iniciales fueron "Escuchen atentamente, hijos míos, las instrucciones del maestro y atiéndanlas con el oído de tu corazón."[43] Qué interesante que San Benito abriera su Regla con la palabra escuchar y que conecte la escucha al corazón y no a la oreja. Él creía que la voz de Dios puede ser escuchada cuando tanto nuestra mente como nuestros oídos están abiertos a escuchar cómo Dios nos habla a nosotros mismos, a los demás y a nuestro mundo. Dios habla al oído del corazón.

Esto es exactamente lo que Jesús estaba diciendo cuando compartió el significado de la parábola del sembrador. Jesús dijo: "Oíd, pues, vosotros la parábola del sembrador: Cuando alguno oye la palabra del reino y no la entiende, viene el malo, y arrebata lo que fue sembrado en su corazón. Este es el que fue sembrado junto al camino" (Mateo 13:18–19). Jesús conecta la escucha con el corazón y se preocupa de cómo aplicar lo que vemos y escuchamos de la Palabra de Dios en nuestras vidas. Este tipo de escucha es la clave de toda la enseñanza espiritual de San Benito. Por encima de todo, el cristiano debe ser oyente, inclinando el oído al corazón.

---

41 *The Rule of Saint Benedict*, ed. Timothy Fry (Random House Vintage Press reprint, 1998).

42 Benedict, xxix.

43 Benedict, Prologue: 1.

Las palabras que escuchamos en la Regla de San Benito son sensatas, firmes y sencillas, sin embargo, a veces son difíciles de escuchar. Son un plan para vivir con otros de una manera intencional. Nos enseñan cómo permanecer tiernos en un mundo difícil. Aquí están algunas de las áreas que explora la Regla de San Benito: escucha, oración, trabajo, estabilidad, castidad, hospitalidad, humildad, servicio, aprendizaje, reverencia, posesiones, responsabilidad, equilibrio, conflicto, amistad, liderazgo, comunidad, perseverancia, celebración, alegría, autenticidad, Lectio Divina, disciplina espiritual, obediencia, palabras habladas, placer, y tiempo.

La Regla de San Benito es un modelo probado por el tiempo para vivir bien con los demás. Sus enseñanzas se convirtieron en un texto estándar y sirvieron como documento fundamental para la vida comunitaria en los monasterios durante los próximos mil quinientos años. Los hombres acudieron en masa a los monasterios y de mujeres a conventos, inspirados en los estilos de vida ordenados que la Regla les daba en sus mundos caóticos. Estos hombres y mujeres eran personas reales, como tú y como yo, practicando lo que enseñó San Benito: "El primer paso de la humildad, entonces, es que mantengamos el temor de Dios siempre ante nuestros ojos y nunca lo olvides."[44]

Como Crear una Regla de Vida

Aunque no lo articulamos a menudo, nuestras vidas ya están llenas de reglas: hábitos y patrones que guardamos y mantenemos. Desde "cepillarse los dientes después de cada comida" hasta asistir al culto del domingo por la mañana, todos seguimos algunas Reglas de Vida todos los días, semana, mes y año. Entonces, a un nivel fundamental, la pregunta que nos hacemos no es si debemos guardar una regla, sino más bien ¿qué regla guardamos? ¿Cómo decidimos elaborar una Regla de Vida para nosotros mismos?

Stephen Macchia, autor de Crafting a Rule of Life, define un concepto personal de la Regla de vida de esta manera: "Tu regla de vida personal es una descripción holística de los ritmos y relaciones potenciados por el Espíritu que crean, redimen, sostienen y transforman la vida que Dios te invita a cumplir humildemente para la gloria de Cristo."[45]

Macchia enumera varios ingredientes clave que deberían formar parte de nuestra Regla. Exploramos estas áreas para determinar cómo queremos involucrarnos y vivirlas a través del poder del Espíritu. Los cataloga en un proceso triple de enmarcar, formar y cumplir tu Regla:

Enmarcando tu Regla de Vida

- Roles: ¿Cuáles son mis relaciones principales?
- Dones: ¿Cuáles son los dones, talentos y temperamento que Dios me ha dado?
- Deseos: ¿Cuáles son mis anhelos y valores fundamentales más profundos?

---

44 Benedict, 7:10.
45 Stephen A. Macchia, *Crafting a Rule of Life* (IVP, 2012), 14.

- Visión: ¿Cuál es la pasión intencional que Dios ha plantado en mí?
- Misión: ¿Qué estoy haciendo actualmente para lograr mi visión?
- Formando tu Regla de Vida
- Tiempo: Prioridades espirituales
- Confianza: Prioridades relacionales
- Templo: Prioridades físicas
- Tesoro: Prioridades financieras
- Talento: Prioridades misionales
- Cumpliendo tu Regla de Vida
- Compromiso con el cuerpo de Cristo
- Contexto de una comunidad espiritual[46]

En cada área consideramos atentamente cómo Dios nos hizo y a qué nos ha llamado para hacer. Basándonos en estas reflexiones podemos crear límites para mantener nuestras prioridades. Estos límites se convierten en nuestra Regla de Vida y protegen nuestras responsabilidades de familia, trabajo y necesidades personales. Recuerda, esto es un documento vivo que debe adaptarse a nuestra vida actual y no retenerse legalistamente. Puede ser cambiado a medida que cambia el tiempo y las situaciones. Para averiguar cuál puede ser tu Regla de Vida, comienza por escuchar y reflexionar sobre lo que es vivificante y agotador en tu vida y luego trabaja hacia afuera en patrones diarios y hábitos. Es importante asegurarse de que tus objetivos de vida sean alcanzables y realista para ti en este momento.

Unos ejemplos sencillos de una Regla pueden ser los siguientes: Oraré con mi cónyuge diariamente. Lo haré el sábado semanalmente. Apagaré mi teléfono por una hora al día. Me tomaré unas vacaciones todos los años. Estudiaré mi griego NT durante cinco minutos cada día. Etcétera. O puede que le encuentres más vivificante siguiendo una Regla más general como la que finalmente adapte y aspire a: Buscar al Señor. Ser alegre. Mantenerme humilde. Vivir valientemente. Ser compasivo. Dar gracias. Demostrar integridad. Ser bondadoso. Orar constantemente. Tener paciencia. Desacelerar. Sonríe con frecuencia. Amar bien. Ser Auténtico. Alabado sea el Señor.

Puede resultar útil tomar el tiempo para escribir tu Regla. Crear tus declaraciones de manera que resalten gozo en la adoración, el amor y el servicio. No tengas miedo de consultar a otras personas en quienes confías para que te ayuden a guiarte y desarrollarte en tu regla. Escríbelo en oración, buscando la dirección de Dios. Y recuerda, ésta es tu Regla; no es para nadie más. Haz que se ajuste a tus valores y necesidades específicas.

---

46 Macchia, 7.

Peligros de la Creación de la Regla de Vida

Un error que muchos de nosotros cometemos cuando desarrollamos por primera vez nuestra Regla de Vida es hacerlo demasiado complejo. Fui culpable de esto cuando hice mi primer intento de una Regla. Había querido examinar a fondo toda mi vida e incluir todo lo que podía pensar. ¡Por lo tanto, cuando terminé de escribir en mi borrador tenía seis áreas principales en que trabajar con 138 reglas a seguir! Un poco demasiado ambicioso para mis veinticuatro horas del día.

Una vez estaba trabajando con un misionero que se dedicaba exclusivamente a la producción y maximización de todo lo que hacía. Me preguntaba sobre su impulso para triunfar, especialmente cuando vino a mí porque estaba seco y había dejado de escuchar la voz de Dios. Hablamos mucho sobre reducir el ritmo y dejarlo ir, pero él no tenía idea de cómo hacerlo.

Para comenzar, sugerí que desarrolláramos una Regla de Vida que le ayudaría a ser estructurado e intencional pero también capaz de dejarse llevar, libre de culpa. Le tomó alrededor de un mes escribiendo su Regla y luego me envió una copia. Quedó hermoso y muy bien escrito, pero después de revisarlo más cerca y antes de hablar con él, escribí: "¡Estoy cansado de solo leer esto!" Había muy poca actividad vivificante en su Regla; se había convertido en una lista de lo que se debe hacer. Después de hablar juntos, mi amigo expresó alivio de que en realidad pudiera simplificar su Regla sin condenación por mi parte.

Mientras escribes tu propia regla, utiliza estos dos ejemplos anteriores como estrategias para no repetir. Empieza poco a poco si es necesario. Trabaja sólo en una o dos áreas de tu vida a la vez. Ve a tu ritmo. Escribe tus deseos para tu vida ahora mismo y cómo crees que puedes avanzar un paso más hacia tu realización, y luego avanza con pequeños pasos. Intentar hacer demasiado y demasiado pronto derrota el propósito de una Regla vivificante y nos cansará y nos hará abandonarlo. Recuerda, todos estamos en proceso, por lo que no necesitamos hacer todo a la vez y al instante.

Para los servidores globales, una Regla de Vida también aborda uno de los ajustes más difíciles cuando llegamos al campo: gestión del tiempo. Generalmente los nuevos misioneros dejan atrás una vida muy ocupada y activa. Cuando llegamos al campo, a menos que estemos en un estudio formal de un programa de idioma, de repente nadie nos dice qué hacer y ni cuándo y ni cómo hacerlo, ni sabemos con seguridad qué hacer, cuándo y cómo hacerlo. Básicamente estamos solos.

Esto puede sonar bien, pero no lo es. Es fácil quedarse dormido todo el día, ya que casi no dormimos toda la noche por el calor y el ruido de nuestro nuevo ambiente. También es fácil quedarse en casa y hacer trámites ahí envés de salir a nuestro nuevo y desconocido vecindario. Una regla de Vida ayuda tanto a los misioneros nuevos como a los que tienen experiencia a equilibrar las tareas y nuestro tiempo con Dios, para que realmente nos estemos arraigando en lo que hemos priorizado. Una Regla de Vida nos permite apoyarnos más plenamente en todo lo que Dios quiere para nosotros.

Reflexión y Puntos para Considerar

- ¿Qué opinas de las reglas? ¿Los ves como obstáculos para lo que quieres lograr en la vida? ¿Cómo podrías replantear tus pensamientos para que puedas ver una Regla de Vida como algo que puede dar vida?

- Reflexiona sobre las palabras de Jesús en Juan 10:10: "Yo he venido para que tengan vida, y tenerla al máximo." ¿Cómo podría ayudarte una Regla de Vida a tener una vida abundante? ¿Cómo pueden los ritmos regulares y repetidos ayudarte a mantener las distracciones innecesarias afuera para proteger tu tiempo con Dios y los demás?

- ¿Qué reglas tácitas gobiernan tu vida en este momento? ¿Cómo determinas lo que harás y no harás? ¿Hay algo que haces ahora que quieres continuar? ¿Hay algo que quieras descontinuar?

- Examine periódicamente tu vida y tus actividades para discernir si es necesario realizar algún cambio a tu Regla. Pregúntate hacia dónde te está llevando Dios para descubrir nuevas libertades y cómo puedes incorporarlas más plenamente en tu corazón y en tus acciones.

Para más Lectura

Early, Justin Whitmel. *The Common Rule: Habits of Purpose in an Age of Distraction* (IVP, 2019). Early ofrece cuatro hábitos diarios y cuatro semanales diseñados para ayudarnos a afrontar los días ocupados y agotadores de nuestro trabajo y nuestra vida.

Fry, Timothy, ed. *The Rule of St. Benedict* (Vintage Books, 1998). Hay muchas versiones de la Regla de San Benito; ésta es la versión moderna estándar.

Maachia, Stephen A. *Crafting a Rule of Life* (IVP, 2012). Un enfoque de doce pasos para ayudarte a desarrollar tu propia Regla de Vida. Este es un gran libro para explorar ejemplos específicos de varias reglas.

Okholm, Dennis. *Monk Habits for Everyday People: Benedictine Spirituality for Protestants* (Brazos, 2007). Una mirada a cómo la espiritualidad benedictina puede enriquecer las vidas y las prácticas de oración de los protestantes.

Warren, Trish Harrison. *Liturgy of the Ordinary* (IVP, 2016). Cómo podemos aprender a practicar la presencia de Dios en los momentos y rutinas de la vida cotidiana que se pasan por alto.

Ocho meses después de que nuestra familia abandonó abruptamente a África, me invitaron a asistir a un retiro prolongado en el campo de Tennessee. Además de abordar un grave problema de salud familiar y la atención intensiva que requiere, surgieron muchas preguntas sobre por qué: solo nueve meses después de nuestro lanzamiento al campo planificado de tres a cinco años; tuvimos que abandonar repentinamente el campo en circunstancias tan difíciles. ¿Habíamos escuchado mal a Dios? ¿Fuimos realmente llamados a ser misioneros? ¿Por qué un llamado a servir a los pobres del mundo, que ya existía hace años llegó a su fin tan prematuramente?

Llegué al retiro cansado y desanimado, estaba confundido y luchando por entender cómo mi viaje a África como misionero no había resuelto mi problema crónico de insatisfacción vocacional. Había creído, o al menos esperado, que al aplicar mis habilidades profesionales al servicio de los pobres internacionales en el nombre de Cristo transformaría más de veinte años de inquietudes laborales. No fue así. Bajo la superficie y fuera de la vista, estaba enojado con Dios. "¿No habíamos dejado todo, literalmente vendimos todo lo que teníamos para vivir por ti, Dios?"

Si bien la noche inaugural del retiro me dejó claro que Dios me había invitado deliberadamente a ir con él a las colinas de Tennessee, me tomaría dos o tres días desconectarme verdaderamente, calmar mi alma y prepararme para recibir lo que Dios quiso decirme.

"Dan, eres mi hijo amado."

"Simplemente estemos juntos. No te preocupes tanto por lo que estás haciendo por mí. Quédate conmigo."

"Estoy curando tus heridas. Soy gentil."

Durante el transcurso del retiro de seis días, mi Padre me permitió conocer íntimamente su amor abundante. Durante años había creído, ante la abrumadora evidencia de las Escrituras, que Dios me amó. Pero durante el retiro de varios días experimenté su amor profundo y duradero en formas que nunca antes había tenido. A través de mi participación en un ritmo guiado de descanso, prácticas espirituales ancestrales e interacciones con un pequeño grupo de compañeros de retiro, mi alma cansada estaba siendo renovada y refrescada.

Con la compañía de un director espiritual, Dios reformuló mi perspectiva de los acontecimientos y las decisiones que me habían llevado a África. Él amablemente me mostró cómo las heridas internas, infligidas hace casi siete años, me habían llevado a un esfuerzo incesante a vivir mi vida para Dios, en lugar de vivir con él como él lo había diseñado.

En pocas palabras, el retiro prolongado creó espacio. Espacio para que Dios revele verdades profundamente transformadoras que no pude, ni siquiera quise, escuchar debido al estilo de vida agitado, acelerado e impulsado por el ministerio. Estaba convencido de que era necesario para servirlo a él. Y creó un espacio para que yo experimentara verdadera y plenamente el amor de mi Padre por un hijo amado.

Dan
Servidor global en África

Sábado y Retiro
El Antiguo Camino hacia el Descanso

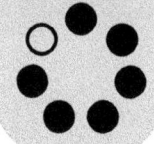

El Dr. Thomas Hale, un médico misionero en Nepal escribió: "Hay un estrés adicional involucrado en una vida transcultural constante, y la gente necesita alivio periódico de ese estrés. Es un estrés normal y a menudo inconsciente, pero puede acumularse si no tenemos cuidado de controlar nuestro ritmo, de proporcionarnos una salida, un cambio, un descanso."[47]

Muchos misioneros reaccionan negativamente a la idea del descanso. No vamos al campo a descansar. Un líder de misión me dijo una vez que preferiría que un misionero se consumiera antes de oxidarse. Según esta perspectiva, debemos toparnos con el terreno por causa del evangelio. Desafortunadamente, a menudo nos encontramos haciendo exactamente esto. Trabajamos y trabajamos, sin descanso, hasta consumirnos, a veces dejando el campo y nuestro ministerio prematuramente y en una condición quebrantada.

Pero esto no es lo que Dios quiere para los servidores globales. Dios sabe que no somos seres infinitos. De hecho, él ha ordenado nuestra necesidad de un refresco físico y espiritual. Necesitamos tiempo y espacio para descansar. Dos prácticas espirituales que fomentan este descanso son "sábado" y "retiro". Cada una de estas prácticas, si bien difiere en su enfoque, proporciona descanso para nuestros cuerpos, nuestras mentes y nuestras almas.

La Palabra de Dios revela una perspectiva significativa sobre la vida, una perspectiva que se centra en la importancia del tiempo sobre lo material (espacio). "El significado del sábado es para celebrar el tiempo más que el espacio. Seis días a la semana vivimos bajo la tiranía del espacio; el sábado tratamos de sintonizarnos con la santidad del tiempo."[48] Para la mayoría de los servidores globales, nuestros días santos son a menudo cualquier cosa menos tranquilos, santificante o santo. Son días de trabajo, llenos de ministerio y actividad, de gente, viniendo y yendo.

Sábado: ¿Desaceleración o pereza?

En la cultura norteamericana, desacelerar tiene una mala connotación. Mira algunas de las palabras y frases que utiliza el diccionario en línea Webster para definir el adjetivo lento: mentalmente aburrido; estúpido; falta de preparación, prontitud o voluntad; carente en la vida, la animación o la alegría. Vivimos en una economía turboalimentada, donde más rápido es mejor. La velocidad y el ajetreo miden nuestro nivel de importancia. Es fácil sentir la presión por estar

---

47 Thomas Hale, *On Being a Missionary* (William Carey Library, 1995), 147.
48 Abraham Joshua Heschel, *The Sabbath: It's Meaning for Modern Man* (Farrar, Straus and Giroux, 1951), 10.

siempre activo y haciendo cosas. Debido a esto, también es fácil equiparar la desaceleración con la pereza. ¿Pero es éste realmente el caso?

Nuestra alma, por su propia naturaleza, es generalmente lenta. Necesitamos reducir la velocidad para conectarnos con nosotros mismos y con Dios. Por más que lo intentemos no podemos acelerar el crecimiento espiritual. El salmista dice: "Estad quietos y sabed que yo soy Dios" (Salmo 46:10). La vida requiere una pausa de vez en cuando (un momento sabático) para evaluar hacia dónde vamos, cuándo llegaremos allí y, lo más importante, por qué quiero estar ahí. Pero la desaceleración y el sábado no significan que dejemos de vivir, sólo que somos llamados a vivir más profundamente y en sintonía con nuestro creador. La pereza sucede cuando dejamos de perseguir nuestro crecimiento espiritual, no cuando desaceleramos para descansar y renovar nuestra alma.

Entonces, ¿cómo podemos reducir el ritmo para practicar el sábado de manera que nos lleve a una vida más profunda? Marva Dawn, en su excelente libro *Keeping the Sabbath Wholly*, menciona cuatro prácticas que describen cómo debemos guardar el sábado: cesar, descansar, abrazar y festejar.[49]

Sábado: Cesar

Sabbath originalmente vino del verbo hebreo *shabbat*, que significa principalmente "cesar o desistir". Génesis 2:2 dice literalmente que Dios "cesó" en el séptimo día. Si el sábado en esencia significa cesar, eso plantea la pregunta: ¿qué debemos cesar? Dejamos de cesar de la necesidad de lograr y ser productivos. Dejamos de lado la preocupación y la tensión que trae consigo nuestra necesidad de eficiencia. Dejamos de esforzarnos por tener el control de nuestro mundo como si fuéramos Dios. Dejamos de ser posesivos y materialistas que nos tientan a adquirir más y mejores cosas. Pero principalmente dejamos nuestro ministerio, nuestro trabajo y todas las cosas en las que llegamos a confiar a través de ellos.[50]

El Señor, por medio de Moisés, ordenó a su pueblo: "Hay seis días en que podéis trabajar, pero el séptimo día es un sábado de descanso, un día de asamblea sagrada. No debes hacer ningún trabajo; dondequiera que habitéis, es sábado para el Señor" (Levítico 23:3).[51] Nota que el texto dice "dondequiera que vivas". Misioneros ocupados en los campos extranjeros no tienen excusas para ignorar el sábado porque sienten que la situación es diferente para ellos. Dondequiera que estemos, debemos observar el sábado.

Una segunda observación de este versículo es que el día es sábado "para el Señor." Dejamos de trabajar para honrar a nuestro Señor, especialmente cuando nos reunimos juntos en nuestras iglesias. Nos reunimos para honrar a Dios juntos como comunidad. Dios desea que apartemos un día entero para honrarlo en una asamblea sagrada cesando de trabajar y adorando su nombre y lo que ha hecho. Para muchos servidores globales, debido a la naturaleza de nuestro trabajo, no

---

49 Lo siguiente está adaptado de Marva J. Dawn, *Keeping the Sabbath Wholly* (Eerdmans, 1989).

50 Dawn, 5–16

51 Hay un desacuerdo en la Iglesia en cuanto al alcance de la ley del Antiguo Testamento para los cristianos. Pero Jesús afirma la observanción del sábado, incluso si no estás de acuerdo con la interpretación que los fariseos hacen del sábado en la ley del Antiguo Testamento. (Ver Mateo 12:1–8).

siempre es posible practicar el sábado durante nuestro día de adoración. Esto está bien y otro día puede ser necesario. En lugar del día específico en el que recordamos el sábado, lo más importante es crear un ritmo semanal de abandono del trabajo.

El sábado podría tener más significado cuando se practica como los antiguos hebreos lo hicieron, al comenzarlo no en la mañana del día de reposo, sino en la tarde anterior. Celebrar el sábado de tarde a tarde tiene varios beneficios. Primero, nos permite dejar de lado las actividades de la semana y relajarnos por la tarde antes del sábado. La mayoría de las personas no pueden simplemente apresurarse a descansar; necesitan preparación. Al comenzar el sábado por la tarde, le damos tiempo a nuestro corazón para prepararse. Segundo, nos permite irnos a la cama con gozosa celebración y anticipación y una noche de sueño reparador contribuye en gran medida a restaurar el alma.

A medida que nuestros hijos crecen, decidimos celebrar el sábado por las tardes. Encendíamos dos velas para representar los dos propósitos tradicionales del sábado: "acordarse" y "observar" (desde el relato en Éxodo del mandamiento del sábado dice recordar y en Deuteronomio dice observar). Mientras encendía las velas rezaba el saludo tradicional del Kidush: "Bendito eres Tú, Señor Dios nuestro, Rey del Universo, que nos has santificado a nosotros por tus mandamientos y nos ordenaste a que encendiéramos las luces del sábado."[52] Esto nos dio un tiempo marcado y decisivo para detenernos y entrar en el sábado. Entonces nosotros tuvimos nuestra noche familiar de pizza y cine. Debbie hizo la pizza y los niños eligieron una película que todos podíamos ver juntos.

El día siguiente lo pasamos en la iglesia por la mañana y siestas, juegos y familia y amigos por la tarde. Cuando llegaba la tarde del domingo, cerrábamos el sábado con la Havdalá u oración de despedida que incluía agradecer a Dios por el regalo del tiempo pasado con Él, terminando la oración con las palabras: "Bendito seas, Oh Señor Dios nuestro, Rey del Universo, que nos has mandado a observar el día de reposo y santificarlo."[53] Estas oraciones sujetalibros proporcionaron un sentido de propósito para nuestro tiempo juntos.

Sábado: Descansar

Además de dejar de trabajar el sábado, también nos ordenó descansar. Los misioneros religiosos, apoyados financieramente por otros, pueden temer que quienes los apoyan podrían dejar de brindarles soporte si no están ocupados todo el tiempo. *"¿Qué piensan los que me apoyan si supieran que estoy descansando y no trabajando? ¿Me cortarían la financiación? ¿Suena familiar?* Estos miedos tácitos pero reales pueden hacernos reacio a tomarse un tiempo libre.

Para algunos, una complicación adicional es la dificultad de saber cómo descansar. Para muchos servidores globales, sus vidas parecen competir contra la idea misma de descansar. Provenientes de un contexto norteamericano donde el descanso se equipará al ocio (deportes, cine y senderismo, por ejemplo), es posible que algunos trabajadores no tienen salidas similares en el campo, o si

---

52 Cyrus Adler and Lewis N. Dembitz, "Kiddush," en *The Jewish Encyclopedia*, 1906 edition, http://www.jewishencyclopedia.com/articles/9307-kiddush.

53 Havadalah tradicional, o oración de despedida.

las tienen, sus fondos limitados podrían hacerlo imposible de disfrutar de tales actividades. Y aquellos que trabajan entre los pobres podrían sentirse culpables por disfrutar algo que las personas a las que ministran no pueden hacerlo.

Los ritmos externos como el sábado, las vacaciones y los días festivos son espacios otorgados a nosotros para descansar. Pero cuando nuestro corazón está inquieto, es difícil encontrar la paz incluso cuando nos tomamos el tiempo para hacerlo. Relajarse también puede parecer un desperdicio del tiempo de Dios, porque todo parece estar sobre nuestros hombros. Cuando nos tomamos un tiempo libre, el trabajo no para; y cuando regresamos el trabajo sigue esperando, agravado por el tiempo. Esta presión y la tendencia a extraer nuestras identidades en nuestros ministerios significa que tal vez nunca descansemos. Pero esto es problemático, porque ignorar el descanso tiene un costo tanto físico como espiritual.

El sábado ocupa un lugar destacado en la teología de Juan Calvino.[54] Para Calvino, el descanso del sábado significa un descanso del alma al contemplar las poderosas obras de la naturaleza de Dios. Él nos desafía a simplemente levantar nuestros ojos hacia las estrellas por la noche e imaginemos la majestad de Dios. No mucho de la vida contemporánea la pasamos mirando hacia arriba. Ashley Cocksworth nos recuerda que cuando miramos hacia arriba,

Habitamos una postura diferente. Gran parte de la vida la pasamos mirando hacia abajo; no tanto a las "invenciones y deseos de nuestro propio corazón", como dice The Book of Common Prayer, más como a los dispositivos en nuestras manos; en teléfonos y tabletas. Dejando a un lado el tiempo del sábado ... significa descansar no sólo del "trabajo total" sino también de los dispositivos que distraen nuestra vista del cielo.[55]

El descanso sabático lo incluye todo. Toca cada área de nuestras vidas: espiritual, físico, emocional, intelectual y social. Descansamos no sólo para nuestro cuerpo sino también para nuestras almas, descansando completamente en la gracia de Dios. Tomando el sábado cada semana nos enseña que Dios es por nosotros y que él es lo que necesitamos. Martín Lutero escribió: "El descanso espiritual que Dios desea especialmente en este mandamiento es que no sólo dejemos de trabajar y comerciar, sino que mucho más—que dejemos que Dios solo obre en nosotros y que con todos nuestros poderes no hagamos nada por nuestra voluntad propia."[56]

¿Qué hábitos nos ayudan a descansar más completamente en la gracia de Dios? Esto es una pregunta muy subjetiva, pero actividades como estar en la naturaleza; disfrutando de la belleza, tal como obra de arte; disfrutar del olor y el sabor de una comida maravillosa; un baño largo y caliente; abrazar a los seres

---

54 John Calvin, *Institutes of the Christian Religion*, ed. John T. McNeill, trans. Ford Lewis Battles, Library of Christian Classics (Westminster, 1960), 394–401.

55 Ashely Cocksworth, "Sabbatical Contemplation?" en *Embracing Contemplation: Reclaiming a Christian Spiritual Practice*, ed. John H. Cole and Kyle C. Strobel (IVP, 2019), 90.

56 Martin Luther, "Treatise on Good Works", en *The Christians in Society I*, trans. W. A. Lambert, rev. James Atkinson, vol. 44 of *Luther's Works*, gen ed. Helmut T. Lehmann (Fortress, 1966), 72.

queridos; siesta; ayuno de los electrónicos; tocando música; o haciendo ejercicio divertido son excelentes ejemplos de formas de descansar. Las opciones son infinitas. La idea es ir más despacio y dejar que el tiempo sea tu amigo. Disfruta de la gente que te rodea sin una agenda, sin necesidad de competir o lograr nada. Intenta cultivar la alegría en todas las cosas y deja de lado las cosas que te estresan. Simplemente estar.

Sábado: Abrazar

La tercera área que Dawn menciona con respecto a honrar el sábado es abrazar la vida.[57] Cuando crecí, el sábado (domingo) generalmente incluía no hacer cosas como nadar, jugar juegos o participar en deportes. Pero la verdadera observancia del sábado es abrazar la vida. Como afirma Dawn,

> *El punto importante en toda nuestra imitación de Dios es su intencionalidad deliberada. No sólo pensamos que los valores de Dios son buenos. Los abrazamos por completo. … Abrazar es aceptar con gusto, vivir al máximo, elegir con extra-intencionalidad y tenacidad.*[58]

Los servidores globales a menudo reciben a las personas en sus hogares, especialmente los domingos. Para mí, una de las grandes alegrías de la vida es tener gente en nuestra casa por un tiempo para una comida maravillosa.

A mí y a mí esposa nos encanta invitar a gente a tomar un café o un brunch así tenemos tiempo para disfrutar de la conversación con los demás. En esas ocasiones me encanta ir a comprar croissants recién hechos, pasteles o cualquier fruta de temporada. Amo ofrecerle a la gente una gran variedad de alimentos para simplemente disfrutar. Debbie a veces argumenta conmigo que esto podría ser un desperdicio, y tiene toda la razón, ya que sólo se ingiere una fracción de la comida. Pero me gusta pensar en que estoy poniendo una gran fiesta presentada en honor a quienes nos bendicen con su presencia en nuestra casa. Experimentamos shalom (paz) juntos, una paz que lo abarca todo, paz con nosotros mismos y con los demás: salud, riqueza, plenitud, satisfacción, contentamiento, tranquilidad; en efecto, una totalidad saludable de todas las cosas.

Cuando abrazamos el sábado de Shalom, también abrazamos a nuestra comunidad. No hay duda de que podemos dar mejor a nuestra comunidad cuando ministramos de totalidad. Dawn dice: "A menudo se menosprecia la observación del sábado como si no fuera útil, pero ciertamente servimos mejor al mundo gracias a la plenitud, el orden, los espíritus revividos, emociones potenciadas, cuerpos sanos, mentes renovadas, relaciones auténticas, y los sentidos nutridos de nosotros mismos que crea la observancia del sábado."[59]

Durante el sábado, abrazamos el mundo que nos rodea sin intentar arreglarlo. Por conseguir el descanso que necesitamos y al recibir shalom, nos volvemos más capaces de ver que es lo que mundo necesita de nosotros los otros seis días de la semana.

---

57 Dawn, *Keeping the Sabbath Wholly*, 98.
58 Dawn, 100.
59 Dawn, 146.

Sábado: Celebrando y Festejando

Ruth Haley Barton dice que la única manera de comenzar verdaderamente a celebrar el sábado es cayendo enamorado de él de modo que "lo anhelas como desearías a un amante".[60] Como en nuestras otras relaciones amorosas, el sábado trae gran gozo y felicidad. Para festejar y celebrar el sábado debemos primero deleitarnos con la Palabra de Dios. Dios proporciona el maná de su Palabra. Cuando los discípulos de Jesús le instaron a comer algo, él dijo: "Tengo comida para comer de la que no sabes nada. … Mi alimento es hacer la voluntad del que me envió y terminar su obra" (Juan 4:31–34). No podemos conocer ni hacer la voluntad de Dios sin conocer su Palabra. El sábado requiere alguna forma de ingesta bíblica.

En segundo lugar, festejar y celebrar son divertidos. ¿Estoy diciendo que podemos divertirnos durante el sábado? Absolutamente. La observancia del sábado no es un deber ni una obligación opresiva, sino un deleite, porque nos deleitamos en Dios. Podemos deleitarnos con música, belleza, comida, fiestas, juegos, hospitalidad, cariño y anticipación del eventual regreso de Jesús.

Sin embargo, encuentro que incluso al celebrarlo todavía necesito honrar el día como un día de descanso. Tengo cuidado de no tener un calendario demasiado lleno de actividades, de lo contrario esto puede arruinar el propósito del sábado. Piensa en algunas ideas generales de lo que te parece divertido y celebratorio, y disfruta celebrando con Dios sin presión para actuar o generar una falsa sensación de alegría. Si algo se vuelve demasiado o demasiado pesado, simplemente detente. El objetivo no es luchar y lograr. El objetivo es disfrutar y ser libre.

Soy un pintor aficionado, con énfasis en *aficionado*. No soy muy bueno, entonces a veces pintar se convierte en faena y arduo. Si estoy pintando un domingo por la tarde y estoy estancado por el esfuerzo, estoy derrotando el propósito de mi actividad sabática. Entonces, cuando esto sucede, dejo de hacerlo. En el banquete del sábado, es mejor detenerse y dejar las cosas a un lado por un tiempo que seguir trabajando y luchando por superarlo.

Como servidor global ocupado, tomar el sábado puede parecer algo que no puedes hacer. Pero creo que es una cosa que debes hacer. La práctica semanal del sábado nos enseña que Dios sostiene al mundo y nosotros no somos indispensables. Sábado nos mantiene humildes y dependientes de Jesús, ya que él nos llama a ir con él a un lugar tranquilo y descansar un poco (Marcos 6:31). Ven a descansar con Jesús.

Sábado: Fruto Dado por Dios

Los retiros son oportunidades para hacer espacio para Dios escuchando y deleitándonos en él por un período más largo que sólo un sábado. Esto es especialmente importante para los servidores globales, porque estamos en primera línea en la batalla por las almas. Como guerreros que se derrumban cuando están en constante combate, los misioneros también necesitan retirarse para recargar energías y descansar. El Padre del desierto del siglo IV, Juan Casiano, escribió: "Si realmente deseo entrar en combate espiritual … El esfuerzo humano nunca podrá ganar aquí … no puede

---

60 Ruth Haley Barton, *Sacred Rhythms: Arranging Our Lives for Spiritual Transformation* (IVP, 2006), 138.

obtener la victoria por su propio esfuerzo a menos que esté apuntalado por la ayuda y protección del Señor."[61] Esto es lo que un retiro hace por nosotros al periódicamente dejarnos retirarnos de la batalla para pasar tiempo con Dios.

A veces la gente piensa en los retiros como un momento para adquirir nuevas habilidades o conocimientos, pero no es esto a lo que me refiero aquí. Los primeros maestros espirituales enseñan que los tiempos de retiro trajeron a los santos la perspectiva y el alimento de Dios que les permitió que volvieran a entrar en combate con vigor renovado. Adele Ahlberg Calhoun dice,

> *En lugar de ir a retiros que nos frenan para escuchar y centrarnos solamente en Dios, vamos a "retiros" llenos de conferencias, trasnoches, actividad constante e interacción con todo tipo de personas. Este tipo de retiro no es malo. Simplemente, no es un retiro del ajetreo y las distracciones de la vida. No es un tiempo fijado apartado sólo con Dios.*[62]

Como nuevo líder misionero, mi primer mentor fue un misionero con mucho tiempo en Francia. Una de las cosas que me instó a hacer fue irme solo periódicamente, tomando nada conmigo excepto mi Biblia. "Herb", dijo, "al principio es increíblemente difícil. Te preguntas por qué estás aquí y mientras esperas en Dios no escuchas nada. Pero si perseveras, Dios aparece; y si bien puede o no responder a cualquiera de tus preguntas específicas, siempre te dará lo que necesitas en el momento." Desde entonces, he tratado de adaptar la sabiduría de mi mentor a mis circunstancias y necesidades específicas.

La escritora Carolyn Weber describe una época de madre joven y profesora universitaria cuando estaba tan presionada en su vida y en su trabajo que sentía que estaba enfrentando a una crisis nerviosa. Le confesó a una mujer mayor lo cerca que estaba a rendirse. Ella comparte la reacción de su amiga:

> *Ella no se ríe, pero tampoco amonesta. En cambio, ella simplemente se inclina más cerca (una tendencia que he llegado a admirar en aquellos de fe profunda que interactúan con otros que necesitan aprovechar ese depósito). Ella toma mis manos en sus hermosas manos mayores y dice mi nombre en voz baja, "O, Caro", como una oración. Siento la presión de su alianza de boda contra la mía. Luego dice seis palabras que se han quedado conmigo desde entonces. "Incluso Jesús salió en una barca."*[63]

Incluso Jesús salió en una barca; incluso él se retiró. Cuando Jesús acababa de alimentar a los cinco mil, Marcos usa una de sus palabras favoritas en su evangelio: "En seguida hizo a sus discípulos entrar en la barca e ir delante de él a Betsaida, en la otra ribera, entre tanto que él despedía a la multitud" (Marcos 6:45). En efecto, Jesús hizo que sus discípulos se alejaran de las necesidades del ministerio y se retiraran por un tiempo. Y luego Marcos dice: "Y después que los hubo despedido, se fue al monte a orar" (Marcos 6:46). Jesús también

---

61 Como se cita en Paul Thigpen, *Saints Who Battled Satan: Seventeen Holy Warriors Who Can Teach You How to Fight the Good Fight and Vanquish Your Ancient Enemy* (TAN Books, 2015), 218.

62 Adele Ahlberg Calhoun, *Spiritual Disciplines Handbook: Practices that Transform Us* (IVP, 2005), 67.

63 Carolyn Weber, *Holy Is the Day: Living in the Gift of the Present* (IVP, 2013), 87.

nos invita a retirarnos con él cuando nos dice: sus discípulos: "Venid vosotros aparte a un lugar desierto, y descansad un poco" (Marcos 6:31).

La mayoría de nosotros no somos muy buenos para retirarnos. Para alejarnos de las actividades significativas y retirarnos puede sonar maravilloso por un momento mientras contemplamos la alegría de la tranquilidad y el descanso, pero luego empezamos a pensar: "¿Pero ¿qué haré? ¿Cómo puedo ocupar veinticuatro horas, y mucho menos un fin de semana entero o tal vez una semana?"

¿Cómo podemos simplemente "ser" sin "hacer"? ¿Cómo puedes dar forma a un retiro para que funcione para ti? ¿Cuál es el mejor lugar para retirarse? Las respuestas difieren, pero la mayoría de la gente descubre que, si es posible, prefieren retirarse a la naturaleza. Es bueno para nuestras almas poder tener lugares para caminar o sentarse, rodeada de tranquilidad y belleza.

Entiendo que esta capacidad de escapar a la naturaleza no siempre está disponible para los servidores globales. Algunos de nosotros trabajamos en entornos urbanos y tenemos poco dinero para un viaje o alojamiento. Si bien este puede ser el caso, hay muchos centros de retiro en todo el mundo y es posible encontrar uno prácticamente en cualquier lugar y por cualquier situación económica. Pero si eso no es posible, limpia tu calendario y ve a otra casa, tal vez la de un amigo o colega (incluso podrías hacer un intercambio de casa con un amigo), o quedarse en casa, pero desconectarse y esconderse. La cuestión es encontrar una manera de retirarse.

Entonces, ¿qué hacemos cuando estamos solos en un retiro? Puede que te encuentres tentado a ocupar tu tiempo en muchas actividades espirituales como leer, escribir un diario, planificar y preparación ministerial, o incluso algo de diversión recreativa. Sí, quieres aprovechar al máximo tu tiempo; pero si llenas tu tiempo con tanta actividad, perderás el propósito del retiro en primer lugar: estar solo y en silencio en la acogedora presencia de Jesús. Así que ten cuidado de no planear demasiado. El tiempo no planeado ayuda a calmar nuestras ansiedades internas y ralentizar nuestro impulso.

También es bueno tener tiempo de calidad para orar. Me parece interesante que muchos de nosotros, los misioneros, parecemos tener algunas de las oraciones más apresuradas que existen. Nuestras oraciones están llenas de palabras y parecen muy ocupadas. Rara vez nos relajamos y conversamos con nuestro Padre, ya sea con unas pocas palabras o un simple silencio. Hay muchos tipos de oración, pero una es la presencia tranquila y descansada ante Dios que es un elemento importante durante los retiros. Si no sabes por qué orar, simplemente dedica un tiempo en silencio a dar gracias o incluso en silencio, porque Dios ya conoce tu corazón.

Si te encuentras distraído durante tu tiempo de oración por preocupaciones, o incluso cosas positivas como oportunidades futuras, trata de dejarlas ir. Pero si no se van, no te condenes. Simplemente trata con ellos lo mejor que puedas, tal vez escribe tus pensamientos para poder abordarlos más tarde; y luego intenta ponerlos a un lado por el momento. A veces las distracciones también pueden ser el medio por el que Dios quiere hablarte. Si este es el caso, tómate un momento para hacer una pausa y pregúntale a Dios por qué esa cosa en particular te molesta y por qué te cuesta dejarla de lado. Haz una pausa y escucha lo que Dios pueda decirte al respecto.

Una última pregunta: ¿Con qué frecuencia debemos retirarnos? Esto depende un poco de nuestros horarios y medios. También podría depender de cuánto tiempo nos guste retirarnos. Prefiero retiros trimestrales de uno o dos días cada uno. Pero conozco otros que planifican un tiempo prolongado de al menos una semana cada año para la renovación del corazón y para la planificación anual para el próximo año.

Es posible que cuando regreses de tu retiro sientas que nada sucedió particularmente. Esto es normal. Experimente esto con bastante regularidad. Pero a menudo descubrí que los beneficios de mi tiempo con Dios se vuelven claros una vez que me comprometo en luchar de nuevo. Al reanudar mi ministerio y mi vida normal, sólo entonces puedo sentir que Dios ha hecho algo maravilloso, aunque no lo haya notado antes.

Reflexión y Puntos para Considerar

- Si apartaras un día entero a la semana para descansar y adorar a Dios, ¿Qué actividades dejarías de cesar? ¿De que descansarías? ¿Qué abrazarías? y ¿Qué festejamos? ¿Qué beneficios esperamos ganar espiritualmente, físicamente, emocionalmente, relacionalmente en respecto a tu trabajo?

- Cuando te sientes vacío o inquieto, ¿Cómo llenas tu corazón? ¿Qué dice esto sobre ti?

- ¿Qué tan difícil sería para ti hacer espacio para estar a solas con Dios en un entorno de retiro? ¿Qué podrías hacer en un retiro espiritual personal?

Para más Lectura

Dawn, Marva J. *Keeping the Sabbath Wholly: Ceasing, Resting, Embracing, Feasting* (Eerdmans, 1989). Una guía teológica y práctica para celebrar el sábado. Reúne prácticas judías tanto bíblicas como tradicionales.

Heschel, Abraham Joshua. *The Sabbath: Its Meaning for Modern Man* (Farrer, Straus and Giroux, 1951). Una obra clásica de un gran erudito y rabino. Heschel ha escrito una erudita, pero hermosa serie de meditaciones sobre la naturaleza del sábado y la santificación del tiempo.

McKnight, Scot. *Fasting: The Ancient Practices* (Thomas Nelson, 2009). Aunque no se analiza en este capítulo, el ayuno a menudo se practica junto con la observancia del sábado y los retiros. En mi opinión, el mejor libro sobre el tema es el de McKnight. Examina las ocasiones y el propósito del ayuno en la Biblia; explica cómo ayunar de forma eficaz, incluye diferentes métodos de ayuno; y habla de los peligros y problemas que pueden surgir cuando ayunamos.

Wakefield, James L. *Sacred Listening: Discovering the Spiritual Exercises of Ignatius Loyola* (Baker, 2006). Una guía a través de los cuatro retiros de una semana de los Ejercicios Espirituales de Ignacio desde una perspectiva protestante.

Siento una pesadez cada semana cuando entro a su casa. ¿Qué es esa pesadez que entristece mi corazón y hasta me da sueño? Es un espíritu que suprime la verdad. Pero cada semana estas mujeres iraquíes me invitan a su casa con besos y amabilidad. Trabajamos en proyectos como aprendiendo y estudiando inglés, y me dan demasiada comida maravillosa.

La semana pasada estuve en su casa, mostrándoles a las mujeres fotografías de la reciente boda de mi cuñado, y cuando se enteraron de que canté en la ceremonia nupcial, querían que cantara para ellas. Entonces canté la canción "Solo en Cristo". Fue maravilloso declarar la gloria de Cristo en esa casa. Mientras le explicaba el significado de las palabras, fue como si una niebla cubriera los ojos de mis amigas y pude ver que había una pared entre ellas y las palabras sobre la vida que Cristo nos ofrece. Pero no están del todo cerradas. Antes de irme, me pidieron que orara. Estoy orando para que el velo sobre sus mentes sea removido y que tengan ojos para ver y oídos para oír quién es Cristo.

Ashley
Servidor global en el Medio Oriente

Guerra espiritual
El Antiguo Camino hacia la Victoria en Cristo

8

Recuerdo bien mi orientación de campo cuando llegué por primera vez a Europa como misionero. Mi director de campo me dijo: "Herb, no estás simplemente entrando en una batalla espiritual, te estás lanzando en paracaídas detrás de las líneas enemigas."

Los servidores globales a menudo se sorprenden de lo tangibles que están las fuerzas espirituales en el campo. El misiólogo Timothy Warner recuerda esta historia:

> Tenía los ojos vidriosos, la ropa andrajosa, el pelo enmarañado y estaba desesperado. "Voy a matar a este animal", repitió tres veces. Pensé que me estaba hablando a mi. La señora de la casa nos dio a todos un café fuerte, pero no lo quise. De repente cayó al suelo, tirando los platos de la mesa. Mientras lo arrastramos fuera de la casa, él me miró y dijo: "Ten piedad de mí." Entonces reconocí su problema. Estaba poseído por un demonio. Estos hechizos comenzaron después de que dejó de asistir a una iglesia evangélica y se dedicó al espiritismo.
>
> Recuerdo las palabras de Jesús. "He aquí os doy [autoridad] sobre el poder del enemigo, y nada de ninguna manera os hará daño." Sentí que debía reprender el demonio en el nombre de Jesús, pero ¿y si no pasara nada? Toda la gente reunida me ridiculizaría ...
>
> Allí estaba yo: un misionero derrotado en el interior de Brasil, listo para hacer mis maletas y volver a casa. Cuando me encontré cara a cara con el enemigo, tuve miedo.[64]

El Desierto Padres y Madres

En la historia temprana del cristianismo, algunos creyentes se adentraron en la quietud, la Quietud mortal del desierto porque tenían un hambre de profundizar más con Dios. Muchas grandes enseñanzas vinieron de estos santos del desierto, incluyendo su sabiduría sobre la guerra espiritual.[65]

Estos monjes del desierto ayunaban y oraban, y muchos de ellos vivían en una quietud solitaria. En su silencio, enfrentaron sus secretos más profundos y oscuros y reflexionaron sobre la naturaleza pecaminosa del hombre y nuestra batalla con las fuerzas espirituales. Ellos creyeron que la guerra espiritual fue en

---

64 Timothy M. Warner, *Spiritual Warfare: Victory over the Powers of This Dark World* (Crossway, 1991), 10.

65 Estos santos del desierto, que florecieron en los siglos IV y V en Egipto, Siria y Palestina, fueron un grupo excéntrico y ecléctico. Algunos de los más influyentes son Antonio de Egipto (c. 250–356), Atanasio (c. 293–373), Evagrius Ponticus (c. 345–99), Basilio de Cesarea (c. 330–74) y Benito de Nursia (c. 480–543).

realidad para nuestro propio beneficio, ayudándonos a ver la gracia de Dios crecer dentro de nosotros a medida que vencemos nuestros pecados prevalecientes y derrotamos a Satanás poco a poco.

Pero esta victoria de la gracia de Dios dentro de nosotros (theosis) sobre Satanás también es más que la simple santificación. Como escribe Donald Fairbairn, "Theosis ... era de creyentes compartiendo el cálido compañerismo que ha existido desde toda la eternidad entre las personas de la Trinidad."[66] Al compartir la relación del Hijo con el Padre y en el amor entre las personas de la Trinidad, encontramos el arma más grande para la Guerra espiritual: una vida espiritual saludable basada en el amor de la Trinidad.

A medida que los santos del desierto entraron y crecieron en una relación de amor más profunda con el Divino, se dieron cuenta de que sus luchas internas se calmaron y disiparon. Sus vidas comenzaron a exhibir una profunda tranquilidad y paz. La Iglesia Ortodoxa del Este llamó a esta paz hesiquia, una especie de oración interna en que escuchamos la voz de nuestro Señor a través de una profunda confianza y tranquilidad. A través de este proceso crecemos en discernimiento y aumentamos nuestra capacidad de distinguir entre la voz de Satanás, la voz de nuestro ser pecaminoso y la presencia segura de Dios.

Conflicto Espiritual

La guerra espiritual se dirige a nuestros enemigos espirituales: la carne, el mundo y el demonio. Cada uno se menciona en Santiago 4:1–8:

> *Tenía los ¿De dónde vienen las guerras y los pleitos entre vosotros? ¿No es de vuestras pasiones, las cuales combaten en vuestros miembros? Codiciáis, y no tenéis; matáis y ardéis de envidia, y no podéis alcanzar; combatís y lucháis, pero no tenéis lo que deseáis, porque no pedís. Pedís, y no recibís, porque pedís mal, para gastar en vuestros deleites.*
>
> *¡Oh almas adúlteras! ¿No sabéis que la amistad del mundo es enemistad contra Dios? Cualquiera, pues, que quiera ser amigo del mundo, se constituye enemigo de Dios. ¿O pensáis que la Escritura dice en vano: ¿El Espíritu que él ha hecho morar en nosotros nos anhela celosamente? Pero él da mayor gracia. Por esto dice:*
>
> *"Dios resiste a los soberbios, y da gracia a los humildes." Someteos, pues, a Dios; resistid al diablo, y huirá de vosotros. Acercaos a Dios, y él se acercará a vosotros. Pecadores, limpiad las manos; y vosotros los de doble ánimo, purificad vuestros corazones.*

La Carne

Primero, Santiago nos dice que combatamos los malos deseos dentro de nosotros. Estos deseos, formados de nuestro quebrantamiento pasado y de nuestra propia imagen desarrollada para hacer frente a los problemas emocionales. El trauma

---

66 Donald Fairbarin, *Life in the Trinity: An Introduction to Theology with the Help of the Church Fathers* (IVP, 2009), 10–11.

de la primera infancia nos hace pecar en pensamiento, palabra y obra. Este es la maldad profunda y oscura que Santiago llama asesinato, codicia, riñas y peleas. Por supuesto, podríamos agregar muchos más comportamientos, actitudes y pecados a esta lista.[67]

En el nivel más básico y fundamental de la guerra espiritual, no podemos culpar a nadie más que a nosotros mismos. Debemos reconocer y asumir la responsabilidad de nuestros pecados, elecciones y acciones.

Quizás la mejor enseñanza sobre cómo hacer esto proviene de Colosenses 3 donde Pablo desarrolla un enfoque cuádruple hacia la libertad en Cristo. Primero, debemos reconocer nuestra identidad en Cristo (vv. 1–4), que nos lleva a vivir en la libertad y la verdad de quienes somos. En segundo lugar, debemos "hacer morir, pues, todo lo que pertenece a nuestra naturaleza terrenal". Luego, Pablo enumera una multitud de pensamientos y comportamientos que brotan de nuestra naturaleza pecaminosa (vv. 5–9). En tercer lugar, porque "nos hemos revestido del nuevo hombre", pensamos y nos comportamos "como el pueblo escogido de Dios" (vv. 10–14). Finalmente, ejercitamos nuestra autoridad en Cristo sobre nuestro pecado y renunciamos al mal (vv. 15–17). conocemos que nuestras vidas están "escondidas con Cristo en Dios" (v. 3) al experimentar la paz de Dios, la palabra de Cristo, la adoración del Espíritu y la profunda gratitud que reside en nuestros corazones (vv. 15–17).

Todavía estamos en transformación y por lo tanto todavía luchamos con nuestra carne. Hasta el día de nuestra muerte o restauración final cuando Jesús regrese. ¡Pero gracias a Dios, a través de Jesús podemos tener victoria sobre nuestro pecado!

El Mundo

Hay un mal sistémico en el mundo. Este mal se encuentra en los sistemas que abusan del poder: los sistemas culturales, políticos, económicos e incluso religiosos que forman parte de nuestra sociedad. Estos sistemas abusivos y las personas atrapadas en ellos son las manifestaciones que el apóstol Juan llama "el mundo": las cosas que se oponen Dios y su reino ordenado:

> *No améis al mundo, ni las cosas que están en el mundo. Si alguno ama al mundo, el amor del Padre no está en él. Porque todo lo que hay en el mundo, los deseos de la carne, los deseos de los ojos, y la vanagloria de la vida, no proviene del Padre, sino del mundo. Y el mundo pasa, y sus deseos; pero el que hace la voluntad de Dios permanece para siempre. –1 Juan 2:15–17*

Es cierto que los tres componentes de nuestra batalla espiritual: la carne, el mundo y el diablo están estrechamente relacionados. La mayoría de las situaciones que enfrenta un servidor global probablemente va a involucrar algo de cada elemento. Timothy Warner lo explica de esta manera:

---
[67] Por ejemplo, Gal 5:19–21; 1 Cor 6:9–10; Efe 5:5; Apoc 22:15.

La carne son las cualidades terrenales que nos rodean y que nos permiten responder a tentación. El mundo es el medio en el que vivimos y que está bajo el control del "gobernante del reino del aire". Satanás y sus demonios saben que partes carnales de nosotros son especialmente vulnerables y utilizan los estímulos del mundo a nuestro alrededor para despertar pensamientos pecaminosos en nosotros. El diablo sería un tonto si no se aprovechara del mundo y de la carne en su objetivo de destruirnos. Uno no necesita estirar las Escrituras para verlo trabajando en todas estas relaciones.[68]

El señuelo del mundo es sutil y a veces caemos bajo la influencia y valoramos lo que el mundo valora por encima de la voluntad de Dios. Por ejemplo, nosotros podríamos sentirnos atraídos por el éxito financiero o el estatus social. Ahora bien, la felicidad, la comodidad, la riqueza o el estatus no son necesariamente malos en sí mismos, pero pueden ser distracciones importantes y destructivas si lo persigues por encima de Dios (Mateo 6:24). ¡Qué fácil es ocuparnos de estas cosas y no darnos cuenta del control que lentamente pueden tomar sobre nuestras vidas!

También podemos encontrarnos moldeados por el mundo cuando nos quejamos sobre lo que hemos renunciado para servir al Señor. He conocido algunos misioneros que realmente luchan con el hecho de que tienen poco material como muestra de sus vidas de servicio. Luchamos durante años con la recaudación de fondos. Nos hemos quedado sin nada y ahora descubrimos que no somos capaces de cubrir los crecientes costos dentro y fuera del campo misionero. Sentimos que nadie nos conoce bien cuando regresamos y el honor que recibimos en nuestras iglesias son simplemente un espacio de dos minutos los domingos por la mañana para ponerlos al día. Hemos caído en la trampa del mundo de necesitar importancia, fama y fortuna. A veces es fácil que estos tipos de sentimientos arraiguen amargamente en nuestras vidas. A veces puede suceder antes de que nos demos cuenta.

Estos sentimientos pueden parecer naturales, pero son una mentira del diablo. Jesús entiende nuestra lucha: "Las zorras tienen madrigueras y las aves del cielo nidos, pero el Hijo del Hombre no tiene dónde reclinar su cabeza" (Mateo 8:20). Pero "Respondió Jesús y dijo: De cierto os digo que no hay ninguno que haya dejado casa, o hermanos, o hermanas, o padre, o madre, o mujer, o hijos, o tierras, por causa de mí y del evangelio, que no reciba cien veces más ahora en este tiempo; casas, hermanos, hermanas, madres, hijos, y tierras, con persecuciones; y en el siglo venidero la vida eterna" (Marcos 10:29–30).

Como servidores globales, debemos proteger atentamente nuestros corazones vulnerables del amor al mundo. Cuanto más se llenen nuestros corazones del amor de Dios, menos atractivos se vuelven los deseos de este mundo. La Biblia nos recuerda que este mundo pasará y sólo quedará el amor.[69]

---

68 Warner, *Spiritual Warfare*, 60.
69 1 Juan 2:17; 1 Cor 13:13

El Diablo

Muchos servidores globales estarían rápidamente de acuerdo en que han experimentado una mayor intensidad demoníaca en el campo que ellos en su cultura de origen. C. S. Lewis plantea el peligro de ignorar o sobreexponer las fuerzas espirituales de esta manera: "Hay dos errores iguales y opuestos en los que nuestra raza puede caer sobre los demonios. Una es no creer en su existencia. El otro es creer y sentir un interés excesivo y malsano por ellos."[70]

Nunca debemos olvidar que la lucha contra los poderes espirituales de las tinieblas es intenso y absolutamente real, pero en Cristo tenemos la victoria. Es importante dedicarnos a nuestro crecimiento espiritual porque nuestra intimidad continúa con el Señor nos da la fuerza y confianza para vencer a nuestro enemigo.

El Señor nos da fuerza y confianza para vencer a nuestro enemigo. Ha habido mucha discusión en los círculos misioneros sobre sí nuestras batallas son encuentros de verdad o encuentros de poder.[71] Creo que luchamos en ambos ámbitos. Luchamos en el campo de la verdad porque el diablo está constantemente tratando de engañar a la gente con mentiras y falsedades.[72]

Sin embargo, el diablo también se disfraza con "milagros, señales y prodigios falsos" (2 Tes 2:9). Los encuentros de poder parecen ser más frecuentes entre los misioneros en el campo. Cuando los misioneros (especialmente aquellos en trabajos pioneros, al parecer) traen a la gente del reino de las tinieblas al reino de la luz deberían esperar que Satanás esté presente, tratando de obstaculizar y perturbar el ministerio (Hechos 26:18).

Los movimientos genuinos de las personas que vienen a Cristo comienzan a ver cuando una persona es liberada de las fuerzas del mal. Practicantes espirituales de otras religiones o animismo pueden desafiar a los misioneros a demostrar su propio poder. Si y cuando estas cosas suceden, los servidores globales deben ser capaces de responder apropiadamente y no con miedo. Debemos enfrentar las fuerzas satánicas con confianza y fuerza, y con un corazón centrado en el amor de Dios como nuestra arma más grande e importante cuando enfrentamos las tinieblas de satanás.

Cuando entramos en la guerra espiritual con fuerzas demoníacas, debemos recordar dos verdades bíblicas. Hebreos 2:14–15 habla de la primera verdad: "Entonces Pedro, poniéndose en pie con los once, alzó la voz y les habló diciendo: Varones judíos, y todos los que habitáis en Jerusalén, esto os sea notorio, y oíd mis palabras. Porque estos no están ebrios, como vosotros suponéis, puesto que es la hora tercera del día."

---

70 C. S. Lewis, *The Screwtape Letters* (Signet, 1988 reprint), xix.

71 En los encuentros con la verdad, enfrentamos lo demoníaco a través del poder de la verdad de Dios en las Sagradas Escrituras. En los encuentros de poder, enfrentamos lo demoníaco a través del poder del Espíritu Santo en señales y prodigios. Vea Tormod Engelsviken, Spiritual Conflict in Today's Mission, editado por A. Scott Moreau, Lausanne Ocasional Paper No. 29 (MARC Publications, 2002), 59.

72 Luc 4:5-7; 1 Tim 4:1; Apoc 12:9.

A través de la identificación de Cristo con la humanidad en su encarnación, su crucifixión y lo más importante es su resurrección, nos ha liberado. Esto es a la vez un hecho logrado y un proceso continuo.[73] Desafortunadamente esto significa que Satanás todavía es capaz, por ahora, de tener un poder limitado para luchar. Pero la buena noticia es que cuando reclamamos la victoria de Cristo, incluso ahora, él debe huir.[74]

La segunda verdad que podemos afirmar de las Escrituras es el hecho que la guerra espiritual es una actividad de toda la iglesia, no sólo de individuos aislados. En Efesios 6:10–18, al que nos referimos como el pasaje de "toda la armadura de Dios": los pronombres griegos traducido usted en nuestras Biblias en español están en forma plural. Pablo no se está dirigiendo al guerrero solitario, sino a toda la comunidad de la iglesia. Estoy muy alentado por el hecho de que no vamos solos a la batalla. El pueblo de Dios está destinado a trabajar juntos para derrotar a los poderes de las tinieblas en el mundo mediante la preparación de la verdad y de la justicia (v. 14), mediante pies preparados y listos para el evangelio de la paz (v. 15), ejercitando la fe (v. 16), tomando el yelmo de la salvación y la espada de la Palabra de Dios (v. 17), y mediante la oración ferviente (v. 18). Así es como la iglesia de Dios se mantiene firme contra las fuerzas demoníacas.

Nos mantenemos firmes contra el enemigo cuando reconocemos que él es real y que enfrentaremos oposición espiritual. Nos mantenemos fuertes cuando aprendemos apropiarnos de la protección de Dios a medida que crecemos en justicia. Nos involucramos en la batalla a través de la victoria que tenemos en Cristo y como comunidad de creyentes. Y encontraremos la victoria cuando utilizamos los medios de liberación de Dios a través de la verdad, fe y oración.

La guerra espiritual no es un evento de una sola vez ni una técnica efectiva para controlar el poder espiritual. A medida que sigamos creciendo en Cristo, veremos a otros liberados y rescatados del "dominio de las tinieblas" a "la herencia de los santos en el reino de luz … al reino del Hijo que ama" (Col 1:12–13).

---

[73] Rom 12:1–3; Efe 4:13–15.
[74] 1 Ped 5:8–9; San 4:7.

Reflexión y Puntos para Considerar

- ¿Cuándo has sentido que estabas en una batalla espiritual?
  Cuando escuchas el término "guerra espiritual",
  ¿qué te viene inmediatamente a la mente?
  ¿Cual es tu tendencia en una ocasión de "encuentro de poder": luchar o huir?
  ¿Cómo es que esta tendencia afecta tu apropiación del poder de Dios?
- ¿En qué áreas de tu vida sospechas que has aceptado la estrategia y mentiras de Satanás en tu vida general y en tu ministerio en particular?
- ¿Dónde ves influencia satánica en el "mundo" en el que vives?
  ¿Cómo te preparas y te enfrentas a influencias generalizadas y sistémicas?
- ¿Le asignas demasiado o muy poco crédito a Satanás y sus demonios?
  ¿Qué pasos puedes tomar para vestirte más eficazmente con toda la armadura de Dios y reclamar tu posición en Cristo?
- ¿Existen oportunidades actuales para que lo demoníaco entre y te derrote en tu vida santa y fructífera?
  ¿Qué podrías hacer para recuperar tu victoria en Cristo?

Para más Lectura

Engelsviken, Tormod. "Spiritual Conflict in Today's Mission," *Lausanne Occasional Paper 29*, 2001, ed. A. Scott Moreau, https://www.lausanne.org/content/spiritual-conflict-todays-mission-lop-29. Aunque un poco anticuado, sigue siendo una visión general útil del conflicto espiritual tal como se refleja en la historia de la iglesia y nuestro mundo.

Ferdinando, Keith. *The Message of Spiritual Warfare—The Bible Speaks Today* (IVP, 2016). Una mirada bíblica integral a la guerra espiritual.

Ingram, Chip. *The Invisible War: What Every Believer Needs to Know About Satan, Demons, and Spiritual Warfare* (Baker, 2006). Una mirada equilibrada a las tres áreas de nuestra batalla espiritual: la carne, el mundo y el diablo.

Cuando Dios nos llamó al servicio misionero, fuimos enviados a un país centroafricano, donde servimos durante dieciséis años. Los africanos en nuestro país tienden a ser naturalmente expresivos en todos los aspectos de sus vidas, y los creyentes de manera tan simple, pero clara, incorporaron su cultura en su adoración con alegría, y celebraciones festivas. Los aplausos, los bailes y las exuberantes festividades fueron mucho más de lo normal. Su gozo en la adoración se trasladó a su camino diario con Dios, expresando su relación con él de manera muy abierta y clara.

Luego Dios nos trasladó a un contexto europeo y de Medio Oriente, donde servimos durante los siguientes dieciocho años. Rápidamente descubrimos que la expresión de fe en esta parte del mundo era muy, muy diferente de lo que habíamos conocido en África. En Europa Occidental la inclinación era hacia lo filosófico, con una actitud más reflexiva y reservada por naturaleza; Europa del Este todavía estaba aprendiendo a adorar, pero tendía hacia una actitud estoica, inclinado hacia los guardado; y Oriente Medio era un crisol de estilos y expresiones.

Al principio las diferencias de estilos eran sorprendentes, pero poco a poco fuimos aprendiendo y apreciando que la espiritualidad no debe ser juzgada por un estilo de adoración cultural, así como las inclinaciones personales, tienen una fuerte influencia en cómo una persona se relaciona a Dios, ya sea en el culto público o en momentos privados con el Padre. Sin embargo, la forma en que adoramos y nos relacionamos con él no tiene importancia, siempre y cuando lo reconocemos por quién es y lo adoramos de una manera que le brinda alegría y gloria.

John
Servidor global en África, Medio Este y Europa

Enfoques Diferentes hacia Dios
El Antiguo Camino hacia la Adoración

Somos individuos distintos y únicos, con diferentes personalidades, experiencias y dones ministeriales. Nuestro caminar ante Dios es profundamente rico y personal. Puesto que reflejamos la creatividad de nuestro Padre, no debería sorprendernos que nuestras diferentes personalidades y orígenes nos harán gravitar hacia diferentes enfoques y prácticas al respecto de la espiritualidad. Estas tendencias, con el tiempo, nos llevan a unirnos con otros creyentes con ideas afines para formar espiritualidades y rituales que hablan profundamente de nuestra propia herencia.

Richard Foster utiliza la metáfora de las corrientes para definir nuestras diferencias espirituales, siendo Jesucristo la fuente de cada una.[75] Cualquiera que sea la tradición de la iglesia en la que nadamos, las cabeceras de Jesús son la fuente al que cada uno de nosotros debe regresar, para bañarnos profundamente y refrescarnos. Mientras tomamos el tiempo para ver cada corriente individual fluyendo de Jesús, también veremos cómo estas corrientes fluyen juntas. Al nadar en otras piscinas, podríamos encontrar que una espiritualidad diferente puede tocar nuestro propio corazón y enriquecer nuestra propia espiritualidad.

Necesitamos equilibrio y plenitud en nuestra vida espiritual. Para alcanzar la madurez espiritual, necesitamos salir de nuestra zona de confort y explorar espiritualidades que son opuestas a nuestras preferencias personales. Esto puede parecer extraño al principio, pero puede ser una señal de cambio positivo y crecimiento. Cuando estamos abiertos a la dirección del Espíritu, encontramos un equilibrio y un enfoque holístico que nos hace madurar hasta alcanzar la plena semejanza de Cristo.

Una guía extremadamente útil a lo largo de este camino se puede encontrar en las escrituras de Richard Foster.[76] En lugar de centrarse en las tres tradiciones principales de fe cristiana—Católica Romana, Ortodoxa y Protestante—Foster identifica seis espiritualidades de culto: *la tradición contemplativa, la tradición de santidad, la tradición carismática, la tradición de justicia social, la tradición evangélica y la tradición encarnada.*

---

[75] Richard J. Foster, *Streams of Living Water: Celebrating the Great Traditions of Christian Faith* (Harper, 1998). Gran parte del material de este capítulo depende del libro de Foster.

[76] Foster.

Aunque todos nos sentimos mucho más cómodos e identificados con uno o dos corrientes, ganamos más equilibrio cuando incorporamos al menos algún aspecto de cada espiritualidad en nuestra propia vida religiosa.[77] Jesús es el ejemplo supremo de la vida cristiana equilibrada, porque exhibió cada una de estas tradiciones en su propia vida terrenal.[78] Echemos un vistazo más cerca a estas seis espiritualidades y consideremos las principales fortalezas y debilidades de cada una.

Espiritualidad Complentativa[79]

La espiritualidad contemplativa se puede definir como una vida de fe caracterizada por sumisión interna a Dios a través de prácticas de oración guiadas por el Santo Espíritu. Los evangélicos a veces critican las prácticas contemplativas porque creen que descarta la autoridad de la Palabra de Dios. Mientras algunos de los contemplativos son culpables de tal abuso, no hay nada en la contemplación espiritual misma que requiere que rechacemos la autoridad de la Biblia. Jesús practicó espiritualidad contemplativa cuando se retiró de la multitud para orar solo (Marcos 1:35).

La espiritualidad contemplativa gira en torno a una relación de amor con Dios y se centra en la oración y la meditación. Si te sientes atraído cada vez más al silencio y la soledad en tu vida de oración, probablemente te sientas más inclinado a una espiritualidad contemplativa. Si te identificas más con María que con Marta (Lucas 10:38—42), podrías ser un contemplativo.

Lo que me encanta de la espiritualidad contemplativa es su prioridad en la búsqueda de Dios sobre toda cosa. Phileena Heuertz, ex codirectora de una agencia misionera con el propósito de servir a los pobres en los países del tercer mundo, escribió esto sobre su creciente experiencias en la oración contemplativa:

Estaba despertando a una nueva dimensión de fe, donde mis creencias en Dios ya no eran simplemente ideales intelectuales, sino más bien una realidad viviente. ... Al retirarme algunas veces al día a la oración contemplativa, con el tiempo, me di cuenta de que la soledad no era una distracción del resto del mundo sino una necesidad recalibradora para una conexión más significativa con el mundo.[80]

Si bien la espiritualidad contemplativa ha encontrado un lugar entre los misioneros, nosotros debemos ser conscientes de que existe el peligro de ir demasiado lejos al extremo de las prácticas ascéticas y aislantes que devalúan la realidad comunitaria y cotidiana. Si descubres que te estás aislando cada vez más de los demás y te estás centrando solo en tu propia experiencia con Dios, es posible que estés dependiendo demasiado en la contemplación para el alimento espiritual.

---

77 Foster, 22.

78 Foster, 4, 6, 11, 12, 15, 18-19. Ver Juan 14:10 (Contemplativo); Mateo 4:1-11 (Santidad); Juan 14:16-18 (carismático); Lucas 4:18-19 (Justicia social); Mateo 4:23 (evangélico); Fil. 2:5-11 (Encarnación).

79 Foster, 22-58.

80 Phileena Heuertz, *Mindful Silence: The Heart of Christian Contemplation* (IVP, 2018), 33-34.

Muchas de las disciplinas que describo en este libro surgen de esta tradición. Silencio y soledad, dirección espiritual, lleva un diario, retiros y ciertas formas de oración todos hablan a la espiritualidad contemplativa. Uno de los puntos fuertes es el enfoque en nuestra necesidad de estar a solas únicamente con Dios. Las prácticas contemplativas pueden ser de enorme ayuda para el servidor global, porque equilibran nuestras vidas ocupadas con la tranquilidad del momento, permitiéndonos conectar con Dios en una forma más directa.

Santidad Espiritual[81]

La espiritualidad de santidad se enfoca en la reforma interna del corazón a través de la devoción a los hábitos regulares como el estudio de la Biblia, la oración y la asistencia a la iglesia. Algunos llaman a esta espiritualidad "la vida virtuosa".[82] La corriente de santidad siempre ha sido parte de la historia de la iglesia, pero su forma moderna se desarrolló principalmente en el metodismo del siglo XIX y, en menor medida, en tradiciones como el cuaquerismo y anabaptismo. Mientras nos mantenemos firmes en la conversión personal y en la inspiración y autoridad de la Biblia, típicamente hay un énfasis en una segunda obra de gracia, conduciendo a la perfección cristiana.

Las personas que se sienten atraídas por una espiritualidad de santidad quieren desarrollar buenos hábitos de piedad y virtud. Si te atrae vivir una vida virtuosa: vivir lo que es bueno, bello y verdadero: nadas en la corriente de santidad espiritualidad cristiana. No deseas necesariamente llegar al cielo si no más como tener al cielo en ti.[83]

Creo que la gran fuerza de esta espiritualidad es el fuerte deseo de hacer lo que dices y la congruencia entre los deseos del corazón y la bondad de Dios. Te enfrentas a las realidades terrenales del pecado y la necesidad de entrenar para combatir tu naturaleza carnal. Podemos experimentar una vivacidad confiada cuando vivimos la espiritualidad de santidad.

Sin embargo, probablemente más que cualquier otra espiritualidad, la corriente de santidad es la espiritualidad con la que luchan la mayoría de los misioneros, porque nos resulta difícil lidiar con nuestros pecados. Por lo tanto, podemos minimizar la gracia de Dios y abrazar el legalismo, juzgarnos a nosotros mismos y a los demás demasiado duro. Ponemos estándares de conducta poco realistas sobre aquellos a quienes intentamos convertir. Las prácticas legalistas nunca pueden transformar corazones. Las Escrituras nos dicen que es sólo a través del poder del Espíritu Santo que somos transformados (Juan 3:5–8). Se ha hecho mucho daño en contextos misioneros cuando hemos enfatizado el legalismo sobre el evangelio.[84] Sí, cada uno de nosotros es llamado a ser santo (1 Pedro 1:15–16) y participar en el perfeccionamiento de nuestra alma por parte

---

81 Foster, *Streams of Living Water*, 59-96.

82 Foster, 6.

83 Foster, 85.

84 Para ver un ejemplo de esto, consulte el trabajo de Kathryn T. Long sobre la conversión de los indios Waorani de Ecuador en su libro *God in the Rainforest* (Oxford University Press, 2019).

de Dios (2 Pedro 1:4), pero esto se logra sólo a través de la gracia de Dios, no por nuestras obras (Efesios 2:8–9).

Espiritualidad Carismática[85]

La palabra griega del Nuevo Testamento para los dones del Espíritu Santo, como se describe en 1 Corintios 12:7–11 y en otros lugares, es *charismata*. Si la espiritualidad de la santidad se centra en el poder de ser, la espiritualidad carismática se centra en el de hacer. El cristianismo carismático suele identificarse con el pentecostalismo, que compone aproximadamente una cuarta parte de todos los cristianos del mundo hoy.[86] Si tienes un fuerte deseo de ministrar en el poder y los dones del Espíritu, estás demostrando la espiritualidad de un carismático.

Jesús vivió y se movió en el poder del Espíritu Santo: a través de sus enseñanzas en sabiduría (Mateo 4:23; 7:29); su capacidad para ver la dinámica misma del bien y mal en el corazón de una persona (Mateo 5:8; 9:36; 12:25; Lucas 9:43; Hechos 1:24); y sus curaciones milagrosas y milagros (Mateo 8:1–4; Marcos 1:34; Lucas 7:1–10; Juan 2:1–11). Una fortaleza de la espiritualidad carismática es la forma en que nos recuerda que todos tienen el carisma y la responsabilidad de contribuir a la misión de la iglesia.

La espiritualidad carismática, sin embargo, a veces trivializa nuestra fe porque puede concentrarse demasiado intensamente en las señales y maravillas del Espíritu, perdiendo de vista los propósitos generales de Dios. En otras palabras, los dones del Espíritu no son un fin en ellos mismos, sino sólo un medio para la construcción del reino. Esto parece haber sido uno de los problemas principales con la iglesia de Corinto, el énfasis excesivo en los dones de espiritualidad en detrimento de las relaciones amorosas y de la unidad (1 Cor 12–14).

En las misiones, los carismáticos a menudo enfrentan encuentros de poder en el campo.[87] Esto es algo que muchos misioneros norteamericanos no están preparados tanto teológicamente como prácticamente. Tanto los carismáticos como los no carismáticos necesitan una mejor formación en este ámbito. Sin embargo, quiero alentar a los siervos carismáticos globales para equilibrar los aspectos de poder del don del Espíritu (obras externas del Espíritu) con el desarrollo del carácter del fruto del Espíritu (funcionamiento interno del Espíritu). Necesitamos tanto el poder como el fruto del Espíritu para ser testigos eficaces.

---

85 Foster, *Streams of Living Water*, 97–133.

86 Pew Research Center, "Regional Distribution of Christians," Deciembre 18, 2011, https://www.perforum.org/2011/12/19/global-christianity-regions/.

87 Los encuentros de poder son confrontaciones espirituales entre las fuerzas del reino de Dios y el reino de Satanás. Véase, por ejemplo, 1 Reyes 18:18–45 y Efe 6:12.

Espiritualidad de Justicia Social[88]

La espiritualidad de la justicia social sigue el ejemplo y las enseñanzas de Jesús sobre la vida humana (Mateo 6:1–4; 23:14; 25:31–46; Lucas 6:30; 12:33). Cada persona es creada a la imagen de Dios y es amada por él. Dios cuida de su creación, al igual que las preocupaciones físicas, emocionales y espirituales de las personas. Envió a su profeta Amós a declarar estas palabras: "Pero corra el juicio como las aguas, y la justicia como impetuoso arroyo" (Amós 5:24).[89]

Esta espiritualidad se centra en la justicia y el shalom en todas las relaciones humanas y estructuras sociales. Las personas que gravitan hacia esta forma de espiritualidad tienden a ser compasivos y vivir por la igualdad y la magnanimidad entre todos los pueblos. Muchas organizaciones misioneras exhiben una fuerte espiritualidad de justicia social. Si eres atraído por causas sin distinción de nacionalidad, raza, clase social o género, pero ves a cada creyente en Cristo (Gálatas 3:28; Efesios 2:11–22), resuenas con esta tradición. Los ministerios que trabajan en el área de ayuda, desarrollo y justicia social están liderados por miembros con esta espiritualidad. Su punto fuerte es su enfoque holístico en todos los aspectos de la vida y el cuidado que brinda a la creación de Dios.

Sin embargo, una debilidad es la tendencia a que la justicia social se convierta en un fin por sí mismo. La pobreza y la justicia se vuelven omnipresentes en detrimento de la ayuda a que las personas conozcan la provisión y verdad liberadora de la cruz de Cristo. Nunca debemos olvidar que la verdadera ayuda se extiende más allá de lo temporal, se extiende hacia lo eterno. Sin embargo, la espiritualidad de la justicia social siempre ha sido parte de la misión de la iglesia, y yo estoy agradecido de que esté al frente y al centro en muchas agencias evangélicas hoy.

Espiritualidad Evangelística[90]

La espiritualidad evangélica se caracteriza por una preocupación por el núcleo esencial del mensaje cristiano, que proclama la buena nueva de la salvación a través de la persona y obra de Jesucristo. Los evangélicos creen que cada persona necesita aceptar a Jesús como su Salvador personal y tienen un alto compromiso a la inspiración y autoridad de la Biblia como guía infalible para el cristiano en la vida y la fe. El corazón del evangelicalismo en las misiones es la evangelización, el planteamiento de iglesias y el discipulado. Es una vida centrada en la Palabra. La fuerza del evangelicalismo es su activismo en la proclamación del evangelio de Jesús tanto en casa como en el extranjero (Mateo 28:18–19). Esta espiritualidad conoce la Palabra de Dios, la proclama y evangeliza tanto en palabra como en obra.

Una debilidad de los evangélicos es nuestra tendencia a afirmar el control y a enfatizar que Dios sólo obra dentro de ciertos medios (principalmente a través

---

88 Foster, *Streams of Living Water*, 135–83.
89 Ver también Isa 11:6; 58:7; Jer 6:14; y especialmente Miq 6:8, para algunos otros ejemplos proféticos.
90 Foster, *Streams of Living Water*, 185–233.

de la predicación y la enseñanza de su Palabra). Estas afirmaciones dogmáticas han llevado a muchos desacuerdos porque los evangélicos fácilmente se vuelven demasiado apasionados y fijos en su camino, a menudo por asuntos pequeños. La gente de la tradición evangélica se beneficia al salir de su zona de confort experimentando otras vías de espiritualidad y ampliar su comprensión sobre qué son y qué no son los elementos esenciales de nuestra fe.

Espiritualidad Encarnacional[91]

La espiritualidad encarnacional tiene sus raíces en la realidad física de la vida cotidiana al creer que toda la vida es sacramental (también un nombre para esta espiritualidad). La espiritualidad encarnacional se centra en comprender cómo el Espíritu obra en y a través de lo ordinario, afirmando la bondad de la creación y presentando gracia invisible a través de signos visibles. Una persona que tiene una inclinación encarnacional ama el ritual, símbolo y arte porque tales elementos nos ayudan a ver cómo Dios está verdaderamente entre nosotros y con nosotros en todas partes. Por supuesto, la encarnación está en el centro de la historia de Jesús, quien se humilló tomando forma de humanidad y muriendo obedientemente en la cruz por nosotros (Filipenses 2:7–8).

Si disfrutas de los servicios litúrgicos, es posible que tengas una mayor inclinación hacia la encarnación. Si te gusta conectar el espíritu con el cuerpo, estás inclinado encarnacionalmente. La espiritualidad encarnacional señala la verdad de que "Es sólo en nuestros cuerpos que experimentamos a Dios en absoluto; sin ellos, dejamos de existir."[92] Cuando separamos lo físico de lo espiritual hay una falsa dicotomía, porque están entrelazados. La autora Tara Owens dice: "Vivimos nuestras vidas corporales (comer, dormir, tocar, llorar) con una sensación susurrante de que estamos experimentando lo sagrado en estos momentos mundanos."[93]

La gran fortaleza de esta espiritualidad es tomar el mundo físico en el que vivimos en serio, lo que subraya el hecho de que Dios es Emanuel. Él está con nosotros. El viejo dicho de que algunos tienen una mentalidad tan celestial que no sirven para nada en la tierra no se puede decir de alguien que por naturaleza se siente atraído por la espiritualidad encarnacional. Amo el hecho de que los servidores globales que viven encarnacionalmente realmente llegan a conocer a sus nuevos hogares y barrios. Viven entre su gente. La vida encarnacional nos da a Dios con la piel puesta (fe que se hace carne.)[94] Hace presente y tangible lo que puede parecer lejano y desconocido.

Si hay algún aspecto de la iglesia que es encarnar por definición, tiene que ser las misiones. La naturaleza misma de atravesar culturas, lingüísticas y barreras geográficas es vivir en un llamado encarnado. Pero ese estilo de vida sigue siendo

---

91 Foster, 235–72.

92 Tara Owens, *Embracing the Body: Finding God in Our Flesh and Bone* (IVP, 2015), 59.

93 Owens, 60.

94 Una expresión favorita de una de mis hijas, que favorece la espiritualidad encarnacional.

difícil para muchos de nosotros porque nos concentramos en hacer en lugar de experimentar. La espiritualidad encarnada nos desafía a estar más en contacto con la naturaleza, relaciones, belleza, verdad y bondad: los muchos aspectos de cómo Dios se revelan en nuestra vida diaria.

El gran peligro de la espiritualidad encarnada es el peligro de la idolatría. Al reconocer que Dios está en la creación puede llevarnos a identificar erróneamente a Dios con la creación. Nunca adoramos a la creación, sino al Dios de la creación (ver Col. 1:15–18). Esto también puede surgir cuando no logramos distinguir entre un elemento sagrado "cosa" (como imagen, objeto, incluso la Biblia o acto) y la realidad espiritual que significa. La Biblia es clara al denunciar la realización de cualquier imagen grabada de Dios (Éxodo 20:4; 32:8; 34:17; Isaías 40:19).

Evaluando Nuestra Propia Espiritualidad

¿Existe alguna forma predominante de espiritualidad con la que te relacionas y te identificas? ¿Cómo comenzarías a cultivar esa tradición de manera más significativa e intencional? ¿Tienes que considerar que otras corrientes de espiritualidad tienen algo importante para enseñarte?

Al comprender cada una de estas corrientes y espiritualidades logramos dos cosas. Primero, descubrimos dónde podemos tener ciertas cegueras espirituales en nuestra propia vida. Y segundo, a medida que aprendemos sobre otras espiritualidades podemos llegar a apreciar diferentes corrientes de adoración a Dios y, con suerte, aprender a aceptar cada vez más a nuestros hermanos y hermanas en todo el mundo que puedan diferir de nosotros. La postura de un servidor global siempre debe ser la de un aprendiz. A medida que crecemos en nuestro conocimiento de diferentes maneras de experimentar a Dios, también podemos crecer en nuestra capacidad de servir a la iglesia mundial.

En el fascinante estudio de Gisela Kreglinger, sobre la viticultura[95] y la espiritualidad, compara a Dios con un jardinero y a la iglesia con una viña. Para usar la metáfora de Kreglinger, todos los que están en Cristo comparten el mismo jardinero, nuestro Padre celestial, pero es él quien determina los diferentes suelos, condiciones climáticas y condiciones generales para producir Sauvignon blancos secos, riesling dulces, elegantes merlots o robustos cabernets. Cada uno de estos vinos es agradable y tienen diferentes sabores, aunque todos provienen de uvas. Dios, el verdadero y grande viticultor, que nos creó a cada uno de nosotros y nos conoce íntimamente, sabe dónde mejor vamos a florecer y dar frutos. La auténtica comunidad cristiana surge de tales alegrías y tensiones en un organismo vivo diverso y complejo. Entonces, "debemos aprender, como el viticultor-artesano, para ver la diversidad como un regalo y no como una amenaza."[96]

---

95 La viticultura es la disciplina de la elaboración del vino. Véase Gisela H. Kreglinger, *La espiritualidad del vino* (Eerdmans, 2016), 200.

96 Kreglinger, 207.

Cristo nos ve no sólo en nuestra individualidad, como aislados consumidores autónomos haciendo lo suyo a nuestra manera, pero como sucursales en el mismo vid, mantenida unida y alimentada individualmente por Cristo, la vid, y cuidada por un viticultor cariñoso, Dios Padre (Juan 15). Comprender y respetar nuestras diferentes espiritualidades honrar y respetar cómo Dios está construyendo su iglesia. No necesitamos sentirnos amenazados por nuestras diferencias, sino que podemos regocijarnos en los diversos y creativos medios que Dios tiene para relacionarse con cada uno de nosotros.

Reflexión y Puntos para Considerar

- ¿Cuál de las seis diferentes corrientes de espiritualidades cristianas de Richard Foster te mejor identificas? ¿Por qué?
  ¿De qué manera crees que puedes alimentar tus tendencias espirituales naturales mientras estás en el campo?

- ¿Cómo ves a las personas de otras tradiciones espirituales?
  ¿Los ves como compañeros creyentes? ¿Por qué?
  ¿Qué podrías hacer para comprender y apreciar mejor su espiritualidad?

- Fuiste hecho para amar a Dios. Como un vino selecto, eres único y lleno de un sabor rico y específico. ¿Cómo puedes entender mejor el suelo personal y clima de la obra que Dios tiene en tu vida para que puedas producir el fruto abundante al que Cristo te ha llamado?

Para más Lectura

Foster, Richard J. *Streams of Living Water: Celebrating the Great Traditions of Christian Faith* (Harper, 1998). Una exploración de seis ricas tradiciones cristianas de espiritualidad.

Sittser, Gerald L. *Water from a Deep Well* (IVP, 2007). Una mirada histórica a la espiritualidad cristiana desde los primeros mártires hasta los misioneros modernos.

Thomas, Gary. *Sacred Pathways: Discovering Your Soul's Path to God* (Zondervan, 1996). Basado en el estudio del temperamento, este libro examina las formas únicas en que crecemos espiritualmente.

Una de las herramientas más poderosas en las misiones es escuchar. Como nuevo misionero, escuchar nos ayuda a aprender las pistas y señales de una nueva lengua y cultura. Para aquellos a quienes servimos, nada es más apreciado que un oído atento y honesto.

Esto también es válido en nuestra relación con nuestro Señor cuando nos tomamos el tiempo para escucharlo con atención y oración. Escuchar puede ser un trabajo duro, pero también puede ser sosegado. He encontrado un gran valor en tomarme tiempo lejos de las personas y las distracciones simplemente para escuchar. También he descubierto que a menudo hay un patrón en forma de cruz hacia la voz de Dios mientras habla en mi silencio. Mientras escucho, su presencia me despierta, luego consolado—o angustiado—mientras me lleva siempre hacia la cruz, donde habla palabras de perdón, consuelo, sanación, verdad, confrontación, convicción, dirección, y salvación. Escuchar es recibir, y aquí recibo su misericordia y su amor y su dirección. Esto a su vez exige una respuesta y me lleva naturalmente al arrepentimiento, contrición, desahogo, renovación de promesas y adoración.

Escuchar lleva tiempo. A menudo, cuando escucho una palabra, especialmente una palabra de dirección o promesa, espero que las cosas sucedan bastante rápido. Pero la forma cruciforme de la Palabra de Dios me lleva de la cruz a la tumba. Escuchar muy a menudo requiere un período de gestación, donde la Palabra tiene tiempo de penetrar más profundamente para lograr su propósito. Esto puede llevar horas, días, meses o años.

Muy a menudo, el fruto de las palabras que he recibido al escuchar en silencio estalló inesperadamente (y a veces casi irreconociblemente) a una nueva vida. Esto pasa a menudo cuando la espera ha parecido interminable y la esperanza casi se ha perdido. Con una nueva vida surge una nueva resiliencia, una frescura y un descanso, una nueva energía, una tranquilidad de alma y fruto del Espíritu.

Escuchar en silencio y soledad es una de las posturas más generativas y actividades del alma. Al final del día, lo que lamento no es no haber hecho más, sino que no me tomé el tiempo para hacer menos, para que él pudiera hacer más por, en, con y a través de mí.

Howard
Servidor global en Brazil

Silencio y Solitud
Los Antiguos Caminos hacia el Vaciamiento y el Llenado

Un amigo mío me dijo una vez que la persona sabia ve a su vida como un depósito, donde la sabiduría se encuentra más profundamente en las aguas profundas y tranquilas. Jesús estaba en silencio creciendo en sabiduría y estatura durante sus treinta años de oscuridad (Lucas 2:52). Como Jesús, necesitamos llenar nuestras reservas con agua nutritiva de Dios. Hacemos esto a través del silencio y la soledad.

Webster define el silencio como la "ausencia de sonido o ruido". El silencio nos da un espacio para alejarnos del habla y de escuchar las palabras, la música y todo el ruido que puede llenar nuestro tiempo. Webster define la *soledad* como "la cualidad o estado de estar solo o alejado de la sociedad". La soledad implica crear suficiente distancia ininterrumpida en un ambiente libre de distracciones para estar a solas con Dios.

Estos caminos son por definición actividades individuales, pero no deben comprometerse únicamente por el propio bien. Cuando nos retiramos y nos quedamos en silencio, lo hacemos para volver a conectarnos con nuestras comunidades a partir de la abundancia que hemos ganado a través de nuestro tiempo a solas con Dios. Notamos el beneficio del silencio y la soledad cuando miramos la vida de Jesús en la tierra. Comenzando con sus cuarenta días de retiro al desierto, una y otra vez se alejó para preparar su corazón para el ministerio que tenía por delante (Lucas 4:1–19). Esto le permitió volver a comprometerse y escuchar realmente a la gente, incluso en medio de la multitud y el ruido.[97]

"Estad quietos, y conoced que yo soy Dios": Autovaciado

Henri Nouwen escribió que sin las prácticas espirituales del silencio y la soledad "es prácticamente imposible vivir una vida espiritual".[98] Tanto el silencio como la soledad son contenedores para la práctica de otras disciplinas espirituales. Esta es la razón que Nouwen afirma que son las claves de la vitalidad espiritual. Hay una libertad que viene cuando nos liberamos para estar con el Señor completamente y sin reserva. El silencio y la soledad piden espera y paciencia. Para practicarlos no podemos tener prisa con mentes inquietas, porque entonces no seremos capaces de escuchar a Dios. Para la mayoría de nosotros, esto no se puede hacer sin una calidad significativa de tiempo, tomándose el tiempo para desenchufarse y desconectarse.

---

97 Vea la historia de Bartimeo en Marcos 10:46–52.
98 Henri J. M. Nouwen, *Making All Things New: An Invitation to the Spiritual Life* (HarperOne, 1981), 69.

Entonces lo primero que debemos hacer es programar el tiempo necesario para calmar nuestros corazones. ¿Cuánto tiempo es suficiente? Todo el tiempo que te lleve, personalmente, para estar en paz delante de Dios. Me toma al menos un día antes de que pueda honestamente dejar ir por totalidad a mis pensamientos y emociones y centrar mi atención únicamente en Dios. Sólo entonces puedo empezar a escuchar la voz de Dios.

Como todo lo demás, cuanto más practicamos el silencio y la soledad, más fácil nos resultará ajustar nuestras mentes y cuerpos para que se instalen en ese espacio. Esta es la razón por la que prefiero retiros más cortos, pero más frecuentes, en lugar de retiros más largos pero menos frecuentes.

El silencio y la soledad nos permiten el espacio y el tiempo para crecer en nuestra vida de oración. En *The Way of a Pilgrim*, el anónimo clásico espiritual ruso del siglo XIX sobre la Oración de Jesús, el autor animó a dejar que el silencio nos guíe en oración.[99] Este es el ejemplo que Jesús nos dio, ya que Lucas nos dice que "Jesús muchas veces se retiraba a lugares solitarios y oraba" (5:16). Cuando nos orientamos tranquilamente alrededor de Dios, crecemos naturalmente en su carácter y gracia, profundizando nuestra conciencia de su voluntad y propósitos.

Los servidores globales pueden perder el sentido de intimidad con Dios al no tener amor con Jesús. El problema no es que Dios esté distante, sino que nosotros lo estamos. Al ser activistas, los servidores globales quieren ser productivos y fructíferos para Dios. Una de las consecuencias de tales actitudes puede ser un creciente sentimiento de pérdida en nuestra relación con Jesús. Afortunadamente, a menudo el antídoto es simplemente volver a comprometerse y pasar más tiempo ininterrumpido con él.

"Estad quieto, y conoced que yo soy Dios": Rellenado

Dios no puede evitar colmarnos con su amor y compasión cuando estamos con él. Una vez que experimentamos el amor y la compasión de Dios por nosotros mismos, nos convertimos en canales de esa misma gracia y misericordia para los demás (Mateo 9:35–38). Cuanto más experimentemos el verdadero amor de Dios, más podremos amar verdaderamente. El monje y escritor Thomas Merton contó sobre un tiempo de silencio y soledad lo ayudó a convertirse en una persona más compasiva.

> *Conocí al mundo y, después de todo, ya no lo encontré tan perverso. Quizás las cosas que yo había resentido con el mundo cuando lo dejé, eran mis propios defectos proyectados sobre él. Ahora, por el contrario, encontré que todo me conmovía con un profundo y mudo sentido de compasión.*[100]

Alejarnos de Dios también nos ayuda a recuperar y llenar nuestros corazones con la presencia de Dios. Ninguna persona puede experimentar una quietud profunda con Dios y permanecer sin cambios. Como un árbol desarraigado replantado en buena tierra, florecemos y volvemos a ser fructíferos para el señor. Recuperamos la perspectiva y la paz de Cristo y así estamos listos para

---

99 Olga Savin, trans., *The Way of a Pilgrim* (Shambhala Classics, 2001), 8.
100 David Teague, *Godly Servants: Discipleship and Spiritual Formation for Missionaries* (Mission Imprints, 2012), 119.

cualquier cosa. Lo siguiente viene hacia nosotros a través del hábito del silencio y la soledad, en realidad crecemos en resistencia a través de tiempos regulares de descanso, recuperación y revisión.

Cómo Practicar el Silencio y La Soledad

El mayor desafío para practicar el silencio y la soledad suele ser práctico. ¿Cómo podemos, en medio de ministerios atareados en los que el tiempo y el dinero son limitados, encontrar un tiempo para la tranquilidad y un lugar para estar solo? La clave para encontrar tiempo y lugar comienza con nuestra forma de pensar. Quizás necesitemos comenzar con cosas pequeñas, pero es posible.

Por ejemplo, tal vez puedas planear un período de tiempo en el que dejas de hablar sobre cada tema que se te presente. Intenta simplemente escuchar sin reaccionar y hablar. Mientras conduces a una reunión o viajas al trabajo, apaga la radio o tu música. Deja los medios electrónicos fuera de casa por la noche. Sal para caminar o haz ejercicio en silencio. Aprenda a estar solo y tranquilo en pequeños momentos. Si no tienes mucho tiempo libre, toma lo que puedas, aunque solo sean treinta minutos (ver Apocalipsis 8:1).

Los momentos a solas con Dios pueden ser experiencias dulces, pero también pueden ser momentos de oscuridad cuando Dios parece permanecer distante y silencioso. Si este es el caso, la única palabra que tengo para ti es que no tengas miedo. El miedo no es del Señor. Quédate con él en la oscuridad y los tiempos de prueba. Recuerda que la soledad y el silencio son regalos. Dios eventualmente revelará sus propósitos para este tiempo y podrás confiar en él. Recuerda que somos sus amados.

Conozco a muchos servidores globales que son padres jóvenes y se ríen al pensar de cualquier momento a solas. El agotamiento aparece cuando estamos disponibles y accesibles por demasiado tiempo. Como padres jóvenes, ustedes, más que nadie, necesitan tiempo a solas. Simplemente debes crear tiempo donde no estás disponible. Si eso significa compartir los deberes de padre con tu cónyuge, contratar un buen cuidado infantil, compartir las responsabilidades infantiles con compañeros de trabajo, que así sea.

Cuando nuestros hijos eran pequeños, yo asumía la responsabilidad exclusiva de ellos los sábados por la mañana para que Debbie pudiera tener algo de tiempo para sí misma. Fue vivificante para ella y una gran experiencia para mí y nuestros hijos, y ¡una muy divertida también! Sin importar las circunstancias, he descubierto que la mayoría de nosotros estamos más cansados a nivel del alma de lo que incluso sabemos. Se intencional con tu tiempo a solas con Dios. Como dice Ruth Haley Barton: "El anhelo de soledad es el anhelo de Dios."[101]

También hay momentos en los que estamos naturalmente solos. Tal vez podrías hacer el tiempo que pasas en la ducha cada día un tiempo donde estás a solas con Dios. A medida que la arena y la suciedad de las actividades del día desaparecen, recuerda la suciedad que también se ha acumulado dentro. Deja

---
101 Ruth Haley Barton, *Sacred Rhythms: Arranging Our Lives for Spiritual Transformation* (IVP, 2006), 32.

que el agua de la ducha sea la limpieza de tu corazón delante del Señor. Deja que el calor del agua caliente tu corazón con el amor de Dios mientras te ofreces a él por el día.

Al entrar en nuestro tiempo santo con nuestro amoroso Dios, obtenemos la perspectiva necesaria para servirlo. Nos vaciamos para que él nos llene. Incluso si no "sentimos" tal llenura, Dios es fiel y hará lo que promete en su Palabra. Se creativo. No importa tus circunstancias, es posible que encuentres una manera de estar a solas y en silencio delante de nuestro Padre. Busca una manera.

Sobre todo, sal del ruido y las multitudes y encuentra a Dios. Escucha la vida y al dador de vida. Entra en el misterio. Dios es Dios y nosotros no. Escúchalo a él. En la tranquilidad y la soledad, el Señor viene a nosotros. Si escuchas con mucha atención, escucharás a Dios más claramente y sentirás a Dios más cerca de lo que creías posible. Cada momento de tranquilidad lo llama. Simplemente quédate solo y quédate quieto ante Dios.

Reflexión y Puntos para Considerar

- Todos tenemos diferentes niveles de tolerancia al ruido y a las personas. ¿Cómo sabes si has llegado a un punto de inflexión y necesitas tranquilidad y tiempo libre con Dios? ¿Qué señales delatan el cansancio de tu alma y la necesidad de restauración?

- ¿Resistes pasar tiempo a solas o en silencio? ¿Cómo o cuándo te resistes a tales experiencias? ¿Qué es lo que más te preocupa al estar callado y/o a solas? ¿Cuándo te has sentido más cómodo estando quieto y a solas? ¿Puede describir tu sensación de estar a solas con Dios? ¿Qué experimentas, piensa acerca de cómo te sientes?

- ¿Qué tienen el silencio y la soledad que profundizan tu relación con Dios? ¿Cómo crees que se siente Dios acerca de tu tiempo a solas ante él? ¿Qué te dice esto sobre cómo desarrollar un patrón de silencio y soledad?

- ¿Qué beneficios te aportan el silencio y la soledad? ¿Cómo te ayuda en tu vida personal y ministerio alejarte para estar a solas? ¿Cómo puedes dar más a las personas como resultado de estas prácticas?

Para más Lectura

Barton, Ruth Haley. *An Invitation to Silence and Solitude* (IVP, 2009). Una exploración de cómo el silencio y la soledad restauran nuestra vitalidad espiritual.

Nouwen, Henri J. M. *The Way of the Heart* (Ballantine, 1981). Las mediaciones de Nouwen sobre el silencio y la soledad.

Strobel, Kyle. *Formed for the Glory of God: Learning from the Spiritual Practices of Jonathan Edwards* (IVP, 2013). Cómo Jonathan Edwards utilizó las disciplinas espirituales, incluido el silencio y la soledad, en su vida.

Recuerdo estar sentado al lado de Samuel* en una sesión de formación en una conferencia a la que asistimos. Samuel, un veterano servidor global que había servido en las selvas de América del Sur durante décadas traduciendo la Biblia, me superó en edad de más de treinta y cinco años. Sin embargo, la alegría en su rostro, mientras estudiábamos y aprendíamos juntos en esa conferencia gritaban juventud y vitalidad. Él nunca terminó de aprender, incluso cuando corría hacia la meta en sus años dorados. Yo era alumno de Samuel ese día. Sabía lo que quería ser cuando fuera mayor.

Sigo sorprendiéndome no sólo por la alegría del aprendizaje permanente, sino también cómo me lleva a espacios donde Dios persigue a su oveja descarriada. Un día mientras estaba sentado en un taxi en el sudeste asiático, el taxista de repente me preguntó: "Entonces, todos en tu país son cristianos, ¿verdad?" Procedimos a tener una larga conversación sobre la verdad y de dónde viene; sobre esperanza versus desesperación; y sobre el significado de nuestras pequeñas vidas en este planeta. Estaba tomando una clase de apologética cristiana y cosmovisión durante ese tiempo. Mi corazón y mi mente estaban llenos de cosas que estaba leyendo, escuchando y estudiando. El Señor los sacó en perfecto tiempo para ese taxista en un camino de tierra lleno de baches.

O la vez que una joven adolescente se sentó a mi lado en un banco del parque y de repente susurró: "¿Puedo preguntarte algo? Estoy realmente perdida." Y ella no estaba hablando sobre direcciones. Ella comenzó a abrir su corazón acerca de haber perdido su fe, sobre sentir que nunca fue "suficiente", sobre quién era y cómo supo que Dios nunca querría tener nada que ver con alguien tan destrozada como ella. En ese momento estaba leyendo un libro sobre el amor interminable e inquebrantable de Dios que nos persigue todos nuestros días. Ese día, en ese banco del parque, todo lo que estaba leyendo y aprendiendo se derramó en nuestra conversación, mientras animé a esta joven que tal vez había otra narrativa, que tal vez Dios la amó incondicionalmente con una pasión apasionada, con amor inquebrantable.

El regalo del aprendizaje permanente es verdaderamente el regalo que se sigue dando. La búsqueda del aprendizaje me aporta muchísimo. Es estimulante, excitante, desafiante, y alentador leer, aprender y crecer. Pero estoy asombrado de cómo Dios también usa lo que sea que esté vertiendo dentro de mí para que se desborde hacia los demás, desde un taxista a una extraña en un banco del parque.

Renee
Servidor global en Asia

*Nombre cambiado por seguridad

Aprendiz de por Vida
El Antiguo Camino hacia la Humildad

Los agricultores te dirán que existe una ley de agricultura que es común para todos los tipos de cultivo. Debes preparar el terreno, plantar la semilla y luego cultivar, deshierbar y regar. Luego, cuidas pacientemente el crecimiento y el desarrollo de la semilla hasta que madure. No puede ser apresurado. Sólo trabajo y tiempo, de acuerdo con las formas de cultivo, conducirán al éxito. Esta es la ley de la granja.

Como en la ley de la granja, nuestro crecimiento espiritual depende de la paciencia en la siembra y labranza. Los procesos que nos moldean y nos forman son mixtos y muchos. Desarrollamos nuestro carácter, nuestras relaciones y la comprensión de nuestras habilidades y propósitos de vida. El crecimiento espiritual es un proceso de aprendizaje que dura toda la vida, en el que necesitamos abrirnos a la continua acción del Espíritu de Dios para moldear y remodelarnos. A través de una búsqueda continua, voluntaria y automotivada de conocimiento ya sea por motivos personales o profesionales, nos involucramos en el desarrollo permanente como persona. Si bien el aprendizaje permanente es importante para todos, es especialmente útil para tres tipos de servidores globales:

- Servidores más jóvenes que están formados culturalmente sin mucho sentido de la historia. Podríamos llamarlos gente del "ahora", donde la atención se centra en lo que está ocurriendo ahora en tiempo real. Si bien esto tiene algunos beneficios, sin una garantía de por vida en este contexto, estos servidores pueden fácilmente ser gobernados por lo inmediato y urgente.

- Líderes de servicio globales emergentes que pueden ser tan proactivos y centrados en avanzar que pueden ser propensos a olvidar que hay lecciones que aprender del pasado y que Dios nunca tiene prisa.

- Servidores globales mayores y con más experiencia que pueden estar en un período de cambio o transición y necesitan una reorientación y un recordatorio de que el cambio es un proceso natural de la vida. Sin una mentalidad de aprendizaje permanente, corren el riesgo de estancarse y debilitarse sin perseguir la plenitud de su crecimiento en Cristo.

Si bien el aprendizaje permanente puede incluir la escolarización formal, también es más que simplemente ir a la escuela. Se trata de prestar atención, reflexionar y aplicar el concepto bíblico de *hokmah* (sabiduría) en nuestras vidas y ministerios. El aprendizaje continuo es crucial para el servidor global. El aprendizaje es empoderante. Crea la energía necesaria para avanzar en tu vida y carrera.

Normalmente pensamos en el aprendizaje de forma individual, pero yo creo que las experiencias de aprendizaje más poderosas se pueden encontrar en comunidad. Jesús le enseñó en una comunidad de doce discípulos. Casi siempre estaba con una multitud o un grupo pequeño. Los discípulos aprendieron a través de un hábito constante de acción y reflexión a través de sus enseñanzas sobre sus experiencias de vida. Gordon Smith anima a la iglesia a verse a sí misma como "una comunidad de aprendizaje que buscan juntos en la fe conocer a Jesús, crecer juntos en el amor a Jesús y para alinear nuestra vida, misión y forma de ser en el mundo hasta la irrupción del reino de Cristo."[102]

Esto es exactamente lo que Pablo tenía en mente cuando escribió acerca de la verdadera transformación espiritual en Romanos 12:1-2: "Así que, hermanos, os ruego por las misericordias de Dios, que presentéis vuestros cuerpos en sacrificio vivo, santo, agradable a Dios, que es vuestro culto racional. No os conforméis a este siglo, sino transformaos por medio de la renovación de vuestro entendimiento, para que comprobéis cuál sea la buena voluntad de Dios, agradable y perfecta." Somos llamados a la madurez cristiana y a la vida santa a través de la acción comunitaria al primero presentar nuestros cuerpos (v. 1) y segundo la renovación de nuestras mentes (v. 2). Sólo una mente renovada puede probar y aprobar lo que es bueno, agradable y perfecta voluntad de Dios. Pero nota estos actos de adoración al presentar nuestros cuerpos y renovar nuestras mentes deben realizarse en comunidad: el uso de hermanos en el versículo uno.

Sin embargo, lo que más importa es que el compromiso de aprender se materialice en nuestras rutinas y ritmos diarios, y en las estaciones circulares de la vida. Tal actitud de curiosidad y voluntad de cambiar y crecer, practicada durante toda la vida gradual e incrementalmente conduce a la transformación.

La Postura de un Aprendiz

Los estudiantes permanentes tienen una humildad refrescante. Admiten las limitaciones de su conocimiento y continuamente se hacen preguntas sobre sí mismos, su mundo y Dios. Son personas curiosas, que constantemente añaden nuevos conocimientos y dan rumbo a correcciones en su crecimiento espiritual. Consideran el aprendizaje como una fuerza impulsora para la transformación. Creen que no han "llegado" espiritualmente. Siempre hay cosas nuevas que aprender y nuevos desafíos en aprenderlas. Todos hemos experimentado la necesidad de recalibrar nuestro crecimiento cristiano, dándonos cuenta de que nuestro aprendizaje y el crecimiento es circular y progresivo. En otras palabras, estamos abiertos a revisar lecciones de vida que alguna vez se aprendieron y que aún se olvidan. No tenemos miedo de revisar y volver a adquirir algún

---

[102] Gordon T. Smith, *Called to Be Saints: An Invitation to Christian Maturity* (IVP, 2014), 39.

conocimiento o comportamiento que creíamos tener ya conquistados o puestos en práctica. Esto requiere humildad y sabiduría.

La humildad es la postura básica tanto del alumno como del misionero. Ser sensible al contexto y tener compasión por las personas nuevas requiere una postura de aprendizaje desde la primera llegada al campo. Aprender a adaptarse e integrarse bien disminuye el estrés intercultural inicial.[103] Vincularse con una nueva cultura requiere la postura de un alumno. Debemos aprender los entresijos de la vida en nuestro país anfitrión, incluyendo nuevas habilidades lingüísticas. Hacemos esto convirtiéndonos inmediatamente inmersos en la nueva cultura: comer alimentos locales, vestirnos con la vestimenta local, tal vez incluso vivir con una familia.

Pasar a la inmersión cultural podría producir un mayor estrés a corto plazo, pero un servidor global que es capaz de manejar estas dificultades a corto plazo pueda adaptarse más completamente a su nueva cultura a largo plazo. Podemos leer literatura nacional y buscar oportunidades para asistir a eventos culturales y familiares como obras de teatro, películas, bodas y funerales. No importa cuánto tiempo hayamos estado en el campo, es importante no estancarnos, sino crecer siempre en nuestro conocimiento de las costumbres locales.

Es bueno recordar que cuando adoptamos la postura de un humilde aprendiz también nos comprometemos a no tomarnos demasiado en serio. Aprendizaje, por definición, significa que no lo sabemos todo; y por lo tanto, podemos relajarnos en el proceso de aprendizaje, dándonos cuenta de que podemos aceptar los fracasos y reírnos de nuestros errores. Una de las mayores fuentes de humor para los servidores globales son nuestros errores lingüísticos.

Una vez pasé un semestre entero diciéndoles a mis alumnos que "dieran vuelta en sus Biblias" en lugar de "volver a sus Biblias". Me dio vergüenza cuando me di cuenta, pero pude reírme de la confusión que causé. El humor nos ayuda a ser dócil, flexible y humilde de espíritu. Richard Foster nos recuerda que aprender también puede ser divertido. "El estudio produce alegría. Como cualquier novato, nos resulta un trabajo duro al principio. Pero cuanto mayor sea nuestra competencia, mayor será nuestra alegría." [104]

Vulnerabilidad y Transparencia

Cuando adoptamos la postura de un alumno, también nos comprometemos a ser vulnerables y transparentes como personas auténticas unos ante otros. Recuerda, que somos embajadores únicamente de Cristo. Es bajo su autoridad, no la nuestra, que proclamamos el evangelio.[105] Cuando derivamos autoridad para nuestro ministerio de algo que no es Cristo, nos ponemos en una posición de señorío sobre los demás en lugar de aprender de ellos.

---

103 Myron Loss, *Culture Shock: Dealing with Stress in Cross-Cultural Living* (Light and Light Press, 1983), 55.
104 Richard J. Foster, *Celebration of Discipline: The Path to Spiritual Growth* (Harper and Row, 1978), 66.
105 Ver 2 Cor. 5:20.

Ministrar transculturalmente es una tarea muy difícil y nadie está a la altura de esa tarea por su propia fuerza. Paradójicamente, esta comprensión de nuestra debilidad es la fuente de nuestra fuerza. El evangelio está lleno de paradojas: somos fuertes cuando somos débiles, somos ricos cuando somos pobres, somos maduros cuando somos niños, somos completamente libres cuando no estamos a cargo.[106] A primera vista, estas afirmaciones pueden parecer como disparates. Pero la Biblia nos dice que nuestro quebrantamiento y herida es donde podemos encontrar curación y fortaleza para nosotros y los demás. Como Jesús conquistó a través de la cruz en lugar de la corona, nosotros, como sus discípulos, debemos seguir su ejemplo.[107] Debemos llevar el sello de Cristo y ser personas íntegras a través de apertura transparente y debilidad vulnerable.

Si bien tanto la transparencia como la vulnerabilidad son esenciales, existen algunas diferencias entre los dos términos. La transparencia se basa en nuestra capacidad de compartir abiertamente, mientras que la vulnerabilidad se basa en nuestra capacidad de compartir de manera arriesgada. Es posible que alguien sea transparente sin ser vulnerable. Mantenemos el control cuando somos transparentes, pero no cuando somos vulnerables. Para ambos, sin embargo, la humildad es clave. La humildad es la cualidad que nos permite vivir vidas verdaderas y auténticas.[108] Y vivir con sinceridad y autenticidad nos permite ser libres para aprender sobre nosotros mismos, los demás, Dios y el mundo (ver Juan 8:32).

Parker Palmer lo dice de esta manera:

Tememos que nuestra luz interna se apague o que nuestra oscuridad interna quede expuesta, ocultamos nuestras verdaderas identidades los unos a otros. En el proceso, nos separamos de nuestras propias almas. Terminamos viviendo vidas divididas, muy alejadas de la verdad guardando en nuestro interior que no podemos conocer la "integridad que proviene de ser quién eres."[109]

El ocultamiento es una verdadera tentación para los servidores globales, en parte porque es muy fácil para nosotros. Nuestra base de apoyo está a miles de kilómetros de distancia. Lo que sabe la gente es únicamente lo que les contamos en nuestros informes. Lo que realmente está sucediendo puede ser ocultado cuando visitamos a la gente al regresar a nuestro país en breves ráfagas después de largos períodos de separación. Proveniente de una cultura que recompensa y promueve el éxito instantáneo, somos tentados a ocultar los resultados de nuestro ministerio porque parecen muy comunes. La lentitud de nuestro trabajo nos hace temer que la gente quiere más beneficios por su dinero.

Cada año recibo formularios de evaluación de varias de las iglesias que me apoyan haciéndome algunas preguntas muy puntuales sobre mi eficacia en el ministerio. La presión que siento por dar buenas cuentas es real, incluso cuando las cosas no van tan bien. Me pregunto si mis respuestas dictarán si mis iglesias

---

106 2 Cor. 12:9–10.

107 Ver Juan 13:14–17.

108 *The Rule of Saint Benedict*, ed. Timothy Fry (Random House Vintage Press Reprint, 1988), 7:10.

109 Parker J. Palmer, *A Hidden Wholeness: The Journey Toward and Undivided Life* (Jossey-Bass, 2004), 4.

llamarán a nuestro ministerio en cuestión o incluso suspender su apoyo financiero. Aunque mis miedos probablemente no son arraigados en la realidad, es fácil dejar que esos miedos me superen cuando respondo. Estoy tentado a esconderme.

Cuando nos damos cuenta de que nadie ni ningún ministerio es perfecto, y que no siempre hay espacio para aprender y mejorar, entonces seremos libres de salir de nuestro escondite. Como cuando yo estaba saliendo de mi nube de oscuridad espiritual y depresión clínica hace unos años, estaba decidido a no ocultárselo a nuestra base de donantes. Aunque no hice de esto un punto de énfasis importante, sí compartí abierta y libremente con personas individuales, nuestros comités de misión, e incluso desde el púlpito de cada una de las iglesias que nos apoyan. Sentí que esto era necesario para mí, y en lugar de ser castigado por tomar tal riesgo, encontré una gran libertad en el amor y el aliento que recibí de gente tan amable y atenta. Este proceso ayudó mucho en mi recuperación.

La verdadera humildad a través de una honestidad transparente y una veracidad vulnerable se pide de Dios para salvarnos de la distracción de tratar de impresionar a los demás. Grita a líbranos de los peligros de buscar elogios de los demás, merecidos o no. Nos enseña a aprender de las críticas con la cabeza despejada, resistiendo el impulso de defendernos a nosotros mismos. Nos ayuda a comprender que la verdadera libertad llega cuando dejamos de lado lo que necesitamos para estar en el centro del universo y estamos dispuestos a aprender de todo y de todos. Cuando somos abiertos y vulnerables, nos liberamos de nuestra necesidad de tener razón todo el tiempo. Somos aprendices de Cristo (ver Mateo 11:29).

La vida Atenta

Una de las formas en que vivimos una vida de aprendizaje es siendo estudiantes del mundo que nos rodea. Esto puede ser una lucha, por supuesto, para un servidor global ocupado y apresurado. Pero una postura de aprendiz permanente nos enseña a prestar atención. Jesús siempre nos está llamando: "¡Miren! ¡Escuchen! ¡Presten atención! ¡Hay tanto que aprender y descubrir!"[110]

Prestando atención es una característica de quienes tienen un espíritu enseñable. Están dispuestos a aprender de cualquier cosa que encuentren en la vida: un niño, una sonrisa, una palabra de corrección, un girasol, un petirrojo que anida. Prestando atención no es una forma de hacer que algo suceda, sino una forma de ver lo que ya se nos ha dado. Creo que me ayuda a mantener esta postura comenzando cada día pidiéndole a Dios: "Señor, ¿Qué me está faltando? ¿Qué estás haciendo ya hoy?

No es fácil practicar la atención. Leighton Ford pone este desafío en perspectiva:

Desde niños nos decían que "prestáramos atención", como si esto fuera lo más simple del mundo. Pero, de hecho, la atención es uno de los conceptos más difíciles de comprender y una de las disciplinas más difíciles de aprender porque somos gente muy distraída en un mundo que distrae mucho.[111]

---

110 Ver Mat 6:24-34, donde Jesús nos llama a prestar atención a los pájaros y a los lirios para ayudarnos a combater nuestras preocupaciones.

111 Leighton Ford, *The Attentive Life: Discerning God's Presence in All Things* (IVP, 2008) 23.

Al principio de mi carrera misionera me enfrenté a una crisis de llamado. Después de dos años en el campo sentí que Dios me estaba llamando a un trabajo más profundo y duro de lo que pensé que podría manejar. Durante esta lucha, comencé a evaluar lo que había logrado y encontré pocos frutos. Le pregunté a Dios: "Si realmente quería que sacrifique más, ¿me harás saber que vale la pena?" Quería una señal clara de afirmación que Dios estaba obrando. ¿Pero adivina qué? Las cosas sólo empeoraron y mi sensación de fracaso creció aún más. Me preguntaba qué estaba pasando y si deberíamos considerar volver a casa.

Pero luego comencé a prestar atención a lo que realmente estaba pasando en mi vida. Pude ver que cada dificultad que encontré, cada fracaso que experimenté se convirtió en algo que Dios estaba abordando y resolviendo. En lugar de que mis problemas fueran una barrera demasiado difícil de superar, vi formas asombrosas en las que Dios estaba presente conmigo. Empecé a ver a Dios en todas mis circunstancias y recuperé la perspectiva sobre el llamado de Dios y mi compromiso de permanecer. La clave para prestar atención es la voluntad de abrirse a Dios, incluso cuando actúa misteriosamente.[112]

El hermano Lorenzo, que servía en las cocinas de su monasterio, anhelaba conversar con Dios sin importar lo que estuviera haciendo, desde lavar ollas hasta cantar los Salmos.

> *Me propongo descansar en la santa presencia [de Cristo], en la que me mantengo en una conversación habitual, silenciosa y secreta con Dios. Esto muchas veces me causa alegrías y arrebatos internos, y a veces también externas, tan grandes que me veo obligado a utilizar medios para moderarlos y prevenir su aparición ante los demás ... Honestamente no puedo entender cómo las personas que dicen amar al Señor pueden ser contento sin practicar Su presencia.*[113]

Cuando practicamos la presencia de Cristo, comenzamos a aprender cómo dejar de lado nuestra necesidad de manipular, controlar y competir con el mundo que nos rodea. Cuando nosotros aprendemos a aceptar cada momento como sagrado, comenzamos a ver la vida a través de los ojos de Cristo, aprendiendo lo que él quiere enseñarnos a través de cada encuentro del día. Cristo se convierte en nuestro gozo, tristeza, vacío y plenitud. Nos volvemos enseñables en cada momento.

El poeta Wendell Berry escribió: "No existen lugares no sagrados; solo hay lugares sagrados y lugares profanados."[114] Del mismo modo, cuando prestamos atención, no hay lugares de ignorancia, sino sólo lugares donde elegimos aprender y lugares donde permanecemos desenfocados e ignorantes. Cuando estamos abiertos al aprendizaje en cada momento aprendemos a orar oraciones que de otro modo no haríamos.

---

112 Algunas prácticas que pueden abrirnos especialmente a ver a Dios obrando en nuestras vidas son llevar un diario, examinarse, practicar la presencia de Dios en las actividades diarias, retirarse, practicar la sencillez y orar durante horas fijas todos los días.

113 Brother Lawrence, *The Practice of the Presence of God* (Whitaker House, 1982), 31.

114 Wendell Berry, "How to Be a Poet (to remind myself)," *New Collected Poems* (Counterpoint, 2013), 354.

Obediencia Inmediata

La Regla de Benito nos dice que "el primer paso a la humildad es no vacilar la obediencia".[115] Creo que una de las razones por las que algunos de nosotros no podemos aprender es que hemos olvidado la importancia de la obediencia humilde. No me refiero a una lista de lo que se debe y no se debe hacer, sino de obedecer los impulsos del Espíritu Santo cuando el Señor nos habla.

El escritor de la carta a los Hebreos señala precisamente esto cuando habla acerca de Abrahán. "Por la fe Abraham, siendo llamado, obedeció para salir al lugar que había de recibir como herencia; y salió sin saber a dónde iba" (Hebreos 11:8). Abraham demostró lo que significa caminar por fe, obedeciendo la voz de Dios incluso cuando no sabía su destino final.

Sin embargo, si somos honestos, tenemos problemas para obedecer. Normalmente no luchamos con la desobediencia voluntaria; es simplemente que hemos llenado nuestras vidas con tantas cosas (nuestros propios pensamientos, agendas y deseos) que hemos perdido la capacidad de discernir lo que Dios está diciendo. O puede ser que simplemente no queramos que Dios interfiera con nuestros propios planes para el día.

La raíz latina de la palabra obediencia es *ob-audire*, que significa "escuchar". Obtenemos la palabra audio de esta raíz. Si entendemos este matiz, podemos encontrar la obediencia menos ardua. La obediencia es simplemente escuchar a Dios cada día y seguir su camino para nosotros. El escritor cuáquero Thomas Kelly describe esta relación en términos de nuestra vida como oveja descarriada que busca al Pastor.

> *Es el drama de la oveja perdida que vaga por el desierto, inquieta y solitaria, buscando débilmente, mientras sobre las colinas llega el Pastor más sabio. Porque el Suyo es un corazón de Pastor, y está inquieto hasta tener en Sus brazos a Sus ovejas. ... Es una vida de obediencia absoluta, completa y santa a la voz del Pastor. Pero a lo largo del relato se pondrá el acento en Dios, Dios el iniciador, Dios el agresor, Dios el buscador, Dios el agitador de la vida, Dios la base de nuestra obediencia, Dios el dador del poder de llegar a ser hijos de Dios.*[116]

El enfoque aquí es simplemente seguir al Pastor que sabe qué es lo mejor para nuestras vidas y para nuestros ministerios. La obediencia mantiene una vida duradera y saludable relación con Dios. Jesús deja esto claro cuando dice que la obediencia es un marcador de amor. "Si guardareis mis mandamientos, permaneceréis en mi amor; así como yo he guardado los mandamientos de mi Padre, y permanezco en su amor" (Juan 15:10).

---

115 Rule of Benedict (5:1), Lonni Collins Pratt and Father Daniel Homan, *Benedict's Way* (Loyola Press, 2000), 199.

116 Thomas R. Kelly, "*A Testament of Devotion*," en Richard J. Foster and Emilie Griffin, eds., *Spiritual Classics* (Harper, 2000), 177.

La obediencia requiere una respuesta activa. Cuando creemos que el Espíritu Santo nos está diciendo algo, debemos actuar en consecuencia de inmediato. Pero muy a menudo nosotros tenemos miedo de actuar porque no vemos a Dios trabajando en el momento enseñándonos cómo obedecer.

Creo que esta fue una de las mayores decepciones que Jesús experimentó en relación con sus discípulos. A menudo les daba oportunidades de crecimiento, y cuando no las siguieron, perdieron momentos con Dios para aprender de él. En el jardín de Getsemaní, le pidió a los discípulos que velaran y oraran con él. Pero se quedaron dormidos, no sólo una vez, sino varias veces. ¿Cuál fue la respuesta de Jesús? "Velad y orad para no caer en tentación" (Mateo 26:41) y "¿Todavía estás durmiendo y descansando? Mira, la hora está cerca, y el Hijo del Hombre es entregado en manos de los pecadores" (v. 45). Note lo que los discípulos podrían haber aprendido si hubieran sido inmediatamente obedientes: 1) poder contra la tentación; y 2) el momento de los planes redentores de Dios. Cosas bastante embriagadoras e importantes. Cuando no somos obedientes, al final somos nosotros los que salimos perdiendo.

Proverbios 9:9 dice: "Da al sabio, y será más sabio; enseña al justo, y aumentará su saber." Las personas sabias y justas nunca pueden aprender lo suficiente. Nos volvemos sabios a medida que aprendemos a obedecer en todas las circunstancias en cada etapa de la vida. Se necesita intencionalidad y esfuerzo para tomar lo que experimentamos y convertirlo en comprensión aplicada.

Las personas verdaderamente cultas probablemente son muy diferentes en sus sesenta años de lo que eran cuando tenían veintitantos años. Se necesitan hábitos de obediencia y atención paciente para convertirse en un aprendiz de por vida. No podemos ir más rápido en nuestro crecimiento de lo que la gracia nos permite. Como observó acertadamente el hermano Lawrence: "No es posible madurar espiritualmente a todos de inmediato."[117]

Proverbios 10:14 nos dice que "los sabios guardan conocimiento". La frase "guardar" significa literalmente guardar un tesoro. Ese tesoro no sólo trae conocimiento, sino que también una gran paz. Pablo dice que esta paz proviene de reflexionar sobre

Por lo demás, hermanos, todo lo que es verdadero, todo lo honesto, todo lo justo, todo lo puro, todo lo amable, todo lo que es de buen nombre; si hay virtud alguna, si algo digno de alabanza, en esto pensad. Lo que aprendisteis y recibisteis y oísteis y visteis en mí, esto haced; y el Dios de paz estará con vosotros. —Filipenses 4:8–9

El verdadero aprendizaje no es sólo "pensar en esas cosas", sino también ponerlas "en práctica".

---

[117] Brother Lawrence, *The Practice of the Presence of God*, 45.

Reflexión y Puntos para Considerar

- ¿Qué cosas nuevas has aprendido sobre la vida, sobre ti mismo y/o sobre Dios en el último año?
  ¿Has pensado de nuevo o cambiado de postura sobre algo en los últimos años?
  ¿Qué crees que dice esto sobre ti y el viaje de tu vida tal como está ahora?

- ¿Qué cualidades crees que se exhiben en una persona que tiene un corazón dócil?
  ¿Cómo se relaciona la humildad con el aprendizaje?
  ¿Cómo te ayuda ser humilde a alcanzar a las personas en una nueva cultura como siervo global de Cristo?

- ¿Qué tan honesto eres con los demás cuando no sabes la respuesta a una pregunta en particular?
  ¿Qué tan difícil es compartir tus limitaciones con otros en cuanto a la transparencia y vulnerabilidad?
  ¿Cómo se siente la gente al no estar de acuerdo contigo?
  ¿Qué pasos puedes tomar para ser más transparente y honesto en tu comunidad? Si no tienes un lugar seguro para ser honesto y transparente, ¿qué recursos o pasos puedes tomar para encontrar uno?

- ¿Cómo puedes practicar mejor la presencia de Dios en tu vida diaria?
  ¿Qué podrías hacer o no hacer para prestar mejor atención a los momentos de Dios?
  ¿Aprender la obediencia diaria?

Para más Lectura

Buchanan, Mark. *Spiritual Rhythm* (Zondervan, 2010). Estar con Jesús en cada etapa de tu vida.

Ford, Leighton. *The Attentive Life* (IVP, 2008). Un camino en la atención a Dios en los ritmos cotidianos.

McKelvey, Douglas Kaine. *Every Moment Holy* (Rabbit Room Press, 2017). Un hermoso libro de liturgias para momentos especiales, pero también cotidianas de nuestras vidas. Nos enseña que cada momento es sagrado y una oportunidad para escuchar a Dios.

Palmer, Parker J. *A Hidden Wholeness* (Jossey-Bass, 2004). Aprender a vivir una vida indivisa

Weber, Carolyn. *Holy Is the Day: Living the Gift of the Present* (IVP, 2013). Una colección de reflexiones sobre cómo ver a Dios en el día a día de la vida.

Como madre joven, nuestro ministerio de plantación de iglesias tomó todo el tiempo "extra" que tenía. Un día quedé asombrada cuando una joven pidió reunirse conmigo para confesión. No sólo no practiqué ningún tipo de conversación verbal, no fui testigo de un confesional, mis antecedentes no me ofrecieron ningún método para seguir adelante. Pero estaba comprometida a la joven en una relación de discipulado, así que estuve de acuerdo. Mi temor fue que yo fallaría y que se convertiría en una tarea difícil de manejar. Las primeras palabras cuando nos conocimos fueron que Dios le había dicho que se confesara conmigo.

Eso me intrigó y lo exploramos un poco. Ella me confesó un pecado que estaba impidiéndole una relación abierta con Dios. Después de orar con ella, le sugerí que nos reunamos aproximadamente una vez al mes para comprobar su estado espiritual. Poco sabía yo que esto fue un claro ejemplo de cómo Dios me equipó y me llamó a un ministerio de dirección espiritual. Varios años después solicité una formación en dirección espiritual y, después de la solicitud me di cuenta de que había estado en relaciones de dirección espiritual durante bastante tiempo.

Mi esposo y yo servimos como servidores globales en Europa durante veinte años, y descubrí que todas mis relaciones con los creyentes allí se centraban en discernir cómo Dios estaba obrando en sus corazones y almas. Era natural para mí presionar hacia las preguntas que tenían y buscar juntos adónde Dios estaba invitando, dónde estaba presente y cómo podrían responder. Estoy agradecida por mi formación en dirección espiritual y por la oportunidad de practicarla en nuestro ministerio a nivel global. Una y otra vez, la relación de dirección espiritual es la clave para una sólida salud espiritual y para cimentarse en el amor y los propósitos de Dios. Es una profunda bendición ser parte del deseo de Dios de dar a conocer a su Hijo a todas las personas ayudando a los siervos globales a prosperar en sus vidas y ministerios.

Sarah
Servidora global en Francia

Dirección Espiritual
El Antiguo Camino hacia el Dscernimiento

El exmisionero en Nigeria y Director Internacional del SIM, Jim Plueddemann, describe el paradigma actual de las misiones como el de una máquina eficiente. Dice que, si bien las mediciones estadísticas pueden funcionar en una fábrica, no miden el crecimiento personal. Sin un cambio de paradigma, la iglesia terminará sólo haciendo conversos, pero no desarrollará discípulos con discernimiento.[118] Cambio eterno es interna y no se puede predecir ni medir fácilmente. Como Plueddemann, creo que las misiones deben asegurarse de que haya un enfoque renovado en la formación espiritual que se aproveche de tres gracias que Dios usa en el proceso de madurez espiritual: la Palabra de Dios, el Espíritu de Dios y el pueblo de Dios. Una de las mejores formas de utilizar los tres medios de gracia es a través del antiguo camino de la dirección espiritual.

¿Qué es la Dirección Espiritual?

Una definición simple de dirección espiritual es cuando una persona (el director) escucha a una persona (la persona dirigida) de manera compasiva, atenta, devota y de una manera confidencial para ayudar a la persona dirigida a ver la presencia de Dios más plenamente. La dirección espiritual no es "espiritualmente" más importante que cualquier otra práctica, ni tampoco es necesariamente "directiva". Los directores espirituales normalmente no le dicen a la otra persona qué hacer. La atención se centra siempre en la persona dirigida y en lo que está sintiendo y pensando. El papel del director es simplemente hacer buenas preguntas y ofrecer invitaciones para entender las obras de Dios.

La dirección espiritual es utilizar lo que Jesús dijo en Juan 16:12–13: "Aún tengo muchas cosas que deciros, pero ahora no las podéis sobrellevar. Pero cuando venga el Espíritu de verdad, él os guiará a toda la verdad." O, como nos dice Santiago: "Acercaos a Dios, y él se acercará a vosotros" (Santiago 4:8). El Espíritu Santo es el verdadero director del tiempo juntos, ya que tanto el director espiritual como el dirigido prestan atención a las invitaciones del Espíritu.

Si bien algunos evangélicos prefieren usar otra terminología para la dirección espiritual, los marcadores universales para ello son compartir y apoyar a través de la guía espiritual. Aunque todos necesitamos sabiduría espiritual, los servidores globales que viven en medio de las ambigüedades de la vida y el ministerio en puestos avanzados desconocidos y solitarios podrían beneficiar especialmente desde una perspectiva adicional inteligente. La dirección espiritual proporciona

---

118 James E. Pleuddemann, *Leading Across Cultures: Effective Ministry and Mission in the Global Church* (IVP, 2009), 189.

empoderamiento al responder al Espíritu en tiempos de incertidumbre cultural y estrés abrumador y cargas de trabajo.

La diferencia entre dirección espiritual y otras relaciones de ayuda

La dirección espiritual puede parecer una moda, pero en realidad tiene una larga y honorable historia en el cuidado cristiano del alma. Sin embargo, la dirección espiritual puede confundirse con otras guías cristianas bien conocidas y atesoradas. Entonces, ¿cómo podríamos diferenciar la dirección espiritual de otras prácticas cristianas como la psicoterapia, consejería pastoral, ministerio de discipulado?

El siguiente cuadro simplifica los diferentes enfoques de las relaciones de consejos principales.[119]

	Dirección Espiritual	Psicoterapia	Consejería Pastoral	Discipulado
Problema Presentado	Deseo de Dios: deseo de conocer a Dios y hacer la fe de uno sincera; desarrollo relacional con Dios	Deseo de sanar una herida emocional: trauma, necesidades emocionales, enfermedad mental, conductas problemáticas, adicciones, ansiedad, depresión, miedo	Deseo de ayuda con problemas personales: un desafío o problema específico de la vida; buscando sabiduría bíblica para ser padres, matrimonio o asuntos de la vida	Deseo de madurar en la fe cristiana: ignorancia de la vida cristiana y práctica, tutoría en la evaluación espiritual, estudio Bíblico, oración, diezmo, etc.
Metas	Experimenta la presencia de Dios: en el corazón y realidades de la vida, encontrar la voluntad de Dios, y conforme a Cristo–convirtiéndose más como Cristo	Curar la enfermedad: Integración, integridad personal, y armonía social	Resolviendo el problema: aplicar sabiduría bíblica de las Escrituras a problemas específicos, trata con el pecado y encontrando a Cristo	Creciendo en conocimiento de Dios y practicas cristianas: descubriendo que significa ser un cristiano a través del crecimiento espiritual, compañerismo, y adoración
Procedimientos	Triple escucha, a uno mismo, el Espíritu Santo, y el director: escucha, oración, y respuesta directiva según sea necesario sugiriendo adecuada disciplina espiritual	Terapéutico escuchando, probando, y evaluando: Intervención de crisis, terapia grupal, rectificar, plan de desarrollo de acción, medicación	Asesoramiento individual, pareja o familia: procesando un problema específico escuchando, dando información, consejo escritural, y oración	Enseñanza específica material de discipulado: algunos escuchando, pero enseñanza principalmente basada en información a través de un programa de material

---

119 Para una visión más detallada de las diferencias entre dirección espiritual, asesoramiento de salud mental (psicoterapia) y asesoramiento pastoral, consulte Gary W. Moon y David G. Benner, "Spiritual Direction and Christian Soul Care", en *Spiritual Direction and the Care of Souls: A Guide to Christian Approaches and Practices*, eds. Gary W. Moon y David G. Benner (IVP, 2004), 11–28.

Espiritualidad Ignaciana

En el capítulo 3 exploramos la espiritualidad de San Ignacio de Loyola y los jesuitas. Ahora veamos la influencia ignaciana en la dirección espiritual. Ignacio probablemente fue la figura más influencia en el desarrollo de la dirección espiritual, fuera del mismo Jesús, en la historia de la iglesia.[120] Primero, resumamos la historia de cómo Ignacio desarrolló su uso de la dirección espiritual para los jesuitas:

- La propia vida personal de Ignacio exhibió una transformación radical y fundamental, sumisión piadosa y obediencia al señorío de Jesucristo.
- Ignacio desarrolló prácticas espirituales, incluyendo la dirección espiritual, que moldeó sus afectos, intelecto y voluntad.
- Las prácticas espirituales y la humildad personal de Ignacio incluyeron a un grupo de hombres con ideas afines que formaron la primera sociedad jesuita.
- Esta sociedad, los Amigos de Jesús, utilizaron la dirección espiritual que se encuentra en el Spiritual Exercises of Ignatius para salir en misión al mundo conocido.[121]

La comprensión clave para Ignacio fue el equilibrio entre el ser y hacer, lo que la espiritualidad ignaciana llama contemplación en acción. Esta tensión entre esperar y actuar es uno de los desafíos más difíciles que enfrentamos como servidores globales.

Recientemente interactué con un líder de misión nacional de Europa del Este que estaba luchando por encontrar el equilibrio entre el tiempo con Dios, su familia y las demandas del ministerio, algo que muchos ministros de Europa del Este ni siquiera abordan. Él compartió que muchos pastores en su país están sujetos al agotamiento porque viven más allá de sus capacidades personales y conocimiento de Dios. Mencioné que él podría tener la oportunidad de influenciar a toda una generación de su país si estaba dispuesto a escuchar el consejo del Espíritu Santo y establecer un equilibrio consciente entre ser y hacer. Estos ritmos son lo que la espiritualidad ignaciana llama contemplación en acción.

Lo que necesitamos ver es que ambos—contemplación y activismo—no son opuestos, sino más bien contrapartes entre sí. Ignacio supo afrontar las demandas del ministerio y al mismo tiempo estar conectado con Cristo. A través de su propia experiencia de vida, forjó elaboradamente, y a menudo a riesgo de la censura de la iglesia, un camino claro entre la reflexión espiritual y la acción guiada por el Espíritu. Él era capaz de guiar a otros porque primero lo había hecho bien por sí mismo. El procesamiento de su vida espiritual y la contemplación quedaron registradas en *The Spiritual Exercises*. Estos ejercicios fueron creados no tanto para ser leídos sino para ser experimentados. Ignacio creía que era mejor aprender la espiritualidad que enseñarla, y desarrolló un proceso que permitió a otros experimentar la guía directa y personal de Dios.

---

120 Una única excepción posible en la historia de la iglesia fue el Conde Zinzendorf y los moravos, quienes utilizaron una práctica informal llamada "discursos" para influir en los candidatos a misioneros. Se trataba de un método adaptado de dirección espiritual que exigía el discernimiento comunitario para la actividad misionera. Para una visión detallada del método de Jesús y ejemplos de dirección espiritual, consulte Bruce Demarest, *Soulguide: Following Jesus as Spiritual Director* (NavPress, 2003).

121 Ignatius of Loyola, *The Spiritual Exercises of St. Ignatius,* trans. Louis J. Puhl (Vintage Books, 2000).

Ilustrémoslo utilizando el análisis de Ignacio sobre la toma de decisiones.[122] Su escritura se centra en los ritmos de los consuelos y las desolaciones, que según él son una parte integral del crecimiento espiritual. Ignacio creía que hay movimientos en el corazón que nos conducen hacia Dios o nos alejan de él. Por ejemplo, podría un día salir a caminar por el bosque y quedar abrumado por la hermosa creación de Dios. Esto es un consuelo.

Por el contrario, podría sentirme frustrado e irritado debido a una multitud de interrupciones que están ralentizando mi trabajo. Esto es una desolación. Uno me acerca a Dios y el otro me aleja. Cuando observo estas condiciones de mi alma, puedo ver mejor dónde Dios está presente o ausente en mi vida. Puedo entonces discernir cómo tomar decisiones que me llevarán hacia un mayor crecimiento espiritual.

Pero a menudo hace falta otra persona, un director espiritual, para ayudarnos a ver las diferencias. Para los trabajadores globales, incluso si están aislados, hay cuatro formas posibles que podemos experimentar con la dirección espiritual. Los pondré en orden de individuo a oportunidades comunitarias.

Dirección Espiritual a través de la Lectura de la Biblia y Clásicos Espirituales

Buscando sabiduría bíblica a través de la lectura y el estudio de la Biblia es la prioridad de cada servidor global. Los dos pasajes principales que hablan de la dirección del Espíritu Santo son Romanos 8 y Gálatas 5. Estos pasajes no hablan de temas específicos, sino más bien de vivir piadosamente diariamente, derrotando el pecado y desarrollando el fruto del Espíritu (Gálatas 5:18–25). También sugeriría lectura contemplativa en los Salmos. La Palabra de Dios es una guía poderosa y un director primario en nuestras vidas.

Muchos de nosotros nos encontramos en lugares donde, después de un tiempo en la Palabra, sentimos el Espíritu impulsándonos a la acción. Lo mejor es responder inmediatamente. Sin embargo, no seamos demasiado escrupulosos. Dios conoce nuestras motivaciones. El movimiento es la clave de la acción, no los detalles quisquillosos. Quizás la mejor manera de encontrar dirección espiritual individual es aprender a discernir el funcionamiento genuino de la gracia a través de la cuidadosa saturación de las Sagradas Escrituras en nuestras mentes y corazones. Al estar llenos de la verdad de las Escrituras, estamos mejor equipados para saber instintivamente cuando el Espíritu está hablando.

También hay muchos devocionales clásicos cristianos que nos informan y moldean cuando los leemos para recargar nuestra espiritualidad. Familiarizarnos con algunos de los clásicos espirituales probados por el tiempo que la iglesia ha producido a lo largo de los siglos.[123] Sólo ten en cuenta que todo lo que enseñaron los escritores clásicos también es sujeto a discernimiento bajo la autoridad de las Escrituras.[124]

---

122 Ignatius of Loyola, 115–21.

123 Richard J. Foster and Emilie Griffin, eds. *Spiritual Classics: Selected Readings for Individuals and Groups on the Twelve Spiritual Disciplines* (HarperCollins, 2000); y Richard J. Foster and James Bryan Smith, eds. *Devotional Classics: A Guide for Evangelicals* (IVP, 2013).

124 El mejor recurso que conozco para leer los clásicos espirituales es Jamin Goggin y Kyle Strobel, eds., *Reading the Christian Spiritual Classics: A Guide for Evangelicals* (IVP, 2013).

Dirección Espiritual a través de Directores Espirituales Personales

El enfoque común hacia la dirección espiritual es a través de reuniones periódicas con un director espiritual. En términos generales, los directores espirituales deberían estar disponibles para reunirse con las personas dirigidas al menos una vez por trimestre durante aproximadamente una hora para discutir la vida de oración del dirigido. Las reuniones de cara a cara son las mejores, pero debido a que esto suele ser imposible en el campo misionero, el servidor global puede encontrar que funciona mejor reunirse con su director espiritual en línea, por teléfono o por correo electrónico. Redacción de cartas también ha sido una fuente tradicional de dirección espiritual a lo largo de la historia de la iglesia.[125]

¿Cómo hacemos para encontrar a un director espiritual? Además de la oración, es posible que tengas ciertas preferencias personales que te ayudarán a determinar lo que deseas en tu director. Por ejemplo, es posible que prefieras un director de tu propio género. O quizás te gustaría alguien que sea un poco más mayor que tú o que haya caminado más tiempo con Jesús. Una madre joven puede preferir a otra mujer que ya ha criado a sus propios hijos. Quizás desees a alguien que sea de tu propia tradición eclesiástica, o tal vez lo contrario: alguien cuyos antecedentes son totalmente diferentes a los tuyos. Tómate un tiempo para pensar lo que le gustaría en un director potencial.

Es posible que ya haya alguien en tu círculo de contactos que cumpla con los criterios para ser un director espiritual, o alguien que te atraiga como una persona madura y sabia. Tal vez esta persona sea alguien a quien ya has ido cuando te enfrentas a una pregunta difícil o sin respuesta. Esto no significa que esta persona es un director espiritual capacitado, pero su experiencia de vida y el espíritu atractivo ya está beneficiando tu crecimiento espiritual. Si este es el caso, podrías preguntarle si estaría dispuesto a reunirse contigo regularmente para discutir tu relación actual con Dios.

Muchos escritores antiguos enumeran una variedad de características de un director espiritual. Por ejemplo, Jesús nos señala a personas humildes (Mateo 5:3–10). Pablo quiere que seamos llenos del fruto del Espíritu (Gálatas 5:22), personas que agradan a Dios, no al hombre (1 Tes 2:4), y los que atienden a la persona en su totalidad (1 Tes 5:23).

Muchos de los padres y madres del desierto explican que los guías espirituales deben tener un espíritu de *metanoia,* es decir, de arrepentimiento y pureza de corazón. San Juan de la Cruz añade que un director necesita poder escuchar los caminos distintivos de Dios. Teresa de Ávila vio la importancia del buen juicio y la experiencia. Ella también valora la amabilidad. Francisco de Sale vio la amistad como la cualidad clave.

Los escritores más recientes han añadido cosas como simplicidad, aprendizaje permanente, voluntad de mantener confidencias, la capacidad de equilibrar la fuerza y la gentileza, claridad mental, objetividad, conciencia y capacidad de

---

[125] C. S. Lewis es famoso por brindar dirección espiritual a través de este método. Véase Lyle W. Dorsett, *Seeking the Secret Places: The Spiritual Formation of C. S. Lewis* (Brazos Books, 2004), 113.

atender su propia vida espiritual.[126] Estas características son honorables pero intimidantes, y nadie puede lograrlos a todos.

Existen programas evangélicos de formación para la dirección espiritual y una búsqueda sencilla en el Internet te ayudará a localizar directores, ya sea cerca de ti o que estén disponibles en línea. Sin embargo, se recomienda precaución ya que no todos los que se llaman un director espiritual tienen la fe cristiana. Si no conoces a la persona, sería prudente conocer sus propias creencias personales acerca de Cristo y la Biblia antes de comprometerte a una relación a largo plazo con esa persona como tu director espiritual.

Dirección Espiritual en un Entorno Grupal

Una manera útil y viable de obtener dirección espiritual es a través de reuniones grupales. Dentro de una comunidad de pares, podemos ofrecer compañía espiritual y oraciones. La mayoría de los grupos de dirección espiritual se centran principalmente en orar pidiendo guía el uno para el otro. Si Dios le habla al grupo, no tenemos miedo de confirmarlo, pero se debe hacer siempre con un espíritu de atenta escucha y oración. Cada grupo es diferente, pero generalmente deberían ser entre cuatro y ocho personas, con el liderazgo compartido lo más posible. Las reuniones pueden tomar lugar mensualmente o con la mayor frecuencia posible, pero con suficiente regularidad para mantenerse al día con las vidas de los demás.[127]

Es importante señalar que un grupo de dirección espiritual nunca debe reemplazar la necesidad de la iglesia. El propósito de este grupo es el acompañamiento espiritual. No proporciona los elementos necesarios que se encuentran en otras partes del cuerpo, como la adoración, la Palabra y evangelismo. No es superior a otros ministerios dentro del cuerpo, si no es un compañero para ellos.

Dirección Espiritual dentro de un Contexto de una Agencia de Misión Formal

Recomiendo que las agencias misioneras desarrollen una cultura de discernimiento al promover la dirección espiritual continua para cada persona en la organización. Esta oportunidad se debe comenzar desde el principio de la carrera del misionero mientras el nuevo siervo global esté elevando oraciones y apoyo financiero. Tal proceso no sólo sería una herramienta de discipulado para el nuevo misionero, sino también un medio para discernir hacia dónde los llevará Dios en el descubrimiento de su oración y socios financieros.

Después de que el servidor global llega al campo, reuniones anuales con los directores espirituales reforzarán la guía de Dios en su primer mandato. Históricamente, la dirección espiritual no es nueva en el campo misionero. Podría decirse que dos de los más grandes movimientos misioneros fueron los jesuitas en el siglo XVI y los moravos en el siglo XVIII. Es interesante observar que tanto

---

126 Todas estas características se enumeran en Tilden Edwards, Spiritual Director, *Spiritual Companion: Guide to Tending the Soul* (Paulist Press, 2001), 94–96.

127 Para conocer un formato sencillo para la dirección espiritual grupal, consulte David G. Benner, *Sacred Companions: The Gift of Spiritual Friendship and Direction* (IVP, 2002), 165–83. Vea también Rose Mary Dougherty, *Group Spiritual Direction: Community for Discernment* (Paulist Press, 1995).

los jesuitas y los moravos tenían sistemas para proporcionar servicios espirituales regulares para sus misioneros, ya sea a través de reuniones formales con superiores para los jesuitas, o las reuniones informales con sus pares para los moravos.

Para maximizar la dirección espiritual, se debe hacer con regularidad y arraigada en la vida de la misión y su personal. Esto significa que las agencias misioneras necesitan promover, identificar y capacitar a aquellos con un llamado a la dirección espiritual dentro de sus propios rangos. Sin embargo, hasta que esto se logre por completo, la dirección espiritual podría subcontratarse a personas cualificadas por su formación y experiencia en misiones.

La dirección espiritual es una práctica espiritual olvidada que recientemente ha estado resurgiendo, especialmente dentro de las iglesias protestantes. Mientras cuidamos de las almas, lo hacemos sin buscar resolver problemas sino escuchar al Señor mientras habla en nuestras vidas con su amoroso cuidado. No hay puerto de llegada en dirección espiritual, sólo el viaje. Las historias de nuestras vidas con Dios se desarrollan continuamente a través de cada día. La dirección espiritual honra ese viaje.

Reflexión y Puntos para Considerar

- ¿Cómo respondes cuando escuchas el término dirección espiritual? ¿Qué te gustaría saber más sobre la dirección espiritual?

- Elige una historia sobre tu camino en la fe que nunca le has contado a nadie. Mientras escribes o compartes la historia, responde estas preguntas: ¿Por qué es importante esta historia? ¿Dónde estaba Dios presente? ¿Cómo describirías tus emociones? ¿Qué fruto salió de esta situación? ¿Por qué nunca has compartido esta historia con nadie? ¿Cómo podría ser beneficioso compartir este incidente con un director espiritual?

- ¿Cómo harías para iniciar un grupo pequeño de dirección espiritual con aquellos en tu círculo? O, por el contrario, ¿cómo harías para encontrar un director espiritual para ti?

Para Más Lectura

Bakke, Jeannette A. *Holy Invitations: Exploring Spiritual Direction* (Baker, 2000). Un recurso práctico y bien informado con respecto a la dirección espiritual.

Dirks, Morris. *Forming the Leader's Soul: An Invitation to Spiritual Direction* (SoulFormation, 2013). Escrito desde una perspectiva pastoral, el libro desafía a los pastores para avanzar hacia el ministerio relacional a través de la práctica de la dirección espiritual.

Guenther, Margaret. *Holy Listening: The Art of Spiritual Direction* (Cowley, 1992). Una serie de reflexiones sobre el arte de la dirección espiritual de un director espiritual experimentado.

Smith, Gordon T. *Spiritual Direction: A Guide to Giving and Receiving Direction* (IVP, 2014). Una breve introducción a los fundamentos de la dirección espiritual desde una perspectiva evangélica.

Por fin había llegado la mañana del jueves.
Estaba recogiendo los juguetes de mis dos hijos pequeños y ordenando la casa. En mi corazón había una creciente anticipación de las mujeres que pronto llegarían a mi casa en Quito, Ecuador.

Varios meses antes había decidido invitar a algunas mamás de nuestra comunidad a nuestra casa un jueves por la mañana para trabajar juntos en nuestros álbumes de recortes. Ellos trajeron a sus hijos, quienes rápidamente salieron corriendo a jugar, y nos sentamos alrededor de mi mesa cubierta con papel de carnicero para cortar papel y dibujos, pero aún más para compartir las historias de nuestras vidas. A partir de esa reunión inicial, otras mujeres escucharon sobre la reunión y tuvimos diferentes mujeres alrededor de la mesa cada semana.

Para mí abrir mi casa a estas mujeres fue un placer. Quería que mi hogar fuera un lugar cálido y acogedor donde las mujeres pudieran encontrar descanso y compañerismo. Me encantó preparar meriendas especiales y actividades divertidas para que hagan los niños. Algunas semanas había risas escandalosas alrededor de mi mesa, y otras semanas había lágrimas sinceras. Nos convertimos en un grupo que oraba unos por otros, traíamos comida cuando alguien estaba enfermo, cuidamos a los hijos de la otra y llegamos a amarnos profundamente. Nunca pude haber soñado que mi deseo de ofrecer hospitalidad de esta forma sencilla sería algo que el Señor quería usar para mostrarme la verdadera pasión de mi corazón, que es el cuidado de otros y pastoreando sus corazones.

Jen
Servidora global en Ecuador

Hospitalidad 13
El Antiguo Camino hacia el Espacio y la Libertad

Henri Nouwen escribió que "la hospitalidad es ministerio y todo ministerio es hospitalidad".[128] Aunque la hospitalidad es una práctica que se ve cada vez menos en la iglesia occidental, sigue siendo una gran parte del ministerio en el campo misionero. A veces, los misioneros se definen por cómo hospedan y son alojados. Los trabajadores globales, ya sea en casa o en el extranjero, por lo general viajan para visitar personas e iglesias. Aquellos de nosotros que trabajamos en misiones de fe necesitamos recaudar nuestro propio apoyo financiero, lo que significa que debemos interactuar con mucha gente en sus hogares. Cuando estamos en el campo, a menudo necesitamos viajar y visitar ministerios e iglesias, tal como en el Nuevo Testamento (3 Juan 8).

La hospitalidad es una señal de amor bíblico dentro de la comunidad cristiana. La hospitalidad es acogerse, aceptarse y recibirse unos a otros. No es tanto sobre la comida y el alojamiento (aunque eso está incluido) se trata más de tener un corazón de generosidad. Cuando recibimos a otros no como una carga, sino con amor, estamos recibiendo a Cristo. "El que a vosotros recibe, a mí me recibe; y el que me recibe a mí, recibe al que me envió" (Mateo 10:40). Gordon Smith dice que la hospitalidad es un marcador de la presencia cristiana en el mundo. Él cree que es una parte integral de santidad vocacional.[129]

La importancia de la hospitalidad está en la viveza que aporta a la relación con Dios. A menudo oigo a los misioneros quejarse de su falta de intimidad con el Padre. "Siento una secura en mi vida de oración." "Me pregunto dónde estará Dios, porque él parece tan distante y estoy tan solo." El aislamiento puede ser la realidad para un servidor global. Podemos estar rodeados de gente y, sin embargo, sentir que nadie nos ve ni nos entiende. Pueden haber muchas explicaciones para este vacío en nuestras vidas, pero un remedio es practicar el arte de la hospitalidad.

Hospitalidad Bíblica

La hospitalidad era un alto valor cultural tanto en el Nuevo como en el Antiguo Testamento. Fue el fundamento de la relación entre Dios y el hombre. Dios creó el Jardín de Edén para que sea un lugar hospitalario y acogía a la humanidad para vivir en el espacio sagrado de su presencia.

---

128 Henri Nouwen, "Education to Ministry," *Theological Education 9* (Autumn 1972), 50.
129 Gordon T. Smith, *Called to Be Saints: An Invitation to Christian Maturity* (IVP, 2014), 123.

La hospitalidad del Medio Oriente se refleja a menudo en el Antiguo Testamento (Génesis 18:19; Deuteronomio 10:18–19; Levítico 19:33–34; 1 Sam 25:8; Job 31:31–32). A lo largo de las páginas de las Escrituras, la responsabilidad de cuidar al viajero y de las necesidades de otros fue dada por sentado porque era lo normal. Pero la hospitalidad también fue más que una simple costumbre. Fue una demostración de fidelidad a Dios. El profeta Isaías describió el verdadero "ayuno" al pueblo de Israel:

¿No es que partas tu pan con el hambriento, y a los pobres errantes albergues en casa; que cuando veas al desnudo, lo cubras, y no te escondas de tu hermano? Entonces nacerá tu luz como el alba, y tu salvación se dejará ver pronto; e irá tu justicia delante de ti, y la gloria de Jehová será tu retaguardia. —Isaias 58:7–8

En el Nuevo Testamento, la hospitalidad se describe con las palabras griegas *philoxenia* (amor a los extraños), *xenizo* (recibir como huésped), *sinago* (entretener, Mateo 25:35), y *lambano* (recibir, 3 Juan 8). El lavado de los pies de los invitados (Juan 13:1–17) y un beso de bienvenida (Lucas 7:44–46) eran costumbre. Jesús ciertamente invitó a sus discípulos a practicar la hospitalidad. Abrió su vida a los extraños (Mateo 25:35). Invitó a los pobres, los paralizados y los cojos (Lucas 14:13). Les ofreció una taza de agua fría (Mateo 10:42). Jesús también enfatizó que una responsabilidad especial se debe dar a la hospitalidad para quienes sirven a Dios.[130]

Hechos y las cartas del Nuevo Testamento revelan que la hospitalidad era visto como una marca del discipulado cristiano en la iglesia primitiva. De hecho, tanto los maestros itinerantes en el primer siglo como los misioneros modernos la expansión ha dependido de entretener a los invitados.[131] "No os olvidéis de la hospitalidad, porque por ella algunos, sin saberlo, hospedaron ángeles" (Hebreos 13:2). "Hospedaos los unos a los otros sin murmuraciones" (1 Pedro 4:9).

La hospitalidad es, en esencia, abierta al exterior, instantánea y generosa en satisfacer las necesidades de los demás. Dentro de la iglesia, es en realidad un don (*carisma*) de Dios (1 Pedro 4:10–11). Es una característica esencial de ser un seguidor de Cristo. Después de la era del Nuevo Testamento, la iglesia primitiva practicaba la hospitalidad no sólo para viajeros individuales sino también mediante el establecimiento de hospitales, estaciones de paso, programas de alimentación, limosnas (dando a los pobres) y la construcción de monasterios que sirvió como alojamiento para los viajeros.

Hospitalidad Comunitaria: Invitación a un Espacio Seguro

"La hospitalidad es una manifestación práctica del llamado al amor y crea un espacio para la formación."[132] La hospitalidad es la calidez y la aceptación, de

---

130 Ver Mat 10:14; Lucas 9:5.

131 Ver Hechos 9:43; 11:18; 16:15; Rom 16:23; Tit 3:13.

132 James Wilhoit, *Spiritual Formation as if the Church Mattered: Growing in Christ through Community* (Baker, 2008), 198.

ser conocido y bienvenido. Esto nos deja ser nosotros mismos, liberándonos para descubrir a Dios, sus dones en nuestras vidas, y a los otros que viajarán con nosotros. Fomenta nuestro crecimiento espiritual a través del pastoreo mutuo, el cuidado, la transparencia, la rendición de cuentas y la intencionalidad. A nivel básico, a través de la hospitalidad nos convertimos en personas espaciosas ofreciendo gracia, refugio y la presencia acogedora de Jesús.

Nuestro mundo necesita desesperadamente personas y lugares seguros. La hospitalidad es una de las formas en que Dios usa para crear un espacio seguro en un mundo hostil. Henri Nouwen enseñó que la hospitalidad no afecta un cambio en las personas, sino que proporciona un espacio donde el cambio puede tomar lugar. Sin este elemento crítico del espacio, la hospitalidad es menos auténtica. Nouwen define el espacio hospitalario como libre, amigable, acogedor, abierto, vacío y sin miedo.[133]

Creamos un lugar seguro para nuestros huéspedes, pero al mismo tiempo también mantenemos límites adecuados para nosotros mismos para que el amor, la amistad y el cuidado genuino puedan ser donados gratuitamente y sin condiciones. En la verdadera comunión debe haber una mutualidad de compartir que nos permite presentarnos auténticamente. Nouwen dice, "La verdadera receptividad pide confrontación porque el espacio sólo puede ser un espacio acogedor cuando hay límites claros, y los límites son límites que definimos con nuestra propia posición. Límites flexibles, pero límites iguales."[134] La hospitalidad con límites nos libera para ser nosotros mismos con los demás.

Hospitalidad Comunitaria: Invitación a la Libertad

La verdadera comunidad espiritual en Cristo tiene un espíritu de libertad. En este espíritu, somos inclusivos, declarando que hay lugar en la mesa para todos. La invitación, la atención, el reconocimiento y el respeto son elementos profundamente humanos y santos. No somos libres cuando excluimos o separamos a otros para que no se unan a nosotros en comunión. Ofertas de libertad la capacidad de amar y dar generosamente a todos según nuestros dones individuales (1 Cor 12).

En una hospitalidad genuina, debemos protegernos de una mentalidad de escasez. No hay libertad en esto. Los misioneros luchan por gastar sus precios pesos en cualquier cosa que no sea un ministerio reconocido. Por lo tanto, podemos volvernos tacaños y acaparar nuestros recursos para nosotros mismos. Sin embargo, cuando te sientes atrapado por el amor de Jesús, otorgamos dignidad al dar libremente a los demás según sea necesario.

Cuando brindamos amorosamente a los demás, los liberamos para compartir sus vidas con honestidad. Creamos oportunidades para transformar el descanso de shalom. En la hospitalidad no vamos de prisa. Es como una comida verdaderamente espléndida en la que tanto el anfitrión como el invitado toman su tiempo con el postre y el café, saboreando cada momento de toda

---

[133] Henri Nouwen, *Reaching Out: The Three Movements of the Spiritual Life* (Doubleday, 1975), 60.

[134] Nouwen, 60.

la experiencia. Cuando tomamos el tiempo para orar juntos, le damos a Dios la oportunidad de convertirnos en una comunidad más fuerte.

La hospitalidad pone la mesa, pero Dios proporciona el alimento. Es una tontería creer que la hospitalidad en sí misma puede producir una transformación duradera. Este es un ministerio y una bendición que sólo puede explicarse por la bendición del Dios Todopoderoso. Por lo tanto, en la hospitalidad no sólo nos invitamos unos a otros al espacio y la libertad, sino que también invitamos a que se venga el Espíritu Santo sobre nosotros en plenitud de gracia y amor. La fecundidad de la hospitalidad es el resultado de la obra del Dios Trino teniendo el espacio para moverse entre su pueblo.

Presencia Acogedora: el Espíritu de Hospitalidad

"Por tanto, recibíos los unos a los otros, como también Cristo nos recibió, para gloria de Dios" (Romanos 15:7 RVR). Al compartir nuestros bienes y recursos, nuestros hogares y comida, nuestras vidas y amor, creamos una presencia acogedora para que otros puedan experimentar la realidad del corazón abierto de Dios hacia ellos. Ser servidores con corazones hospitalarios crea caminos para la transformación, y Dios es glorificado. Se trata de amar a las personas, no sólo de entretenerlas.

La hospitalidad también nos enseña muchas lecciones. Cuando mi esposa y yo llegamos por primera vez al campo nuestro hijo tenía sólo dos años. Habíamos traído algunos de sus juguetes con nosotros al campo. Las tiendas serbias en las que compramos tenían poco para los niños pequeños, y lo que tenían estaba mal hecho y se rompían fácilmente. Nuestros libros infantiles en inglés eran algo precioso y querido para nosotros. Así fue con gran angustia cuando un día miré hacia nuestro jardín delantero y vi a los niños del vecindario llevarse los juguetes de nuestro hijo a sus casas. ¡Rápidamente salté de mi oficina para rescatar los juguetes! Esto continuó hasta tal punto que pronto descubrí que estaba pasando un tiempo excesivo cuidando nuestros juguetes.

Orgullo tomó un lugar en mi al haber dejado todo atrás para venir al campo misionero, sólo para encontrar una profunda posesividad en mi corazón. ¿Cómo iban a ver los vecinos la presencia acogedora de Cristo en mi vida cuando todo lo que hacía era perseguir detrás de mis cosas? En la iglesia primitiva, las posesiones se compartían entre todos los creyentes (Hechos 2:32–47). ¿Podría ser que nuestra postura (lo que hacemos o no hacemos) hacia nuestras posesiones son indicadores de si el Espíritu está realmente entre nosotros?

La iglesia primitiva de Jerusalén "comían juntos con corazones alegres y sinceros" (Hechos 2:46). La palabra usada para *sincero* en este versículo puede significar devoción decidida, la ausencia de pretensión, la sinceridad y la generosidad, son características de hospitalidad.[135] Impresionar a los demás no era el objetivo porque la actitud hacia los demás era uno de respeto, amor, apertura, espacio y libertad, lo que les permitió disfrutar verdaderamente el uno del otro.

---

135 F. F. Bruce, *The Book of Acts*, *The New International Commentary on the New Testament* (Eerdmans, 1980), 81; John R. W. Stott, *The Message of Acts*, *The Bible Speaks Today* (IVP, 1990), 82–83.

El padre de la iglesia primitiva, Juan Crisóstomo, describió maravillosamente la hospitalidad de la iglesia en Hechos: "Esta era una comunidad angelical, sin llamar a lo suyo solamente suyo propio. Inmediatamente se cortaron las raíces de los males … ninguno reprochaba, nadie envidiaba, nadie guardaba rencor; No había orgullo ni desprecio … el pobre hombre no conocía la vergüenza, ni los ricos la altivez."[136]

El apóstol Juan escribe en su primera carta estas palabras de apoyo: "Pero el que tiene bienes de este mundo y ve a su hermano tener necesidad, y cierra contra él su corazón, ¿cómo mora el amor de Dios en él? Hijitos míos, no amemos de palabra ni de lengua, sino de hecho y en verdad" (1 Juan 3:17–18).

Creando espacio y libertad para la conversación espiritual, material de reunión e invitar a las personas a la acogedora presencia de Jesús son vitales para nuestra formación espiritual. Los misioneros deben ser personas que practican la hospitalidad así como las personas que reciben hospitalidad. Necesitamos asegurarnos de que nuestras mesas den la bienvenida a ambos amigos y extraños. Necesitamos escuchar y atender bien a los demás. Santiago nos dice, "Por esto, mis amados hermanos, todo hombre sea pronto para oír, tardo para hablar, tardo para airarse" (Santiago 1:19). Éste es el espíritu de hospitalidad que crea el espacio y la libertad para darle la bienvenida a Jesús entre nosotros.

Reflexión y Puntos para Considerar

- ¿Cuándo te has sentido profundamente recibido y acogido por alguien? ¿Cómo tocó eso tu alma? ¿Cuándo experimentaste heridas y dolores porque no fuiste recibido o bienvenido por alguien?
- ¿Cómo ha tocado tu vida y sanado tus heridas Jesus? ¿Cómo puedes ser hospitalario con los demás como Jesús lo ha sido contigo?
- ¿Qué tan cómodo se siente cuando los invitados llegan, ya sean invitados o no?
- ¿Tienes problemas con el rendimiento y el perfeccionismo? ¿Qué cosas podrías hacer para cambiar tu enfoque e incluso ser más hospitalario contigo mismo?
- ¿Cómo podría Jesús querer usar tu hogar, tus recursos, tu corazón y tu amor como refugio para los demás?

Para Más Lectura

Burton Mains, Karen. *Open Heart, Open Home: The Hospitable Way to Make Others Feel Welcome and Wanted* (IVP, 1997) revised ed. Una exploración de los conceptos más profundos de la hospitalidad cristiana, utilizando nuestro hogar y abriendo nuestro corazón para cuidar de los demás.

Nouwen, Henri J. *Reaching Out: The Three Movements of the Spiritual Life* (Doubleday, 1975). Nouwen presenta tres movimientos de la vida espiritual. El segundo implica pasar de la hostilidad a la hospitalidad.

Willis, Dustin, and Brandon Clements. *The Simplest Way to Change the World: Biblical Hospitality as a Way of Life* (Moody, 2017). Los autores escriben sobre cómo una vida de hospitalidad bíblica puede marcar una diferencia para el evangelio.

---

136 John Chrysostom, "The Homilies on the Acts of the Apostles", en *A Select Library of the Nicene and Post-Nicene Fathers*, ed. Philip Schaff, vol. XI (Eerdmans, reprint 1975), 47.

Durante todo mi tiempo en la escuela Primaria luché con epilepsia. Mi vida estaba llena de convulsiones periódicas, horas de almuerzo solitarias y siendo el último elegido para los deportes. Pase una gran parte de mi infancia triste.

Y me pregunté, ¿por qué existo? El mundo está lleno de gente tan maravillosa. ¿Por qué me creó Dios? Deseaba tener un gran sueño al que perseguir, pero sobre todo solamente intenté pasar el día en día sin deprimirme demasiado.

Desesperado, le entregué mi corazón a Jesús cuando tenía veinticuatro años. Inmediatamente me llené de un nuevo sentimiento de gratitud y mi vida adquirió un nuevo significado. Es como si fuera que había estado viviendo la vida en tonos de gris y de repente el color aumentó. Sentí que mi vida tenía un nuevo valor. Todo lo que quería hacer era devolver de alguna manera el regalo especial que había recibido.

Fue entonces cuando descubrí la verdadera alegría de someterme a Jesús y servir a los demás. Cuando sentí que su Espíritu me impresionaba para que extendiera mi mano para ayudar a alguien más, el color en la vida se volvió más vívido. Es como si hubiera intensificado todos mis sentidos. Y luego algo dentro de mí comenzó a brillar. Como pepitas de oro en un montón de arcilla, descubrí que tenía regalos nuevos y especiales que podía darles a otros.

Como un elixir para mi alma, una verdadera alegría emociona mi corazón cuando puedo extender la mano para darle a otros lo que Dios me ha dado, para cumplir algo que les falta. A veces eso se vuelve muy difícil de hacer y me cuesta más de lo que creo que puedo ofrecer, pero de alguna manera siempre hay una reserva escondida, ocultada dentro de mí que no sabía que estaba ahí. Y entonces Dios me vuelve a llenar y la frescura de ser renovado me hace dispuesto a empezar todo de nuevo, para su gloria.

Es como comer papas fritas. Una vez que metes la mano dentro de la bolsa y te comes uno, el deseo aumenta y es difícil detenerlo.

Jim
Servidora global en Alemania

Sumisión 14
El Antiguo Camino hacia el seguimiento

He sido un misionero durante casi cuarenta años, sirviendo como líder y como seguidor durante ese tiempo. Una de las observaciones más decepcionantes que he tenido en lo que hemos presenciado durante estos años ha sido la lucha que muchos servidores globales han tenido trabajando juntos en equipo. Desafortunadamente, los conflictos interpersonales que surgen de la mala dinámica del equipo parecen ser la norma en vez de la excepción en la comunidad misionera. He sido parte de equipos desgarrados por el conflicto y, como trabajador de atención a miembros he sido testigo de conflictos devastadores en muchos otros grupos. De hecho, mi creencia personal es que la evangelización mundial se ve más perjudicada por luchas internas que por la persecución externa. ¡Somos nuestro peor enemigo!

¿Qué se puede hacer para disminuir la ocurrencia y la intensidad de estos conflictos? Aprender la disciplina de la sumisión adecuada es un buen punto de partida. La sumisión es un acto espiritual, porque como dice Adele Calhoun: "La verdadera sumisión bíblica no está vinculada únicamente a la jerarquía y los roles. Comienza en el mismo centro de la Trinidad donde el Padre, el Hijo y el Espíritu Santo se honran y difieren mutuamente unos a otros."[137]

El Llamado Misionero

Comprendiendo la sumisión bíblica requiere que primero miremos al llamado misionero. Los misioneros deben tener un sentido de llamado. De hecho, muchas organizaciones misioneras le niegan a alguien a menos que hayan declarado un llamado al campo misionero. Este llamado es lo que le da a un servidor global un fuerte compromiso vocacional para servir por mucho tiempo. Es un ancla para sus vidas y ministerio y los mantiene avanzando cuando surgen dificultades y desafíos (Filipenses 3:12–14).

Pero un llamado misionero también puede tener un lado oscuro. Esto sucede cuando somos tan dueños de nuestro ministerio que rechazamos la aportación y la responsabilidad de los demás. Según Os Guinness, la maravilla del llamado se ha convertido en el "horror de la vanidad".[138] El orgullo desmedido de un servidor global lleva a perder de vista que cada uno de nosotros es parte de un cuerpo más grande (1 Cor 12:12–31).

---

[137] Adele Ahlberg Calhoun, *Spiritual Disciples Handbook: Practices That Transform Us* (IVP 2003), 119.
[138] Os Guinness, *The Call: Finding and Fulfilling the Central Purpose of Your Life* (W Publishing, 2003), 113S

Afortunadamente, los servidores globales no necesitan dudar del llamado de Dios; ellos sólo necesitan reconocer y modificar su titularidad sobre esa llamada. "La vocación no surge de la obstinación", dice Parker Palmer. "Viene de escuchar. Debo escuchar a mi vida y tratar de entender lo que es realmente -muy aparte de lo que me gustaría que fuera- mi vida nunca representará nada real en el mundo, no importa cuán serias sean mis intenciones."[139]

En otras palabras, el llamado no es una meta para alcanzar, sino más bien es un regalo para recibir. El servidor global siempre debe tener presente que él o ella es llamado primero no a un lugar o un ministerio o un pueblo o un grupo, sino a una persona: Jesucristo.

La sumisión es el medio que Dios usa para afirmar nuestro llamado y lograr la unidad entre los misioneros. Nuestra sumisión a Dios le permite formar nuestras elecciones, vocaciones, llamados y personas. Dios es dueño de nuestro ministerio, no nosotros. No debe disminuir nuestra pasión y firmeza por nuestros ministerios, pero nuestro compromiso no es con nuestro trabajo sino con el Dios que nos llama a ese trabajo.

El Liderazgo Definido

Debido a que las habilidades de liderazgo fluctúan con el tiempo y según las necesidades, el liderazgo es un fenómeno muy complejo y diverso. Cuando preguntamos qué tipo de liderazgo necesitamos, "Todo depende" es una respuesta válida, porque diferentes habilidades se necesitan en diferentes momentos. Sin embargo, una cosa que nunca cambia es la verdad bíblica de que las relaciones están en el centro de la responsabilidad de un líder.

Cuando nosotros, como líderes, nos centramos sólo en tareas, metas y resultados, podemos fácilmente ser tentados a utilizar a personas para lograr agendas y dejar que los fines justifiquen el resultado. Podemos aplastar a la gente para conseguir lo que queremos y, al hacerlo, herir tan profundamente a los demás. Pero Jesús nos devuelve a la esencia de la comunidad cristiana cuando dice "En esto conocerán todos que sois mis discípulos, si tuviereis amor los unos con los otros" (Juan 13:35). "Una comunidad amorosa, dice Jesús, es la autenticación visible del evangelio."[140] Nuestro amor genuino unos por otros establecen a los cristianos como una comunidad separada del mundo y atrae a los buscadores a Jesús.

El liderazgo se menciona como un don espiritual en el Nuevo Testamento, pero Pablo dice que no es ni mejor ni peor que otros dones (Romanos 12:1–8). La Biblia se centra más en la vida interna de una persona que en sus títulos y habilidades. Debe haber un elemento de conocimiento relacional y amor entre seguidores y líderes. Esto a menudo está faltando en la definición mundial de liderazgo. Jesús describe al liderazgo así:

---

139 Parker J. Palmer, *Let Your Life Speak: Listening to the Voice of Vocation* (Jossey-Bass, 2000), 4.
140 Bruce Milne, *The Message of John; The Bible Speaks Today* (IVP, 1993), 206.

A este abre el portero, y las ovejas oyen su voz; y a sus ovejas llama por nombre, y las saca. Y cuando ha sacado fuera todas las propias, va delante de ellas; y las ovejas le siguen, porque conocen su voz. Mas al extraño no seguirán, sino huirán de él, porque no conocen la voz de los extraños… Yo soy el buen pastor; el buen pastor su vida da por las ovejas … Yo soy el buen pastor; y conozco mis ovejas, y las mías me conocen. –Juan 10:3–5, 11, 14

Esta dinámica de líder-seguidor implica un intercambio mutuo de vida y trabajo. Requiere que los líderes no se tengan en alta estima de sí mismos (Romanos 12:3), sino que consideren a los demás mejores que a ellos mismos (Fil 2:3). Esto es especialmente importante en estructuras de misión que están limitadas por la geografía y distancias de tiempo entre líderes y misioneros repartidos por todo el mundo. Dado que la confianza es tan importante, el liderazgo de la misión requiere cierta informalidad. Los líderes no deben depender únicamente de dictar políticas desde una sede central, sino más bien en relaciones creativas y frescas que se parecen más a un organismo que a una organización. Este enfoque apoya la doctrina bíblica del sacerdocio de todos los creyentes (1 Pedro 2:9), donde hay un reconocimiento de que todos contribuyen en el ministerio cristiano.

Los líderes y seguidores que quieran mantener relaciones sanas y sólidas deben ser mutuamente sinceros unos con otros. Esto significa que todos pueden dar su honesta opinión sobre direcciones y decisiones, incluso si el líder todavía tiene la última palabra. Sin apertura relacional no puede existir una verdadera comunidad espiritual. Honestidad compartida genera credibilidad, lo que a su vez genera confianza en uno al otro. Cuando somos honestos incluso acerca de nuestros errores, nos hacemos un eco de las palabras de el autor anónimo del siglo XIV de *The Cloud of Unknowing*:

> *Mírate ¿Quién eres? ¿Qué te hace digno del llamado de Dios? Nunca olvides tu vulnerabilidad espiritual. … en lugar de sentirte orgulloso de ti mismo, ejercita la humildad. … Recuerda tus necesidades espirituales en lugar de tus logros espirituales.*[141]

Un líder sano lidera prestando atención a la calidad de las relaciones interpersonales y tiene la intención de desarrollar lugares seguros para los demás. Lamentablemente, estos líderes no son comunes. En una reunión a la que asistí, el líder de una organización misional le dijo al grupo que estaba cansado de oír a otros hablar sobre personas que son un lugar seguro. Dijo que no estaba interesado en que la gente se sintiera segura cuando vinieran a él. No fue una sorpresa, entonces, que la gente evitaba acudir a él con comentarios sobre sus decisiones y políticas.

Cuando los líderes son abiertos, se convierten en personas seguras para los demás porque no tienen miedo de mirarse al espejo. Están dispuestos a aprender y crecer, tanto en posición como en personalidad. Los líderes no deben temer las imperfecciones personales.

---

141 *The Cloud of Unknowing*, ed. Bernard Bangley (Brewster, UK: Paraclete Press, 2006), 6.

Jesús no eligió a los futuros líderes de la iglesia porque eran perfectos. "No hay ninguna sugerencia en las historias de los Evangelios, tal como están escritas, de que Jesús iba tras los más brillantes y los mejores."[142] El apóstol Pablo también habló en contra de este tipo de pensamiento. "Dios eligió deliberadamente a hombres y mujeres que la cultura pasa por alto, explota y abusa, eligió a los 'nadies' para exponer las vacías pretensiones de los 'alguién'" (1 Cor 1:28, The Message).

Los líderes que no confían sólo en su propio entendimiento, sino que reconocen al Señor en todos sus caminos, verán su camino dirigido (Proverbios 3:5–6). 1 Samuel 13:14 nos dice que la comprensión fundamental del liderazgo bíblico es la búsqueda, el llamado y el empoderamiento del Señor mismo, porque "el Señor buscó al hombre conforme a su corazón y lo nombró líder de su pueblo".

Seguimiento Definido

La mayoría de los servidores globales norteamericanos son criados en una cultura generalizada por el "yo primero". Ser seguidor, por lo tanto, casi siempre se ve de forma negativa. Esta sociedad tiende a sobrevalorar a los líderes y subvalorar a los seguidores. Ser llamado seguidor a menudo connota estar entre la manada tímida y sin sentido. Los líderes son quienes obtienen el estatus y las recompensas; los seguidores son de segunda tasa, carecen de la experiencia, habilidad o carácter necesaria para liderar. Pero este no es el caso de quienes siguen a Cristo. Jesús puso todo patas arriba cuando dijo: "más no así vosotros, sino sea el mayor entre vosotros como el más joven, y el que dirige, como el que sirve (Lucas 22:26). La verdadera sumisión bíblica, es aprendida a través de la lenta formación de seguir la autoridad de Cristo, es el factor clave para un ministerio duradero y fructífero.

En realidad, la Biblia tiene más que decir sobre el seguimiento que sobre el liderazgo. Ken Williams de Wycliffe Bible Translators corrige malentendidos sobre el seguimiento bíblico al enseñar lo que no significa ser seguidor.[143] Primero, ser un seguidor no significa que alguien sea inferior. Nota lo que dijo Pablo en el en medio de proclamar lo que Dios hará al final de esta era: "Pero luego que todas las cosas le estén sujetas, entonces también el Hijo mismo se sujetará al que le sujetó a él todas las cosas, para que Dios sea todo en todos" (1 Cor. 15:28). Aunque Jesús está sujeto a la voluntad del Padre, no es inferior a Dios. Es sujeto en función o rol, pero no en persona.

En segundo lugar, ser seguidor no significa que a una persona le falte perspicacia, buenas ideas, habilidades u otros dones y experiencias. En el libro del Génesis, José posee grandes habilidades, aunque durante un período de su vida fue sólo un esclavo. Otro ejemplo en el Nuevo Testamento está la tutoría de Timoteo bajo el apóstol Pablo. Timoteo estaba sirviendo a Pablo, pero se le animó a no descuidar sus dones personales (2 Tim 1:6).

Finalmente, un seguidor no siempre necesita dar obediencia ciega e irreflexiva sin un comentario honesto de un líder. Ya sea que consideremos la educación,

---

142 Eugene Peterson, *Tell It Slant: A Conversation on the Language of Jesus in His Stories and Prayers* (Eerdmans, 2008), 115.

143 Ken Williams, notas inéditas sobre el seguimiento bíblico (Wycliffe Bible Translators Counseling Department, 1990).

los talentos naturales o la experiencia previa, todos tenemos un conjunto único de dones, habilidades y lecciones de vida que pueden contribuir al propósito y proyecto de un equipo. De hecho, tanto los líderes como los seguidores orbitan alrededor de un propósito común, y ambos deben someterse a ese propósito. Abraham (Génesis 18:16–33) y Moisés (Éxodo 32:9–14) son ejemplos de aquellos que respondieron a Dios con comunicación abierta, a menudo discutiendo e incluso argumentando con Dios cuando no estaban de acuerdo con lo que percibían que debían ser sus directivas.

Espíritu dócil, pureza de vida, corazón para la Palabra de Dios, compromiso con el cuerpo de Cristo, la oración profunda y la demostración del fruto del Espíritu son características de un seguidor de Jesús.[144] Sin tales características, el seguimiento sería pobre. Sin embargo, ¿ser un seguidor significa que siempre debemos someternos totalmente a nuestros superiores en todas las circunstancias?

Sumisión y Obediencia

Las historias de liderazgo abusivo, incluso entre agencias misioneras, son leyendas. La apelación fuera de lugar a la autoridad ha sido utilizada para manipular y destruir en el nombre de Dios. Debido a tal abuso, el concepto de sumisión total—de entregarse a cualquiera—se ha vuelto sospechoso, y es comprensible. Ciertas enseñanzas sobre el liderazgo cristiano, cuando se llevan al extremo, enseñan formas dañinas de control y manipulación.[145] El principal error de tal enseñanza "se basaba en la falsa suposición de que la sumisión es el equivalente a la obediencia incondicional y que Dios le confiere a ciertas personas una autoridad incuestionable sobre otras."[146]

Entonces, ¿cómo trazamos la línea entre los beneficios y demandas de la sumisión bíblica y el daño y abuso del liderazgo autoritario que no es bíblico? La respuesta está en comprender las diferencias entre la obediencia y la sumisión. Superficialmente, ambos parecen ser iguales; ambos son mandamientos bíblicos y prácticas fundamentales para los cristianos.[147] Pero hay una sutil diferencia entre ambos. Esta diferencia se centra en la motivación. David Benner destaca esta distinción leve pero clave:

> *Los cristianos se centran más en la obediencia que en la rendición. Pero si bien los dos conceptos están estrechamente relacionados, difieren en aspectos importantes. ... La rendición es fundamental para la espiritualidad cristiana y*

---

144 Ver Sal 27:4; 42:1--2; Pro 9:8–10; Mat 4:19; 6:9–33; Luc 9:23; 11:1–4; Juan 6:5–66; 13:13; 17:22–26; Hech 2:42, 44–47; 4:31–33; 1 Cor 5:15; 13:4–7; Gal 5:22–25; Efe 4:1–3,22; 5:5; Col 3:5–10, 16; 1 Tes 4:3–7; 2 Tim 2:15; Heb 10:24; 1 Ped 2:13–25; 1 Juan 1–3.

145 Vea, por ejemplo, la crítica de tal manipulación por parte de las autoridades eclesiásticas en Frank A. Viola, *Who Is Your Covering? A Fresh Look at Leadership, Authority, and Accountabiliy*, rev. ed. (Present Testimony Ministry, 1999).

146 Viola, 50.

147 Muchos pasajes de la Biblia hablan de obediencia y sumisión. Aquí hay algunas Escrituras clave sobre la obediencia: Ex 19:5; 2 Cron 31:21; Is 1:19; Jer 7:23; Juan 14:15, 23; 15:10; Hech 5:29; Rom 1:5; 6:17; 2 Cor 10:6; Fil 2:12; Filem 21: Heb 5:8; 1 Ped 1:2, 15; 2 Juan 6. Sobre sumisión: Mat 26:29–42; Mark 14:36; Luc 22:42; Rom 13:1; 1 Cor 16:7, 16; Efe 5:21–24; 1 Tim 2:11; Heb 12:9; Sant 3:17; 4:7; 1 Ped 3:1; 5:5.

es el terreno del que debe crecer la obediencia. Cristo no quiere simplemente nuestro cumplimiento. Él quiere nuestro corazón. Él quiere nuestro amor y nos ofrece el suyo. Nos invita a entregarnos a su amor.[148]

Benner dice: "Los que se rinden obedecen. Pero no todos los que obedecen se rinden."[149] El amor es la motivación detrás de nuestra sumisión. Los que aman obedecen; pero no todos los que obedecen aman. Muchos misioneros obedecen por respuestas conductuales, pero no por respuestas del corazón. Motivaciones como el miedo, la culpa, la vergüenza o la manipulación son a menudo las verdaderas razones por las que pisamos la línea. Pero el amor debe ser la raíz de cualquier obediencia, y esta entrega al amor es lo que define la verdadera sumisión. Dios es amor y servicio obediente se ofrece como respuesta de amor hacia él. Este entrelazamiento de amor y sumisión está en el centro de nuestra espiritualidad.

Entonces no es sorprendente que el fundamento de la espiritualidad de un misionero sea una respuesta sumisa a la iniciación del amor de Dios por nosotros y por su reino. Un misionero siempre es llamado a someterse a Dios, pero no siempre es llamado obedecer a los demás ante una decisión que no se ajusta al amor de Dios y a su verdad.[150] Tal obediencia no es bíblica porque va en contra tanto del amor como de la justicia. Por supuesto, este tipo de circunstancias implica un discernimiento maduro por parte de la persona que lo está viviendo.

Watchman Nee, en su libro conocido, pero igualmente incomprendido, *Spiritual Authority*, escribe: "La sumisión es una cuestión de actitud, mientras que la obediencia es una cuestión de conducta."[151] Como explica Nee, la sumisión es la actitud general del corazón, mientras que la obediencia es sólo el resultado y la aplicación. "A veces la obediencia es sumisión, mientras en otras ocasiones la incapacidad de obedecer puede seguir siendo sumisión."[152]

La verdadera sumisión es estar siempre dispuesto a sufrir las consecuencias de cualquier acción. Por tanto, no exige sus derechos, ni siquiera cuando corresponde. Se rinde al amor de Dios y deja que Dios lo justifique o no.[153] La clave es practicar la sumisión interna pero no una obediencia servil. Las dificultades dentro de las agencias misioneras surgen cuando se confunden las dos, porque la mayoría de los conflictos están relacionados con una falta de sumisión interna en lugar de a la simple desobediencia.[154]

---

148 David G. Benner, *Surrender to Love: Discovering the Heart of Christian Spirituality* (IVP, 2003), 10.

149 Benner, 55.

150 Ver Hech 4:19.

151 Watchman Nee, *Spiritual Authority* (Christian Fellowship Publishers, 1972), 107.

152 Nee, 108.

153 El ejemplo bíblico supremo de tales actitudes sumisas se encuentra a lo largo del libro de Daniel. Por ejemplo, vemos esto en Daniel 1 (con el consumo de alimentos ricos y no kosher) y Daniel 3 (la estatua de Nabucodonosor). En ambos casos, Daniel y sus amigos desobedecieron la autoridad al no seguir sus órdenes, pero también se sometieron a su autoridad al estar dispuestos a sufrir las consecuencias de su desobediencia.

154 He descubierto que la mayoría de los misioneros no van directamente en contra de su liderazgo misional, pero interiormente están enojados y albergan dolor y resentimiento que, si no se abordan, obstaculizan el funcionamiento del equipo.

Poder y Control

Todos los servidores globales deben ser discípulos de Jesucristo, bajo su autoridad. Sin embargo, Dios coloca a ciertas personas, como aquellas con el don de liderazgo (Romanos 12:8), como su líder representativo. Esto siempre tiene el potencial del abuso espiritual. A través de medios inadecuados de poder y control, tanto los seguidores como los líderes pueden ser culpables de instigar, además de ser víctimas de abuso.

Los seguidores pueden desconfiar injustamente de sus líderes actuales porque anteriormente han sufrido abusos por parte de otros supervisores. Cuando los seguidores sacan sus conclusiones demasiado rápido y reaccionan negativamente ante la autoridad, surgen problemas. En el campo misionero, esto se ve agravado por los misioneros que provienen de culturas que valoran la autodeterminación y la independencia. Pero Jesús no vino a abrogar la ley (Mateo 5:17), aunque sí la redefinió como una autoridad de función, no como estatus o posición. "Entonces Jesús, llamándolos, dijo: Sabéis que los gobernantes de las naciones se enseñorean de ellas, y los que son grandes ejercen sobre ellas potestad" (Mateo 20:25). Para Jesús, la autoridad no residía en un título sino en una manta (Juan 13:1–17).

Por supuesto, la sumisión es más fácil decirlo que hacerlo. Cualquiera puede someterse a una decisión cuando uno está de acuerdo con ello; la dificultad surge cuando no estamos de acuerdo con una decisión. Cuando hay una diferencia de opinión, ¿cómo responderá el servidor global? La sumisión en estos casos es una elección de rendirse primero ante Cristo y luego a la autoridad funcional en la iglesia.

También debemos trabajar contra la sumisión selectiva. Este es un cumplimiento malicioso en el que practicamos la obediencia, pero aún mantenemos el control de la decisión. Un ejemplo de este tipo de sumisión selectiva es el enfoque de "es mejor pedir perdón que pedir aprobación", que parece estar muy extendido en las misiones de hoy. Debido a la presión de la distancia y el tiempo, a los servidores globales a menudo les resulta más fácil seguir adelante con algo y presentar una decisión de facto a sus líderes. Mantienen el control mientras fingen cumplimiento.

De manera similar, los líderes que luchan por el poder y el control pueden ser expertos en ejercer presión de manera inapropiada. De hecho, este abuso de autoridad es todo demasiado endémico en los círculos misioneros. Algunos líderes abusan de su autoridad mediante el mal uso de las Escrituras para mejorar su posición o sus decisiones, intimidando a otros desde el púlpito.
A través de esa presión, un líder motiva la culpa o la vergüenza, no el amor. El campo de juego nunca está nivelado, porque cuando un líder se pone como la persona quien habla por Dios, ¿quién se atrevería a cuestionarlo?

Una característica central de todos estos escenarios es la cuestión del poder y el control. Buscar el control es un obstáculo básico para la madurez en Cristo. Como discípulo debemos recordar que no podemos controlar cómo Jesús obrará en nuestras vidas. Las luchas por el poder sólo alejan a la gente. La iglesia no puede revelarse en toda su atractividad y gloria al mundo incrédulo si se niega a reconocer el verdadero significado de sumisión, obediencia y entrega. La verdadera intimidad, la verdadera presencia encarnada y la verdadera misión requieren sacrificio y entrega porque, paradójicamente, la vida abundante prometida por Cristo no se obtiene mediante el aferramiento sino mediante la liberación.[155] El amor aumenta cuando el poder disminuye.

Aquellos que se aferran al poder, irónicamente, se resisten poderosamente a ser aferrados por Dios.[156] Pero al seguir el antiguo camino de la sumisión espiritual descubrimos la verdad del gran cambio. Sólo cuando renunciamos al poder y el control y nos rendimos al amor podemos ser moldeados por la presencia, el propósito y el poder de Jesús. Sólo entonces viene sobre nosotros la paz de Dios que sobrepasa todo entendimiento y podemos conocer la perfecta voluntad de Dios (Fil 4:7; Rom 12:1–3).

---

155 Ver Juan 10:10 y Fil 2:5–11.

156 Los relatos de Jacob en Génesis 27–35 lo demuestran acertadamente.

Reflexión y Puntos para Considerar

- ¿Cuáles son tus reacciones ante las palabras líder y seguidor? ¿Cómo te identificas como líder? ¿Cómo te identificas como seguidor? ¿Qué dice esto sobre tu comprensión del liderazgo y el seguimiento?
- Reflexiona sobre experiencias pasadas de sumisión que hayas tenido. ¿Fueron experiencias negativas y abusivas o experiencias positivas? ¿Qué resultados y efectos surgieron de estas experiencias?
- Escribe tu comprensión de las diferencias entre sumisión y obediencia. Reflexiona sobre tus relaciones personales y laborales y piensa sobre dónde has aplicado erróneamente una por la otra.
- La sumisión, como otras disciplinas, se gana con la práctica diaria. ¿En qué áreas de tu vida estás viviendo ya en rendición y cómo puedes profundizar en la obediencia? ¿En qué áreas de tu vida puedes permitir que otros te orienten, discipulen, enseñen, corrijan y guíen para ser un mejor seguidor?

Para Más Lectura

Benner, David G. *Surrender to Love: Discovering the Heart of Christian Spirituality* (IVP, 2003). Una breve pero excelente mirada a cómo el amor y la entrega son el centro de la vida cristiana.

Hamblin Jr., Allen. *Embracing Followership: How to Thrive in a Leader-Centric Culture* (Kirkdale Press, 2016). Aunque está escrito para una audiencia secular mundial, Hamblin es un servidor global que escribe en apoyo del honor y el valor de los seguidores.

Nee, Watchman. *Spiritual Authority* (Christian Fellowship Publications, 1972). Un trabajo fundamental sobre la autoridad espiritual del famoso líder de la iglesia china.

Plueddemann, James E. *Leading Across Cultures: Effective Ministry and Mission in the Global Church* (IVP, 2009). Escrito por un líder misionero veterano, este libro analiza el desarrollo del liderazgo intercultural en la iglesia global.

Entre los ocho mil refugiados en el campo de refugiados

de Moria en Lesbos, Grecia, había dos jóvenes afganos. A Julianna, una voluntaria en el campamento, se le encomendó la tarea de decirles que se alejaran de la estructura ilegal que habían construido y ayudarlos a regresar a su carpa registrada. Fui para ayudar. Cuando llegamos y Julianna les dijo a los hombres que necesitaban regresar a su carpa registrada, no quisieron escuchar. Seguimos hablando con ellos por un tiempo, esperando que cambiaran de opinión, pero continuaron rechazando nuestras súplicas e intentos de razonar con ellos.

La situación se complicó aún más por la barrera del idioma. Ellos hablaban farsi, nosotros no y no teníamos un traductor disponible. La situación se estaba volviendo tensa. Algo tenía que ceder, así que fui a buscar a Ahmed, que hablaba farsi. Ahmed también era un refugiado en el campo y era miembro del pequeño grupo de traductores voluntarios de nuestra ONG. Cuando lo encontré, regresamos rápidamente con Julianna y los dos hombres.

Ya había pasado una hora y, a medida que regresamos, la situación seguía deteriorándose. Estaba frustrado y parecía poco probable que tuviera un final feliz. Uno de los hombres incluso había amenazado con suicidarse. Sobre nosotros se cernía la amenaza de preguntarle a la policía que intervengan. Este no era un escenario deseable; el uso de la fuerza casi ciertamente ha sido un resultado en el que todos pierden.

Nos habían entrenado y nos habían dicho diariamente que mantuviéramos la calma y no alzáramos la voz, incluso frente a la oposición. Así que cada uno de nosotros oró en silencio (y en voz baja, con un susurro) para que escucharan y cumplieran. Ya eran las 4:30p.m.; nuestro turno terminaría pronto y la oscuridad invadía rápidamente. Ahmed fue de gran ayuda traduciendo y, de repente, después de dos horas, acordaron regresar a su carpa registrada.

Pasamos los siguientes treinta minutos ayudándolos a recoger sus pertenencias y llevarlos a la colina de arriba, de regreso a su carpa donde estaban registrados para dormir. ¡Gracias, Dios! Cuando nos fuimos y regresamos para informar a nuestro supervisor, Ahmed nos dijo que no había manera de que él hubiera podido hacer lo que acabamos de hacer. Nuestro comportamiento paciente y la perseverancia lo asombró. ¡La única palabra que tenía para explicar esto era Jesús! Lo miré, sonreí y dije: "¡Tienes razón!"

John
Servidora global en Europa

Ministerio Encarnacional
El Antiguo Camino hacia la presencia

Los evangélicos creen que sólo un Dios personal puede estar presente para un individuo. También creemos que debido a que los seres humanos somos hechos a imagen de Dios (Génesis 1:27), podemos estar presentes unos con otros de una manera que otras formas de creación no pueden. El apóstol Juan nos enseña que esta presencia de unos con otros—este ser con, ser para—es amor. Este amor se demuestra en la encarnación y en la muerte sacrificial de su amado Hijo.

> *Amados, amémonos unos a otros; porque el amor es de Dios. Todo aquel que ama, es nacido de Dios, y conoce a Dios. El que no ama, no ha conocido a Dios; porque Dios es amor. En esto se mostró el amor de Dios para con nosotros, en que Dios envió a su Hijo unigénito al mundo, para que vivamos por él. En esto consiste el amor: no en que nosotros hayamos amado a Dios, sino en que él nos amó a nosotros, y envió a su Hijo en propiciación por nuestros pecados. Amados, si Dios nos ha amado así, debemos también nosotros amarnos unos a otros. Nadie ha visto jamás a Dios. Si nos amamos unos a otros, Dios permanece en nosotros, y su amor se ha perfeccionado en nosotros. —1 de Juan 4:7–12*

Como Jesús, nos comprometemos a amar a las personas encarnadamente estando plenamente presentes con ellos. Como misioneros, quiénes somos es tan importante como lo que hacemos. Debemos encarnar a Jesús ante los demás a través del amor y la verdad. Esto se llama encarnación del ministerio de presencia. Cuando he hablado con servidores globales, ellos han expresado cuando están presentes con las personas, especialmente durante momentos de crisis o dificultades, se sienten agradecidos por simplemente estar allí. La presencia, más que los hechos, es lo que se recuerda. Esta presencia es amor.

Estando y Haciendo

Lamentablemente, los servidores globales no reciben capacitación en presencia encarnacional. David Teague dice que esto se debe a que "no es una materia académica que pueda evaluarse y calificarse, sino más bien un subproducto de nuestra propia formación espiritual".[157] Tal ministerio requiere que aprendamos a *ser*, no simplemente a *hacer*. Es el desbordamiento de Dios obrando en nuestras vidas, algo que no se puede planificar ni preparar.

Pablo afirma: "Y el Dios de esperanza os llene de todo gozo y paz en el creer, para que abundéis en esperanza por el poder del Espíritu Santo" (Romanos 15:13).

---
[157] David Teague, *Godly Servants: Discipleship and Spiritual Formation for Missionaries* (Mission Imprint, 2012), 133.

A medida que la esperanza, la paz y el gozo de Dios inunda nuestro ser, rebozamos del poder del Espíritu Santo, y esta esperanza, a su vez, fluye hacia los demás. Somos el conducto, no la fuente.

Los servidores globales a menudo se centran en lograr objetivos, cumplir plazos y tachar cosas de listas de tareas pendientes. Preferimos los resultados al proceso, la acción a la deliberación y lo práctico sobre lo teórico. Un líder de misión compartió conmigo que, en ausencia de una agenda, su tendencia es actuar, hacer algo. ¿Cuántos de nosotros somos como mi amigo: ¿necesitamos actuar, no podemos esperar? Somos gente impaciente. Decimos que estamos comprometidos a escuchar y seguir el ejemplo de Dios, pero parece que necesitamos que él hable sólo en nuestro cronograma y para obtener los resultados deseados.

Nuestra necesidad de estar de prisa es una necesidad encubierta de controlar. Revela nuestra ansiedad y falta de confianza en Dios. Pero podemos confiar en que la presencia de Cristo estará con nosotros. Jesús le recuerda a sus seguidores esta verdad: "Y Jesús les respondió: Mi Padre hasta ahora trabaja, y yo trabajo" (Juan 5:17). Nuestra tarea es buscar y encontrar dónde ya actúa el Espíritu y responder a sus iniciativas. El factor más importante para Dios no es lo que hacemos por él, sino quiénes somos en él.[158] Esto no significa que debamos ser perfectos antes de servir a Jesús, sino sólo que seamos conscientes de quiénes somos en Cristo.

Si no tenemos una creciente conciencia de la presencia de Cristo en nosotros, tendremos dificultades para ser eficaces en un ministerio de encarnación. David Teague lo dice de esta manera:

Cuando comenzamos un ministerio de "ser", nos encontramos constantemente interponiéndonos en el camino. Dirigimos las conversaciones para que se adapten a nuestros propios intereses. Visitamos para satisfacer nuestras propias necesidades. Llegamos con nuestras propias ansiedades, miedos y prejuicios que impiden a Cristo trabajar a través de nosotros. Seguimos tratando de controlar la situación en lugar de permitir que el Dios que está presente dentro de nosotros obre a través de nosotros.[159]

Habitar en la presencia de Cristo nos capacita para permanecer en la presencia de los demás. Henri Nouwen dice que ésta debe ser nuestra primera prioridad: "La pregunta central es: ¿son los líderes del futuro verdaderamente hombres y mujeres de Dios, personas con un deseo ardiente de morar en la presencia de Dios, de escuchar la voz de Dios, de mirar la presencia de Dios, la belleza de Dios, tocar el Verbo encarnado de Dios y saborear plenamente la infinita bondad de Dios?"[160]

---

[158] Vea 1 Samuel 16:7, donde Dios le recuerda a Samuel que juzga las apariencias externas de las personas de manera diferente a cómo las vemos nosotros.

[159] Teague, 134.

[160] Henri Nouwen, *In the Name of Jesus* (New York: Crossroads, 1996), 29-30.

Estar en la presencia de Dios nos lleva naturalmente a vernos a nosotros mismos en verdad, que somos pecadores que necesitamos un Salvador, como lo hicieron Isaías y Pedro.[161] Nos volvemos como el mismo Jesús: personas sin reputación que, a diferencia de los animales de esta tierra, quienes tienen casa, en cambio no la tienen (Mateo 8:20).[162] La actitud de no preocuparse de la reputación de uno se modela en Filipenses 2:7, donde Pablo dice que Jesús se hizo nada (o "sin reputación", KJV). Esto no significa que Jesús no tenía significado o divinidad, sino que no la consideró como algo que debiéramos captar o captar en su presencia encarnada entre nosotros. Significa asumir el estatus de nada (o como dice Pablo en el pasaje: la forma de un siervo) por el bien de los demás.

Esto es "ser", en contraposición a "hacer". Jesús despidió la reputación. Perdió "ninguna reputación", no por accidente, sino por intención. Su diseño era vivir una vida de presencia encarnada entre nosotros ("tabernáculo").[163]

Estando con la Gente

¿Qué significa estar presente con aquellos a quienes hemos sido enviados? La clave es confiar en la presencia de Dios dentro de nosotros. No estamos llamados a resolver problemas, arreglar a las personas, o cuidar más allá de nuestras fuerzas. Estamos llamados a ser testigos de la presencia de Dios y siervos de las personas en nuestras vidas (Hechos 26:16).

En un momento de nuestra vida y ministerio, Debbie y yo pudimos vivir durante varios años en el mismo vecindario. Oramos y buscamos cómo compartir a Cristo con quienes nos rodeaban. En lugar de "predicar" a nuestros vecinos, decidí hacer básicamente sólo dos cosas. En primer lugar, seríamos buenos vecinos: conoceríamos a las personas por su nombre y trataríamos de comprender sus vidas. Ayudaríamos con pequeñas cosas, como palear nieve, vigilar las casas cuando la gente no estaba, prestar herramientas, etc. En segundo lugar, organizamos dos fiestas informales cada año: un asado cada verano y un intercambio de galletas navideñas cada diciembre.

No compartimos el evangelio en ninguno de los eventos, pero a veces, después de pedir permiso, oramos para bendecir nuestro vecindario. La gente llegó a conocernos y entender que éramos "gente de fe". Con solo estar presentes en sus vidas, comenzamos a ver cambios. Una pareja, después de vivir juntos durante trece años, decidió casarse y vino a preguntarnos qué significa tener una boda cristiana. Esto llevó a todo tipo de discusiones y, finalmente, a pasar tiempo juntos en la Palabra. ¡Qué alegría celebrar con ellos no sólo su matrimonio, sino su nueva vida en Cristo! Una mujer soltera decidió visitar nuestra iglesia para ver sobre qué era. Una tercera familia no era muy respetada por su estilo de vida. Descubrimos que tenían antecedentes muy difíciles sin una verdadera tutoría de su familia, y fue un placer comenzar a ayudarlos a crecer en gracia social. Esto también abrió muchas puertas para compartir a Cristo.

---

161 Vea Is 6:5; Luc 5:8.

162 Vea tambien Mat 13:53–58; Mar 6:1–6.

163 Vea Juan 1:14 "Tabernáculo" es la palabra literal que usa Juan en griego.

Simplemente estábamos presentes en la vida de las personas. Pero para que se sintiera esta presencia de Cristo, teníamos que ser verdaderamente personas disponibles. San Benito es muy claro en este punto cuando afirma: "Que todos los invitados que lleguen deben ser recibidos como Cristo, porque Él va a decir: 'Vine como invitado y me recibisteis.'"[164] La gente necesita sentir que somos acogedores, disponibles y seguros.

Considera algunos de los problemas que los misioneros del primer mandato podrían enfrentar cuando llegan al campo. Soledad, presión de adaptarse a una cultura extranjera, aprender un nuevo idioma, demandas constantes de tiempo, falta de atención médica adecuada y carga de trabajo abrumadora. También existe la presión de ser siempre positivo y solidario con los trabajadores nacionales, confusión sobre las funciones laborales, frecuente falta de privacidad, imposibilidad de escaparse para recreación o vacaciones, necesidades financieras y de apoyo, la necesidad constante para comunicarse con familiares y seguidores en casa, y falta de mentores. La lista podría continuar, pero creo que es evidente que, a menos que afrontemos bien estos factores estresantes, no sólo se agotará nuestra alegría, sino que también nos privaremos de ser personas acogedoras con los demás.

En 2 de Corintios, Pablo escribió acerca de las presiones que había sentido en el ministerio:

> *Antes bien, nos recomendamos en todo como ministros de Dios, en mucha paciencia, en tribulaciones, en necesidades, en angustias; en azotes, en cárceles, en tumultos, en trabajos, en desvelos, en ayunos; en pureza, en ciencia, en longanimidad, en bondad, en el Espíritu Santo, en amor sincero, en palabra de verdad, en poder de Dios, con armas de justicia a diestra y a siniestra; por honra y por deshonra, por mala fama y por buena fama; como engañadores, pero veraces; como desconocidos, pero bien conocidos; como moribundos, mas he aquí vivimos; como castigados, mas no muertos; como entristecidos, mas siempre gozosos; como pobres, mas enriqueciendo a muchos; como no teniendo nada, más poseyéndolo todo. –2 de Corintios 6:4–10*

En este breve pasaje, Pablo menciona diecinueve factores estresantes distintos que había enfrentado como misionero. Sin embargo, esto no le impidió decir que "nuestro corazón se ha ensanchado" en el siguiente versículo, en el versículo 11. De hecho, los misioneros no estaban "reteniendo [su] afecto" de los corintios (v. 12). La clave no era que Pablo se preparaba más, se esforzaba más o hacía más, sino que los corintios simplemente "recibieron la gracia de Dios" (v. 1), y que Pablo y su equipo estaban presentes allí con la iglesia, permitiendo que Dios trabajara. Debemos hacernos la pregunta: "¿Estoy aquí por mí o por los individuos que me precedieron? ¿Estoy pidiendo que la presencia de Dios se desborde en sus vidas a través de mí en todo momento?

---

[164] Lonni Collins Pratt and Father Daniel Homan, OSB *Benedict's Way: An Ancient Monk's Insights for a Balanced Life* (Loyola Press, 2000), 65.

Escuchando a la Gente

Una de las formas más efectivas de estar presente con los demás es a través del arte de escuchar. El escuchar es una habilidad que los trabajadores globales necesitan desesperadamente, es una manera poderosa de traer a Cristo a las conversaciones y dejar que el Espíritu Santo obre.

Escuchar bien significa dejar de lado la tentación de resolver siempre las cosas para los demás. Significa que podemos validar sus sentimientos, incluso si no podemos afirmar sus pensamientos. Escuchamos y reflexionamos sobre lo que escuchamos de lo que alguien nos dice. Esto es escucha empática, lo que podría llamarse la forma más elevada de escuchar. La escucha empática nos permite evaluar sin juzgar. Desbloquea la presencia de Dios y la verdad en la situación actual. Cuando escuchamos bien, nos convertimos en conductores de la sabiduría de Dios, capaces de brindar aliento compasivo y aportes prácticos.

Las personas anhelan ser conocidas, ser quienes Dios las creó para ser, pero también son temerosas de ella. Muchos se han abierto a los demás sólo para haber sido profundamente heridos. Es posible que hayan sido víctimas de quienes piensan que para ayudar a otros necesitan arreglarlos, es decir, hacer que piensen y actúen más como lo hacen.

Abba Pafnucio escribió: "He visto a un hombre enterrado en la orilla del río. Se cayó de rodillas en el barro y algunos hombres vinieron a ayudarlo, pero lo empujaron más hasta el cuello."[165] Hagamos lo que hagamos como servidores globales, nunca deberíamos empujar a alguien más hacía el barro. Qué regalo, sin embargo, ofrecer una atención imparcial y amorosa. No se requiere ninguna educación formal para lograr esto, sólo el cultivo del Espíritu Santo activo de Dios en tu vida y el deseo de estar presente con los demás por su bien.

El Dr. Curt Thompson ha señalado que la ciencia en realidad ha demostrado el tremendo valor de la escucha empática. "Cuando una persona cuenta su historia y es verdaderamente escuchada y comprendida, tanto ella como el oyente experimentan cambios reales en sus circuitos cerebrales. Sienten una mayor sensación de conexión emocional y relacional, hay una disminución de la ansiedad y mayor conciencia y compasión por el sufrimiento de los demás."[166] La escucha empática da como resultado una mayor integración entre los pensamientos y sentimientos de una persona, lo que nos lleva hacia una mayor compasión e identificación con los demás.

La escucha empática puede ser emocionalmente agotadora. Escuchar profundamente a los demás, prestar atención a su lenguaje corporal y emociones, y reflejar lo que escuchamos puede pasar factura al oyente. Dar permiso a los demás para que compartan sus sentimientos y cuenten su historia significa que también nos vaciamos a nosotros mismos. Cuando esto suceda, te animo a que intentes alejarte y recargarte antes de asumir la siguiente tarea ministerial.

---

165 Benedicta Ward, *The Desert Christian: The Sayings of the Desert Fathers* (Macmillan, 1975), 7.
166 Curt Thompson, *The Anatomy of the Soul* (SaltRiver, 2010), xiv.

Confiando en la Obra Dios

Si realmente creemos en estas palabras de Jesús: "Mi Padre hasta ahora trabaja, y yo trabajo" (Juan 5:17), debemos confiar en que Dios obrará a través de nuestra presencia y oraciones. La oración es siempre una parte significativa de cualquier presencia encarnacional. La oración nos ayuda a ver a las personas como Dios las ve. El don combinado de presencia y oración nos mueve hacia la confianza.

Es importante esperar que Dios esté obrando incluso cuando no lo sentimos cerca. Una vez cuando estaba al límite de mi ingenio para saber cómo ayudar a un compañero misionero, recurrí a la oración intercesora. Seguí con una llamada telefónica y descubrí que Dios ya había hecho una obra importante al ayudar a este hombre a alcanzar y aceptar una decisión difícil sin ninguna participación adicional de mi parte. ¡Todo era Dios! Mi trabajo era simplemente estar presente con él en oración.

A menudo intercambiamos el tiempo tranquilo de la presencia espiritual con el ajetreo de reuniones, eventos, actividades sociales y cosas por el estilo. Esto no es "presencia" como yo la defino. Presencia es estar con la persona con la que estás y escucharla, mientras confías en que Dios está activamente presente en la situación fuera de tu propia participación.

Piensa en el llamado de Samuel, encontrado en 1 Samuel 3. Dios está llamando al niño a despertar a su presencia. El anciano sacerdote, Elí, reconociendo que Dios estaba obrando, le dice a Samuel simplemente que esté presente. "Y dijo Elí a Samuel: Ve y acuéstate; y si te llamare, dirás: Habla, Jehová, porque tu siervo oye. Así se fue Samuel, y se acostó en su lugar" (1 Sam 3:9). Dios respondió diciendo: "Y Jehová dijo a Samuel: He aquí haré yo una cosa en Israel, que a quien la oyere, le retiñirán ambos oídos" (v. 11).

Dios siempre está hablando; nuestra parte es dejar que su voz haga vibrar nuestros oídos. La desaceleración es una parte importante de este reconocimiento. Cuando Samuel intentó buscar respuestas de Elí, se distanció de la voz de Dios y, como resultado, no pudo escucharlo (vv. 4–7). Fue sólo cuando se calmó y se acostó, disminuyendo la velocidad lo suficientemente que escuchó y sintió la presencia de Dios (v. 10).

Si mantenemos a Cristo en el centro, nuestros planes, propósitos y programas estarán en sintonía con la presencia activa de Dios. Como dijo C. S. Lewis,

> *Podemos ignorar, pero por ningún lado podemos evadir la presencia de Dios. El mundo está lleno de Él. Camina por todas partes de incógnito. Y el incógnito no siempre es difícil de penetrar. El verdadero trabajo es recordar, atender. De hecho, despertar. Más aún, permanecer despierto.*[167]

Comprender esta verdad mantiene nuestros ojos enfocados en cómo el Dios del universo interactúa con su creación. Esta comprensión nos permite profundizar con Dios y permanecer presentes con él. Confiamos en que Dios está obrando porque lo vemos obrar. Cada día nos motivamos a preguntarnos: "¿Cómo quiere Dios que pase esta hora, este día, esta vida?" Mientras nos ralentizamos lo suficiente para escuchar y mirar a Dios, el tiempo no se convierte

---

[167] C. S. Lewis, *Letters to Malcolm: Chiefly on Prayer* (Harcourt, 1964), 75.

en un enemigo, sino en un regalo. Vemos cada día como algo que debemos desarrollar, nutrir y apreciar. Siempre habrá tiempo suficiente para hacer lo que él nos pide. Estar presente encarnizadamente con los demás es una vía para ver a Dios moviéndose entre nosotros, en momentos que debemos atesorar y como tiempo bien empleado.

Reflexión y Puntos para Considerar

- ¿De qué manera ves y comprendes que el simple hecho de estar con las personas abre una vía para la presencia activa de Dios en sus vidas?
- ¿Cómo se siente cuando Dios aparece inesperadamente en tu vida? ¿Qué tan fácil (o difícil) es para Dios llamarte la atención?
- ¿De qué maneras eres adicto a hacer: a las reuniones, a las prisas, al ajetreo, a la adrenalina? ¿Cómo es elegir deliberadamente reducir el ritmo?
- ¿Cómo es para ti cuando el hacer entra en conflicto con el ser? ¿Tienes tendencia a elegir plazos, cronogramas y resultados finales en lugar del tiempo que pasas con Dios o las personas? ¿Qué puedes cambiar para adaptarte mejor a un estilo de vida de atención al momento y a los demás?

Para Más Lectura

Anderson, Keith R. *A Spirituality of Listening: Living What We Hear* (IVP, 2016). Al comprender que la espiritualidad se basa en la vida ordinaria, Anderson nos ayuda a descubrir cómo escuchar a Dios en medio del ruido y la confusión.

Chole, Alicia Britt. *The Sacred Slow: A Holy Departure from Fast Faith* (Thomas Nelson, 2017). Chole comparte cincuenta y dos ejercicios (uno por semana) sobre cómo reducir el ritmo y estar presente en la vida.

Kolber, Aundi. *Try Softer* (Tyndale, 2020). Un llamado a tratar de ser amable con uno mismo y con los demás en lugar de esforzarse más.

McHugh, Adam S. *The Listening Life: Embracing Attentiveness in a World of Distraction* (IVP, 2015). Una guía útil para aprender a escuchar mejor tanto a las personas como a Dios.

Afortunadamente, el sufrimiento no es una disciplina espiritual. Más bien, es una realidad normativa para todos los que tienen pulso en este mundo caído. Todo el mundo sufre. Sin embargo, cómo le respondemos a Dios en medio de diversas adversidades es otra cuestión. De hecho, nuestra respuesta puede ser una práctica espiritual.

Todavía existe una tendencia masiva a dicotomizar nuestras vidas: la vida espiritual va en una caja y el resto de la vida en otra. Pero cuando el dolor invade cada rincón de nuestra vida a través del divorcio, el cáncer, la pérdida de un trabajo o una crisis de fe, tales categorías no trabajan bien. Vivo con una limitación de salud crónica. Tengo poco que decir sobre cómo me voy a sentir día a día, y mucho menos hora a hora. Ha invadido todos los ámbitos de mi vida. Pero Dios me ha extendido la oportunidad de caminar bien en medio del contexto en el que me encuentro. Incluso cuando, y sobre todo cuando, ese contexto apesta. Lo que antes era un enemigo del que había que deshacerme a todo costo ahora se ha convertido en un compañero de viaje conmigo. No me gusta el dolor de la adversidad y no elegí estas circunstancias, sin embargo, he llegado a estar profundamente agradecido por el fruto que Dios me ha dado a través de esa adversidad. De hecho, no creo que hubiera llegado a conocer el amor del Padre sin este desafío físico prolongado e incesante con el que vivo.

Las noches oscuras en las que nos encontramos están llenas de oportunidades para arroparnos en Jesús invitándolo a estar con nosotros en medio de nuestro dolor y confusión. Pasajes como Romanos 5 y Santiago 1 se convierten en un plan de estudios muy real para nuestros viajes. Estos pasajes nos recuerdan que nuestro Padre es un Padre sabio y amoroso y que utiliza el sufrimiento como una de las muchas gracias para atraernos más profundamente a su amor. Esta afirmación está plagada de paradojas y tensiones, pero todos los pasajes bíblicos centrales sobre el sufrimiento avalan su validez.

Al final, nuestra respuesta hacia Dios en medio del dolor es una oportunidad esencial para profundizar en la comunión con él. La fe, en la forma de preguntarle al Padre cómo perdurar bien con Él el sufrimiento (Santiago 1:5), es de hecho una práctica espiritual necesaria en este mundo de belleza y maldad.

Scott
Servidora global en Hong Kong

Sufrimiento
El Antiguo Camino hacia la Alegría

16

La mayor motivación para la misión cristiana es la gloria de Dios: su honor y su interminable reputación.[168] Pero una parte de dar gloria a Dios es la voluntad de soportar el dolor mientras testificamos del amor de Jesús a las naciones (Juan 3:16). Es este amor el que permite a los servidores globales enfrentar tiempos difíciles y de sufrimiento. Pablo dice: "El amor de Cristo nos impulsa" (2 Cor 5:14) a compartir el "evangelio de la gloria de Cristo" (2 Cor 4:4). Al compartir la misión de Jesucristo, compartimos tanto su gloria como sus sufrimientos. Es en este compartir, tanto el poder de su gloria resucitada como la participación de su sufrimiento, que descubrimos el gozo de la vida de Cristo (Fil. 3:10–11).

El sufrimiento y la gloria tienen una conexión bíblica en la persona de Jesucristo. Se le presenta simultáneamente como el Cristo sufriente: "hombre de tristeza, y familiarizado con el sufrimiento" (Isaías 53:3), y también el Cristo glorioso que siempre ha poseído la gloria de Dios, incluso antes de la creación del mundo (Juan 17:24). Como escribe Pablo: "Y si hijos, también herederos; herederos de Dios y coherederos con Cristo, si es que padecemos juntamente con él, para que juntamente con él seamos glorificados" (Romanos 8:17).

Los servidores globales quieren, esperan y tratan de amar a aquellos a quienes han sido enviados a alcanzar a Cristo. Naturalmente, también deseamos que así como amamos a los demás, ellos también nos amen a nosotros. Sin embargo, cuando entré por primera vez al campo no me tomó mucho tiempo darme cuenta de que la gente no estaba esperando para recibirme con los brazos abiertos. Los misioneros no necesariamente son rechazados o degradados como individuos, pero a menudo son rechazados por lo que podrían representar. En mi caso, ser estadounidense, cristiano y misionero era un problema.

Entonces, ¿cómo reaccionamos cuando somos rechazados y el amor que damos no es regresado por otros? ¿Cómo perseveran los servidores globales bajo las dificultades de las pruebas y los sufrimientos? ¿Cómo puede nuestra vida espiritual perdurar e incluso florecer en ese ambiente?

En este capítulo exploraremos el sufrimiento considerando tres facetas que a menudo forman parte de la experiencia de un servidor global: la "Noche Oscura" de San Juan de la Cruz; sufrimiento que redime y santifica; y el alegre suceso de compartir el sufrimiento de Cristo.

---

168 Para apoyo bíblico de esta comprensión de la gloria, vea Isaías 43:7; Romanos 3:23; Juan 17:5; Hebreos 1:3.

Sufrimiento y la Noche Oscura

"¿Por qué fue perpetuo mi dolor, y mi herida desahuciada no admitió curación? ¿Serás para mí como cosa ilusoria, como aguas que no son estables?" (Jeremías 15:18). Creo que todos nos identificamos con el grito de desesperación de Jeremías cuando estaba desesperado por agua refrescante sólo para encontrar un arroyo vacío. El dolor resulta en la confusión de expectativas no realizadas. No saber el porqué de las cosas, las circunstancias y los acontecimientos es angustioso. También estoy convencido de que es uno de los mayores regalos de Dios. El don del sufrimiento se conoce en los círculos de formación espiritual como la "noche oscura del alma" o simplemente la "Noche Oscura". El psiquiatra cristiano Gerald May dice:

> *Cuando la gente habla de pasar por una noche oscura del alma, normalmente quieren decir que están experimentando cosas malas. La mala noticia es que a todo el mundo le suceden cosas malas y (a menudo) no tienen nada que ver con si eres una buena o mala persona, con qué eficacia te has hecho cargo de tu vida o con qué cuidado has planeado el futuro.*[169]

La frase "noche oscura" proviene del místico católico español del siglo XVI, San Juan de la Cruz, y se refiere a la purga que atraviesa nuestras almas cuando nuestras vidas aparentemente pierden el sentido de Dios y sus propósitos. Nuestra vida de oración se seca tan severamente que nos sentimos completamente aislados de la presencia de Dios y vivimos en un estado de esterilidad espiritual. San Juan enseñó que la Noche Oscura era la forma en que Dios nos entrena para dejar de lado los apegos y aumentar nuestra dependencia de sí mismo.

El resultado de la Noche Oscura es liberar nuestras vidas de lo que nos ha enredado y alejado de Dios. Eso es lo que nos da la Noche Oscura, pero este don de comprensión no llega hasta que hayamos soportado el sufrimiento. Algunos, especialmente aquellos que son familiarizados con la historia de la Noche Oscura, evocan imágenes de muros monásticos y experiencias místicas de élite, reservadas sólo para el más santo de los santos. Otros, en días más recientes, ven la Noche Oscura en cualquier cosa que describe la desgracia, desde una pequeña decepción hasta una gran tragedia.

Sin embargo, ambas interpretaciones son erróneas. La Noche Oscura no se limita a los santos místicos de la iglesia. Le puede suceder a cualquiera. Sin embargo, la Noche Oscura es también mucho más importante que la simple desgracia. Se trata del proceso que Dios usa para la transformación de nuestros corazones, que también puede liberarnos para servir a los demás y glorificar a Jesucristo exteriormente de maneras más poderosas, conectando nuestros corazones con nuestras manos a un nivel más profundo.

---

[169] Gerald May, *The Dark Night of the Soul: A Psychiatrist Explores the Connection Between Darkness and Spiritual Growth* (Harper, 2004), 1. En aras de la simplificación, no distinguiré las dos noches que Juan de la Cruz describe como La noche oscura de los sentidos y La noche oscura del espíritu, sino que me referiré a ambas como la Noche oscura.

Como observa Gerald May,

La noche oscura del alma no es un evento que uno atraviesa y supera, sino más bien un proceso profundo y continuo que caracteriza nuestra vida espiritual. En cierto sentido, la Noche Oscura es la vida oculta de una persona con Dios. Juan [de la Cruz] lleva esto aún más lejos, diciendo que la noche no es sólo la actividad de Dios; es Dios. "Esta noche oscura", dice, "es un influjo de Dios en el alma".[170]

Esta afluencia, sin embargo, puede ser aterradora y perturbadora porque Dios parece estar tan ausente, aunque toda la experiencia es siempre para nuestro beneficio.

La Noche Oscura es algo que no pedimos; no nos preparamos para ella; no lo esperábamos; no lo entendemos; no podemos pensar, sentir o razonar para salir de ello; y estamos ciegos y totalmente dependientes de Dios para sus respuestas y su luz. La mayoría de nosotros encontramos este nivel de dependencia incómodo en el mejor de los casos y totalmente depresivo en el peor. Es difícil porque la pasividad, la inacción y la rendición tienen consecuencias negativas. Es muy difícil confiar simplemente en Dios: quédate quieto en medio del caos, la confusión, la crisis espiritual, la sequedad espiritual, el vacío o la lucha.

Según mi experiencia, muchas personas que están experimentando la Noche Oscura no tienen idea por lo que están pasando. Esta es probablemente la mayor paradoja de todo: dado que es tan oscuro y misterioso, no hay manera de identificarlo positivamente en la experiencia. Podemos intentar creer que las experiencias de confusión, pérdida o abandono son parte del proceso liberador de la Noche, pero (y aquí está el punto) no hay manera de estar seguros. Es posible que queramos creer que una experiencia dolorosa tiene significado y que de alguna manera nos conduce a una mayor libertad, pero nuestra mente puede estar diciéndonos que sucedió sólo porque cometimos algún error, o porque algo está mal, o es el resultado del pecado o de la disciplina de Dios. Simplemente no podemos depender de nuestro propio discernimiento para determinar la naturaleza de nuestra experiencia. Necesitamos personas externas que puedan brindar claridad, perspectiva y orientación. Es entonces cuando los directores espirituales se vuelven tan valiosos.

Al final, debemos confiar simple y radicalmente en la bondad permanente de Dios. Mientras luchamos a través de la Noche Oscura, con fe, entregamos nuestra percepción a la realidad de la bondad de Dios. Llegamos a creer, no sobre la base de la ausencia o presencia de Dios, sino sobre la base de la fe, que Dios está realmente ahí. Entonces, incluso cuando no lo sentimos, sabemos que él es real y todavía está trabajando en nuestras vidas, que la Noche Oscura es para nuestro bien y que Dios mismo es bueno.

No siempre es fácil distinguir entre agotamiento, depresión, pereza y la Noche Oscura. Permítanme citar nuevamente a Gerald May:

---

170 May, *The Dark Night*, 10.

Es mi experiencia que la gente suele experimentar depresión y la noche oscura al mismo tiempo. Es decir, la noche oscura puede resultar deprimente. Incluso si la mayor parte de la experiencia parece liberadora, todavía implica pérdida y la pérdida implica dolor, y el dolor puede convertirse, al menos temporalmente, en depresión. Por el contrario, una depresión clínica primaria puede convertirse en parte de una experiencia de noche oscura, como cualquier otra enfermedad.[171]

John of the Cross también reconoce esta superposición, que el dolor y la pena "a veces pueden verse aumentados por la melancolía o algún otro humor ... y frecuentemente lo es."[172]

Por eso debemos ser cuidadosos y sabios cuando analizamos nuestro dolor. Con la comprensión actual de las causas y el tratamiento de la depresión, y debido a que los medicamentos pueden prevenir sufrimientos innecesarios y, en algunos casos, incluso salvar vidas, debemos tratar seriamente cualquier condición biológica subyacente. Cuando un individuo experimenta síntomas de depresión significativas, es vital que esos síntomas sean reconocidos y admitidos; y como mínimo, la persona debe recibir una consulta médica. A los misioneros, como a cualquier otra persona, se les puede diagnosticar depresión. De hecho, muchos misioneros, tanto ahora como históricamente, han tenido episodios depresivos.[173]

Se podría decir mucho más sobre la experiencia de la Noche Oscura. Pero voy a concluir reafirmando que este fenómeno es uno de los medios más eficaces para eliminar nuestra posesión sobre el ministerio, porque a través de la Noche Oscura llegamos a ver que Dios mismo está obrando a través de nosotros. La Noche Oscura no es una señal de fracaso, sino de crecimiento. No es la ausencia de Dios, sino el comienzo de una presencia nueva y más profunda de él en nuestras vidas.

Sufrimiento: Redención y Santificación en Cristo

Cuando estudiamos el Nuevo Testamento, especialmente el Evangelio de Juan, las epístolas de Pablo y el libro de Hebreos, comenzamos a ver un concepto emergente: cuando vivimos nuestras vidas conociendo, amando y sirviendo a Cristo, no estamos viviendo una vida *con* Cristo o *para* Cristo, sino *en* Cristo. Somos llamados al reino de la luz como hijos del Rey; pero más profundamente, estamos llamados a una unión dinámica *con* nuestro parentesco: Jesucristo.

Jesús describe esto en el Evangelio de Juan con estas palabras: "Permaneced en mí, y yo en vosotros" (Juan 15:4). Este es también un tema recurrente en el primer capítulo de Efesios, donde Pablo usa continuamente la simple frase "en Cristo" o "en él" para describir nuestra identidad con Jesús.[174] Y mire lo que dice Pablo en Colosenses 2:6–7: "Por tanto, de la manera que habéis recibido al Señor Jesucristo, andad en él; arraigados y sobreedificados en él, y confirmados en la fe, así como habéis sido enseñados, abundando en acciones de gracias.: "La vida cristiana se

---

171 May, *The Dark Night*, 156.

172 St. John of the Cross, *The Dark Night of the Soul*, trans. Mirabai Starr (Riverhead Books, 2002).

173 Observe las vidas de los primeros grandes misioneros estadounidenses David Brainerd y Adoniram Judson.

174 Vea Efesios 1:1, 3, 4, 6, 7, 9, 11, 13 y 20. Vea también Filipenses 3:8–12.

define por conocer o ganar a Cristo, y este conocimiento no es una referencia a la comprensión intelectual sino al encuentro experiencial con Cristo."[175]

El escritor de la carta a los Hebreos también habló de ser atraído a la vida de Cristo. "Por tanto, hermanos santos, participantes del llamamiento celestial, considerad al apóstol y sumo sacerdote de nuestra profesión, Cristo Jesús" (3:1). La palabra griega traducida aquí como "considerad" *katanoein*, no significa estudiar a alguien para seguir su ejemplo. Sino que habla de una contemplación permanente: la mirada que participa se deleita e incluso habita en el otro.

Ese lenguaje en el Nuevo Testamento se refiere a nuestra permanencia relacional con Jesús. Los teólogos han tratado de explicar qué significa para los creyentes "permanecer en Cristo". George Fox, fundador del movimiento cuáquero en Inglaterra del siglo XVII, identificó siete elementos que componen nuestra vida en Cristo, a los que llamó la "luz interior": la experiencia inmediata, las Escrituras, nuevas percepciones en la vida, la dirección interna del Espíritu Santo, compartiendo en sus sufrimientos (de Cristo), comunidad activa de fe y el amor puro de Dios.[176] Echemos un vistazo más cerca al quinto elemento de esta lista: compartir en los sufrimientos de Cristo.

Fox enseñó que ni el sufrimiento ni la ausencia del sufrimiento son señales de la aprobación de Dios. Tal comprensión surgió de las propias experiencias de Fox al ser perseguido por su fe, en lo que soportó gran sufrimiento y, sin embargo, al mismo tiempo también experimentó un gran gozo y un conocimiento íntimo de Jesús.[177] Para Fox, el amor de Dios es conocido y discernido en el contexto de la dificultad y el dolor.[178]

La enseñanza de Fox es también la enseñanza de las Escrituras. En el Antiguo Testamento, está claro que los sufrimientos de Job no eran el resultado de un pecado oculto o del desagrado de Dios hacia él. En el Nuevo Testamento tenemos las palabras de Pablo: "a fin de conocerle, y el poder de su resurrección, y la participación de sus padecimientos, llegando a ser semejante a él en su muerte" (Fil 3:10).

El sufrimiento es un medio para crecer en gracia y santificación como producto de la obra redentora del Espíritu Santo. Esto también significa que no todo sufrimiento es redentor. No creo en el sufrimiento por sufrir; creo en el sufrimiento sólo por amor a Jesús. Hay una diferencia real entre estos dos puntos de vista. El sufrimiento sin sentido es una tontería. Pero el sufrimiento por causa de Jesús (a menudo visto en el sufrimiento por causa de otros) es lo que Pablo llama participar en los sufrimientos de Cristo. Cuando sufrimos como creyentes, abrazamos el cuidado de los demás, lo cual, a imitación de Cristo, es un reflejo del propio amor de Dios.[179] Dado que somos obra de Dios (Efesios 2:10) y esenciales para el movimiento continuo de Dios para redimir la creación del mal a través de la obra de Jesús en la cruz, continuaremos sufriendo en esta obra redentora y santificadora, así como él sufrió por el mundo (Juan 3:16).

---

175 Gordon T. Smith, *Called to Be Saints: An Invitation to Christian Maturity* (IVP, 2014), 42.

176 Richard J. Foster and Gayle D. Beebe, *Longing for God: Seven Paths of Christian Devotion* (IVP, 2009), 177-78.

177 George Fox, *The Journal of George Fox*, ed. Norman Penney (Costmo Classics, 2007).

178 Foster and Beebe, 180.

179 Vea 1 Tes. 4:9.

Escucha al apóstol Pablo: "sino que según fuimos aprobados por Dios para que se nos confiase el evangelio, así hablamos; no como para agradar a los hombres, sino a Dios, que prueba nuestros corazones" (1 Tes 2:4). En su excelente libro, *At the Heart of the Gospel*, L. Ann Jervis explora el sufrimiento en las cartas de Pablo y explica perspicazmente lo que Pablo está diciendo.

> *Pablo habla de haber sido probado por Dios y de estar en un estado de ser aprobado por Dios (1 Tes. 2:4). Si bien no dice que su prueba y aprobación fueron el resultado de su sufrimiento, sí habla de estas cosas casi inmediatamente después de su declaración de que él y sus colaboradores habían sufrido y sido maltratados en Filipos y que en Tesalónica habían predicado el evangelio de Dios frente a gran oposición (1 Tes. 2:2). Entonces, no es un gran salto sugerir que esta referencia a la capacidad de la lucha de Pablo ... está conectado con la prueba y aprobación de Dios hacia él.*[180]

Esto parece implicar que Pablo entendió que su aprobación de Dios estaba conectada de alguna manera con su disposición a sufrir por la causa del evangelio. El dolor del que habla Pablo también representa las dificultades que un siervo global puede experimentar explícitamente debido a nuestra identificación con Cristo (física, emocional y espiritual), además del mal que está tan extendido en el mundo que nos rodea.

En Romanos 5:3, Pablo va aún más allá y dice: "Y no solo esto, sino que también nos gloriamos en las tribulaciones, sabiendo que la tribulación produce paciencia." Esto significa que realmente podemos abrazar el sufrimiento, sabiendo que en el sufrimiento estamos siendo santificados en gracia y esperanza. Entonces, a través de nuestro crecimiento en gracia y esperanza, también podremos llevar más gracia y esperanza a los demás. Esto es lo que Henri Nouwen quiere decir cuando nos describe como ministros que somos "curanderos heridos".[181]

El crecimiento a través del sufrimiento puede ser una experiencia crítica y transformadora para el servidor global. El fracaso, las heridas, el quebrantamiento y el sufrimiento por causa de Jesús pueden dejarnos devastados o fortalecidos por el Espíritu. Como enseñó George Fox, aprendemos cosas sobre Dios a través del sufrimiento que realmente no podemos aprender de otra manera. A través de ese crecimiento, nos convertimos en siervos de Cristo más sabios, listos para consolar y animar a otros. "Amados, no os sorprendáis del fuego de prueba que os ha sobrevenido, como si alguna cosa extraña os aconteciese, sino gozaos por cuanto sois participantes de los padecimientos de Cristo, para que también en la revelación de su gloria os gocéis con gran alegría" (1 Pedro 4:12–13).

Del Sufrimiento a la Alegría

Como insinúa Pedro, existe una fuerte conexión entre el sufrimiento, la gloria y el gozo. Pablo hace un eco de esto en 2 Corintios 7:4, cuando después de pasar por todas las dificultades que ha enfrentado por el evangelio (6:3–13), continúa diciendo: "antes bien, nos recomendamos en todo como ministros de Dios, en

---

[180] L. Ann Jervis, *At the Heart of the Gospel: Suffering in the Earliest Christian Message* (Eerdmans, 2007), 25.
[181] Vea Henri Nouwen, *The Wounded Healer* (Doubleday, 1979).

mucha paciencia, en tribulaciones, en necesidades, en angustias" (v. 4). Muchos servidores globales que conozco también demuestran esta cualidad de alegría y esperanza incluso en medio de sus privaciones.

El resultado de aceptar el sufrimiento por causa de Jesús es encontrar un placer glorioso al hacer la voluntad de Dios y escuchar su voz decir: "¡Bien, buen siervo y fiel!" (Mateo 25:21). Ignacio de Antioquía, al enfrentarse al martirio, no suplicó ser salvado porque esperaba el gozo eterno que estaba a punto de recibir. Refiriéndose a Filipenses 2:17, dijo: "No me concedáis nada más que ser derramado como libación para Dios mientras el altar aún está listo."[182] Haymo de Halberstadt, Tertuliano, Ireneo, Policarpo y Agustín también refieren a estas palabras de Pablo para animar a los creyentes que enfrentan al sufrimiento.[183]

Julien de Norwich (1342–1416) era una anacoreta, una mujer que vivía en un apartamento de una habitación adjunto a una iglesia en Inglaterra devastada por la peste negra. Julien escribió un libro basado en dieciséis experiencias religiosas que le fueron mostradas en sucesivas visiones. En su novena manifestación, o visión, Jesús afirma su placer en el sufrimiento de Julien por su causa. Julien interpretó esta visión en el sentido de que Cristo es profundamente feliz cuando comprendemos y apreciamos su sufrimiento por nosotros. "Es como si nuestra gratitud y reconocimiento fuera el único gozo que Dios necesita para sentirse bien con su sacrificio final."[184]

Qué pensamiento tan extraño, pero expresado con sencillez: Dios se deleita en su sufrimiento por nuestro bien. Le brindamos alegría especialmente cuando lo amamos y servimos simplemente porque esto demuestra nuestra comprensión y aprecio por todo lo que ha hecho por nosotros.

Sufrimos de diversas maneras como servidores globales. La pérdida material, el quebrantamiento relacional, la muerte de los sueños, la separación de los seres queridos, incluso el martirio físico, son todos ejemplos del dolor que un siervo global puede experimentar al servir a nuestro Jesús. El sufrimiento se encuentra incluso en lo mundano. Las tareas simples pero exigentes que tenemos que hacer en el campo misionero: conectarnos constantemente con los donantes (¿cuántos de nosotros escribimos notas de agradecimiento mientras estamos de vacaciones?), completar informes y presupuestos, recibir visitas cuando tenemos tantas otras cosas que hacer y la dolorosa soledad de la separación de la familia, los amigos y las comodidades familiares.

Es necesario lamentar nuestras pérdidas y reconocer nuestro dolor, ya sea grande o pequeño, por lo que es: sufrimiento. Sin embargo, también es prudente no dejar que el sufrimiento tenga la última palabra. No queremos actuar sólo por el dolor. Cuando somos sabios, podemos aprender a actuar con alegría. Sí, Dios permite el dolor en este mundo

---

182 Jervis, *At the Heart of the Gospel*, 66.
183 Jervis, 67.
184 Foster and Beebe, *The Journal of George Fox*, 168.

quebrantado, pero esto no nos define. Al sufrir por causa de Jesús, en realidad estamos redimiendo el quebrantamiento y el dolor de este mundo a través del amor vencedor de Jesús. Este es el camino de la cruz.

La sabiduría de la cruz es la comprensión de que la gracia de Dios afecta las vidas de aquellos que son llamados a ser servidores globales. Nos damos cuenta de que en nuestros sufrimientos nos convertimos en coherederos con Cristo en sus sufrimientos (Romanos 8:17). Ésta es una de las enseñanzas esenciales de la literatura sapiencial de la Biblia.[185] A través del sufrimiento aprendemos a esperar, a ser pacientes y a dejar que Dios entre en acción. En realidad, Dios siempre está presente. El proceso de espera simplemente nos ayuda a frenarnos para que podamos ver a Dios haciendo su obra a su manera. Afortunadamente, Pablo dice que este sufrimiento es sólo "una tribulación leve y momentánea" (2 Cor 4:17), y nunca sufrimos como aquellos que no tienen esperanza (Romanos 8:18–19).

Todo esto puede producir gozo en nuestros corazones, el gozo que proviene de conocer mejor a Dios y servirlo de mejor manera y saber que tenemos asegurado nuestro hogar eterno final y que descansamos en el amor de Dios. Pero también debemos recordar que la alegría no es algo que nos sucede simplemente a nosotros. La alegría es una decisión. El gozo siempre está disponible, dado a través del fruto del Espíritu (Gálatas 5:22), independientemente de nuestra situación y circunstancia. El Dr. Ken Williams, consejero misionero de Wycliffe Bible Translators, enseñó que el gozo es el marcador definitorio de un servidor global a largo plazo. Sin alegría, la sostenibilidad de los misioneros en el campo se acorta.[186]

¿Has pasado por algún obstáculo que te haya hecho cuestionar tu alegría: miedo, cinismo, aburrimiento, baja autoestima, tomarte a ti mismo demasiado en serio, ¿pérdida del asombro, avaricia, culpa, vergüenza, amargura u ocupación? Estas son gargantillas de alegría. Pero cuando avanzamos con la determinación de dejar que el amor de Dios nos guíe, el gozo nos encontrará. Jesús anhela que conozcamos su gozo: "y me alegro por vosotros, de no haber estado allí, para que creáis; más vamos a él" (Juan 15:11). "También vosotros ahora tenéis tristeza; pero os volveré a ver, y se gozará vuestro corazón, y nadie os quitará vuestro gozo" (Juan 16:22).

El gozo es la satisfacción que surge cuando encontramos lo que siempre hemos estado buscando: Jesús mismo. Buscar la alegría por sí misma es ignorar esta dirección crucial externa de la alegría. Es por eso por lo que el Catecismo Menor de Westminster comienza con las famosas palabras: "El fin principal del hombre es glorificar a Dios y disfrutar de Él para siempre."[187] Esta fuente de disfrutar es "la seguridad de que cuando nos volvamos a Él encontraremos el Tesoro Satisfactorio."[188]

Los trabajadores globales saben que viven en un mundo de maldad y sufrimiento. No podemos ni debemos cerrar los ojos al dolor que nos rodea, sino caminar con Dios hacia su fin. Para hacer esto debemos estar dispuestos a aceptar el sufrimiento inevitable que surge al involucrarnos en nuestro mundo.

---

185 Por ejemplo, Job en el Antiguo Testamento y Santiago en el Nuevo Testamento.

186 Ken Williams, notas personales, N.D.

187 El Catecismo Menor de Westminster (General Assembly of the Church of Scotland, 1648), Question 1.

188 John Piper, *Desiring God: Meditations of a Christian Hedonist* (Multnomah Press, 1986), 53. Piper dice en otra parte de su libro: "El fin principal del hombre es glorificar a Dios disfrutándolo para siempre" (73).

En virtud del sufrimiento con Cristo, somos llamados a mirar fijamente a la oscuridad y a enfrentar el mal, a remodelar la realidad, para que no sea dominada por el sufrimiento sino por la gloria de Dios, incluso si esto significa que a veces debemos experimentar nosotros mismos el dolor redentor.

Reflexión y Puntos para Considerar

- Si tuvieras que desarrollar una teología del sufrimiento, ¿qué pasajes de las Escrituras usarías? ¿Dónde encontrarías lugares que describen las causas del sufrimiento? ¿Qué pasajes describen el fruto espiritual que se obtiene mediante el sufrimiento?

- Reflexiona sobre un momento en el que pasaste una profunda oscuridad. ¿Cómo describirías tu camino espiritual con Dios durante ese período? ¿Podrías decir que en los momentos de sufrimiento estuviste más cerca a Dios, aunque no podías sentirlo? ¿Qué conclusiones puedes sacar de ese período sobre la presencia y el carácter de Dios?

- ¿Cómo explicarías la relación entre el sufrimiento y la alegría? ¿Qué tiene el sufrimiento que podría producir alegría en tu vida? Medita en Filipenses 3:10 y lo que significa compartir en los sufrimientos de Cristo. ¿Cómo te hace sentir eso? ¿Qué significado le da esto a tus sufrimientos?

- ¿El sufrimiento por Jesús sólo se refiere al sufrimiento que soportamos en nuestro ministerio evangélico, o también puede ser relacionado con sufrimientos generales en la vida, como problemas de la salud o personales?

Para mas Lectura

Green, S.J., Thomas H. *Drinking from a Dry Well* (Ave Marie Press, 1991). Explora la sequedad en la oración y si esto debe verse como una forma de desolación.

Jervis, L. Ann. *At the Heart of the Gospel: Suffering in the Earliest Christian Message* (Eerdmans, 2007). Examina los escritos de Pablo sobre el tema del sufrimiento.

May, Gerald G. *The Dark Night of the Soul: A Psychiatrist Explores the Connection between Darkness and Spiritual Growth* (Harper, 2004). Una mirada al impacto espiritual y psicológico de la Noche Oscura de San Juan en nuestro crecimiento espiritual.

Swinton, John. *Raging with Compassion: Pastoral Responses to the Problem of Evil* (Eerdmans, 2007). Una exposición teológica y pastoral de la teodicea.

Mientras servía en Tailandia, pasé por una época en la que sentí una soledad persistente. Aunque mi esposo y yo estábamos ubicados en una zona donde abundaba el compañerismo cristiano, no había encontrado una amiga con quien pudiera compartir profundamente.

Después de unas semanas de oración y una pequeña dosis de compasión por mí misma, me sentí impulsada a correr el riesgo y compartir mi corazón con una mujer en nuestra casa iglesia. Después de escuchar atentamente, Alexandra* respondió revelando que ella también había estado sintiendo la misma carencia en su vida. Entonces decidimos invitar a una tercera mujer, Sara*, a reunirse con nosotras para tomar un café y ver cómo Dios podría guiarnos. No teníamos idea de la profundidad de la amistad espiritual que estábamos a punto de formar.

Hace poco todas habíamos leído Anatomy of the Soul, del Dr. Curt Thompson. En su libro, Thompson integra los hallazgos de la neurociencia y el apego con la espiritualidad cristiana. Una sugerencia que dio fue, escribir a mano, "comienza pensando en tu primer recuerdo ... prestando mucha atención para describir sensaciones, sentimientos, imágenes, colores y cosa asi, no solo eventos fácticos. Luego continúa con tu segunda y tercera década, y así sucesivamente. Después de haber escrito por un tiempo, busca un amigo, pastor, sacerdote, director espiritual, o consejero quien estaría dispuesto a leer tu historia y que estaría igualmente dispuesto a hacerte preguntas sobre lo que piensa y siente acerca de tu narrativa. Pregúntate: '¿Cómo esta experiencia de leer mi narración a una persona en la que confío cambió lo que recuerdo y lo que siento, y cómo lo recuerdo?'"[189]

El Dr. Thompson continúa afirmando que tu estas haciendo posible la experiencia de ser conocido y "eso, a su vez, conducirá a una mayor conciencia de la verdadera fuente de tus sentimientos más profundos".[190]

Las tres acordamos pasar varias semanas escribiendo todo lo que podíamos recordar desde el nacimiento hasta los cinco años. Después, fuimos a un retiro nocturno y compartimos nuestros recuerdos unas con otras. Nuestro primer retiro fue tan exitoso que decidimos continuar esta práctica mensualmente, centrándonos cada vez en un período diferente de nuestras vidas (por ejemplo, edades de 5 a 7, de 8 a 12, de 13 a 18, etc.). Después de compartir nuestra narrativa unas con otras, tuvimos un tiempo de oración silenciosa y, a menudo, el resultado era una oración de sanación interna. Continuamos esta práctica durante más de un año. A través de este tiempo enfocado en escuchar nuestras vidas, comenzamos a descubrir que la raíz de muchos de nuestros sentimientos, comportamientos y patrones de pensamiento podía ser comprendida, integrada y transformada por el Espíritu de Dios.

Nancy
Servidora global en el Sudeste de Asia

*Nombres cambiados por privacidad

---

[189] Curt Thompson, *Anatomy of the Soul* (SaltRiver, 2010), 79.
[190] Thompson, 70.

Discernimiento Comunitario
El Antiguo Camino hacia la Sabiduría

Lo que Dios nos pide es una voluntad que ya no está dividida entre Él y cualquier otra criatura. Es una voluntad dócil en sus manos que no busca ni rechaza nada, que quiere sin reservas lo que quiere y que nunca quiere bajo ningún pretexto nada que no quiere.[191]

Así escribió el director espiritual y obispo católico del siglo XVII, Francois Fenelon, acerca de la necesidad de entregar todo a la voluntad de Dios.

Encontrar la voluntad de Dios no sólo se aplica al individuo, sino también a nuestras comunidades. La toma de decisiones comunitarias es uno de los desafíos más difíciles que enfrentamos como servidores globales. A las agencias misioneras les gusta decir que toman sus decisiones al nivel más bajo posible, pero en realidad muchas decisiones fluyen de arriba hacia abajo, donde la administración alta dirige la política y la estrategia de campo. Esto puede resultar extremadamente frustrante para un misionero de campo. De hecho, es una de las principales razones por las que los misioneros abandonan al campo prematuramente.

Muchos líderes de agencias ignoran sus propias políticas. Las decisiones a menudo se toman sin la debida diligencia procesal, lo que hace que los servidores globales se sientan ignorados, frustrados y heridos por sus propios líderes.

La discusión abierta es crucial para el buen funcionamiento de cualquier junta misionera. Nunca debemos temer la comunicación, incluso si conduce a desacuerdos (ver Hechos 15:36–41). Cuando amortiguamos nuestras diferencias, los problemas no suelen desaparecer por sí solos. En cambio, se pudren y sólo volverán a surgir otro día con mayor intensidad. Es mejor abordar las inquietudes a medida que surgen, escuchando atentamente a todos los involucrados antes de seguir adelante; porque si no nos escuchan, muchos de nosotros no superamos un resultado doloroso.

Las decisiones comunitarias pueden ser bastante complicadas, dependiendo de las perspectivas, opiniones e intereses individuales de las personas interesadas. Es extremadamente estresante para los misioneros confrontar a sus líderes.[192] Sin embargo, sí podemos comprometernos conjuntamente, con todo nuestro corazón, a seguir la voluntad de Dios en todas las cosas, entonces tendremos puntos en común para comenzar a trabajar en el complicado proceso de la toma de decisiones. Este compromiso de seguir juntos la voluntad de Dios reduce los niveles de estrés y promueve un diálogo saludable.

---

191 Francois Fenelon, citado en *Devotional Classics*, eds. Richard J. Foster y James Bryan Smith (HarperCollins, 1993), 47.
192 Dorothy J. Gish, "Sources of Missionary Stress", *Journal of Psychology and Theology* 11 (1983): 236–42.

Guía Directa del Espíritu Santo

Las Escrituras enseñan que la forma principal en que el Espíritu Santo guía a la iglesia es a través del consejo directo: a través de visiones, sueños o un habla interna, un sentido o una compulsión de Dios.[193]

Un amigo misionero me dijo que hace años, mientras esperaba en el Señor una dirección clara para su obra, Dios lo impulsó a entrar a una tienda, solo para encontrarse con las palabras en alemán: "Du bist der mann (Tú eres el hombre!)." Mi amigo descubrió que la noche anterior la empleada de la tienda había soñado que Dios le mostraba que un hombre entraría a la tienda al día siguiente y le contaría el mensaje del evangelio. El hombre de su sueño se parecía a mi amigo. Este encuentro inició una iglesia. El teólogo Simon Chan escribe:

Los cristianos experimentan, más a menudo de lo que creen, momentos en los que "se sienten guiados" a hacer algo. De repente nos viene a la mente el nombre de la persona a la que hace tiempo que no vemos. Sentimos la necesidad de llamar a alguien. De vez en cuando algo así como una pesa desciende sobre nosotros y sentimos la necesidad de orar. ... Incidentes como estos ocurren con frecuencia. Podemos responder de una de las siguientes maneras: (1) ignorar las indicaciones, (2) seguir cada una de ellas (lo que a menudo hacen los cristianos demasiado escrupulosos) y terminan agotados y confundidos o, (3) aprender a discernir las obras genuinas de la gracia.[194]

Es crucial comprender que nuestro camino fiel con Dios es la clave para discernir su voluntad. Llegamos a comprender la dirección de Dios al estar arraigados en nuestra relación con él, fomentados por la práctica de disciplinas espirituales y el amor de Cristo en nuestros corazones. Todos los siervos del Dios Triuno deben comprometerse con la santidad individual como fundamento de su proceso de la toma de decisiones. Al contrario, podemos desconectarnos de los impulsos de Dios y confiar demasiado en nuestra propia sabiduría y experiencias terrenales. Las disciplinas espirituales son la clave para mantenernos centrados en Dios y su voluntad. Son nuestra ancla en medio de la tira y afloja conflictivas. Cuando nuestros corazones están entregados a Dios, el Espíritu Santo tiene influencia directa sobre nuestras almas y deseos.[195]

Mis primeros dos años de universidad asistí a la universidad donde mi padre enseñaba y también era director de departamento. Su oficina estaba ubicada cerca de la oficina general del departamento. A menudo lo esperaba en su oficina al final del día. Mientras me sentaba allí día tras día, comencé a discernir los diferentes sonidos de varios profesores mientras bajaban las escaleras hacia la oficina general. Los tacones altos del Dr. Lehman, las rodillas crujientes del

---

193 Vea Lucas 4:1, Hechos 8:39 y Hechos 16:7 para tres ejemplos.
194 Simon Chan, *Spiritual Theology: A Systemic Study of the Christian Life* (IVP, 1998), 151–52.
195 Sant 3:13–18.

Dr. Winston, los pasos rápidos del Dr. Betz: todos eran discernibles. Pero el Dr. Fanslow me engañaba constantemente porque sus pasos parecían a los de mi padre. Cada vez que escuchaba esos pasos me preguntaba: ¿Es el Dr. Fanslow o mi padre? Pero lo interesante fue que cuando mi padre bajó las escaleras, nunca tuve dudas de que era alguien más que él. Nunca confundí sus pasos con los del Dr. Fanslow, aunque a menudo ocurría lo contrario.

¿Cómo aprendemos a distinguir la voz de nuestro Padre y evitar la verdad falsa? Lo aprendemos sólo mediante la práctica repetida de escuchar la verdad de Dios hablando una y otra vez. Cuando estamos en sintonía con él en los lugares silenciosos de nuestro corazón, aún podremos oírlo, incluso en medio del ruido del mundo. Jesús dijo: "Mis ovejas oyen mi voz, y yo las conozco, y me siguen" (Juan 10:27). Cuando conocemos la voz de Jesús, no estamos escuchando a algo que nos guía, sino a alguien a quien seguir.

Tomando Decisiones Sabias y Piadosas

Tomando decisiones sabias y piadosas es el espacio sagrado entre el ser, el saber y el hacer. A esto se le llama integridad. Integridad, o plenitud, significa no carecer de nada, estar completo, integrado sin adulterar. Es un profundo sentido de congruencia que culmina en una paz que fluye a través de nuestro corazón, mente y voluntad. Hay al menos tres aspectos para discernir con integridad: 1) discernir lo que está bien o mal, 2) actuar según lo que discernimos y 3) vivir y hablar abierta y honestamente. Vivir nuestra vida con integridad requiere conocer la voluntad de Dios y hacerla, incluso si esto conlleva un costo personal.

Para ser personas íntegras, también debemos comprender que somos falibles. No debemos tener miedo de admitir que no somos perfectos. Tal admisión libera el corazón para ser humilde y estar dispuesto a aceptar que nuestro conocimiento es a menudo incompleto. Esta es una señal de madurez. Cuando poseemos esta postura, nos abrimos a escuchar más del Espíritu, porque Dios nos dice: "Porque mis pensamientos no son vuestros pensamientos, ni vuestros caminos mis caminos, dijo Jehová. Como son más altos los cielos que la tierra, así son mis caminos más altos que vuestros caminos, y mis pensamientos más que vuestros pensamientos" (Isaías 55:8–9).

El miedo a cometer errores no debe ser lo que determina a la hora de tomar decisiones. Me pregunto cómo sería diferente nuestra toma de decisiones si realmente entendiéramos esto. ¿Nos llevaría a ser más enseñables? ¿Nuestros corazones serían aún más abiertos y discernidores? La fe no depende de la certeza. La fe está presente cuando existen dudas y el conocimiento es limitado. Fe significa que continuamente desaprendemos y reaprendemos.

> *El tipo de humildad que admite que estás equivocado cuando sabes que estás equivocado es la confesión. La humildad que admite que puedes estar equivocado cuando estás bastante seguro de que tienes razón es madurez. Sin ambos tipos de humildad, nos volvemos rígidos e inenseñable. Sin ambos tipos de humildad, las relaciones fracasan e implosionan.*[196]

---

[196] Calhoun, *Invitations from God*, 113.

El amor cubre multitud de males (1 Pedro 4:8, parafraseado). No estoy diciendo que no necesitemos personas sabias (las necesitamos), pero me pregunto si podríamos necesitar personas sabias que amen primero. Judas nos recuerda que debemos "mantenernos [a nosotros mismos] en el amor de Dios" (v. 21). Este amor a Dios y a los demás es la base del discernimiento. El amor invita a la verdad al proceso. Cuando somos humildes y dóciles, permitimos la corrección y nos abrimos a más impresiones del Espíritu. Esto, además de aferrarnos a las verdades de Dios, le permite refinarnos y rehacernos continuamente, profundizando nuestras almas. Tomando decisiones sabias y piadosas depende de nuestra capacidad de amar verdaderamente a Dios y de amar a los demás como a nosotros mismos.[197]

El Proceso de Discernimiento Comunitario

Evan B. Howard, en su introducción a la espiritualidad cristiana, comparte el proceso de discernimiento comunitario:

1. *Dios desea ser conocido.* Dios es un Dios autocomunicador. Por lo tanto, el discernimiento comienza con la atención cuidadosa a la autorrevelación de Dios. Esta verdad se aplica en el proceso de tomar decisiones que requieren nuestra total conciencia de Dios en las experiencias cotidianas. Continuamente nos preguntamos: "¿Dónde veo a Dios obrando ahora mismo?"[198]

2. *Encontramos ambigüedad al identificar la presencia o actividad de Dios.* Sin embargo, incluso en los actos más simples de la vida, a menudo nos resulta difícil observar a Dios obrando. Nos preguntamos si un evento o experiencia realmente es de Dios. ¿Es una coincidencia o es normativo? Cuando nuestra percepción de Dios es ambigua, identificar la presencia de Dios está, a veces, más allá de nuestra capacidad de distinguir. En tiempos de crisis, encrucijadas y transiciones, luchamos por determinar qué es de Dios.[199]

3. *Las ambigüedades requieren evaluación. En algún momento,* esta dificultad para comprender qué es de Dios y qué no lo es nos obliga a evaluar. Esto es lo que sucedió en el Concilio de Jerusalén en Hechos 15, cuando la iglesia primitiva consideró la admisión de los gentiles en la iglesia (ve también 1 Tes. 5:21; 1 Juan 4:1).[200]

4. *La evaluación requiere un proceso.* Debido a la ambigüedad en cuanto a lo que es y lo que no es de Dios, no podemos responder inmediatamente con certeza. Se necesita tiempo y el tiempo exige un proceso de evaluación. Esto a menudo significa que debemos dejar de lado las actividades normales para buscar activamente al Señor. Incluso Jesús dedicó tiempo a prepararse para la oración antes de seleccionar a sus seguidores más cercanos (Lucas 6:12–16).[201]

---

197 Vea Hechos 15 para ver ejemplos de escucha y humildad.
198 Evan B. Howard, *The Brazos Introduction to Christian Spirituality* (Brazos 2008), 373.
199 Howard, 373.
200 Howard, 374.
201 Howard, 374.

5. *El discernimiento requiere tanto don como habilidad.* Howard señala dos palabras distintas que se usan en el Nuevo Testamento para discernimiento. La primera, *diakrisis*, es la palabra usada para señalar el don espiritual del discernimiento (1 Cor 12:10). La segunda palabra, *dokimazo*, se usa para determinar los mejores métodos (Fil. 1:10) y luego probarlos (1 Tes. 5:21). Hay ocasiones en las que debemos volvernos completamente al Señor y discernir sólo según él nos guíe. En otras ocasiones, usaremos la inteligencia, la razón y la sabiduría que Dios nos ha dado para probar, examinar y determinar el mejor camino.[202]

Generalmente discernimos para actuar. Incluso la decisión de esperar por algo es en sí mismo un curso de acción para dejar que las cosas se desarrollen un poco más. En otras palabras, el discernimiento requiere una respuesta, tanto ante Dios como en nuestra vida diaria. Esto es cierto tanto para los individuos como para las comunidades.[203] Sin embargo, se necesita un tipo especial de preparación cuando una comunidad discierne junta. Esto se debe a que "la vida en comunidad nunca puede consistir simplemente en hacer el trabajo, por muy importante que sea. Siempre debe tener en cuenta cómo hacemos el trabajo y si nos transformamos o deformamos en el proceso."[204]

Los siguientes elementos son esenciales para cualquier proceso de discernimiento grupal: libertad en la fe, o lo que Ignacio llamaría "indiferencia"; compromiso de obediencia; preocupaciones u objetivos compartidos; la escucha empática; humildad; oración; sabiduría; y finalmente, como mencioné anteriormente, el amor, que une todo.[205] A esto agregaría la integridad: el equilibrio de lo que uno cree, dice y actúa dentro del círculo relacional de un grupo. Éstas son posturas fundamentales que una comunidad debe exhibir antes, y especialmente en medio, del proceso de tomar decisiones.

A medida que la comunidad se reúne para tomar decisiones, es importante que los miembros se centren no sólo en la decisión en cuestión, sino también y principalmente en Dios. Saber que Dios nos ama profundamente y quiere que nos respetemos unos a otros influye en nuestras actitudes a medida que avanzamos en el proceso.

Con demasiada frecuencia, en la toma de decisiones, la posición y el rol tienen más peso que la sabiduría y el amor. Por eso la humildad es un componente tan clave en la vida de los líderes de misión. Un líder humilde escucha bien a su equipo y a su Dios. Si todo lo que un líder desea es que el grupo apruebe lo que él o ella ya ha decidido, entonces no hay necesidad de discernimiento, ¡excepto al respecto del líder!

---

[202] Howard, 374.

[203] Vea Gary W. Moon y David G. Benner, eds., *Spiritual Direction and the Care of Souls: A Guide to Christian Approaches and Practices* (IVP, 2004); y Richard J. Foster, *Streams of Living Water: Celebrating the Great Traditions of Christian Faith* (HarperCollins, 1998). Ambos libros analizan diversas tradiciones cristianas y sus puntos de vista sobre el discernimiento espiritual. Véase también Ignacio de Loyola, *The Spiritual Exercises of St. Ignatius*, trad. Louis J. Puhl (Vintage Books, 2000), especialmente sus dos capítulos titulados "Rules for the Discernment of Spirits" y "Times for Making an Election".

[204] Ruth Haley Barton, *Pursuing God's Will Together: A Discernment Practice for Leadership Groups* (IVP, 2012), 113.

[205] Barton, 130–50.

Aquí hay algunas sugerencias útiles de Howard con respecto al discernimiento comunitario:

- *Considera estos tiempos como momentos santos.* Sean siempre orantes, invitando al Espíritu Santo a estar siempre presente. No se interrumpan unos a otros; no hay caos en el Señor. Escuchen con oración y luego escuchen un poco más.

- *Cuando hables, habla con sencillez.* Se honesto y directo al hablar. No manipules ni seas egoísta. Si Dios está en lo que estás diciendo, sólo eso traerá poder y persuasión. Comparte ideas para consideración, pero no des sermones.

- *Cuando escuches, hazlo con discernimiento y autocrítica.* Considera siempre por qué sientes o reaccionas a lo que otra persona dice. Sean lo suficientemente valientes para responder con amor, especialmente cuando no están de acuerdo.

- *Estar dispuesto a hacer una pausa para el discernimiento necesario.* No es necesario angustiarte por cada decisión (por ejemplo, a qué hora debe ocurrir la pausa para el almuerzo), pero cuando practicamos la santa indiferencia ante las decisiones, necesitamos tiempo para aclarar nuestras mentes y buscar la voluntad de Dios, pase lo que pase.

- *Estar preparado para adaptarte.* Las inquietudes o preguntas anteriores pueden pasar a un segundo plano frente a reflexiones posteriores o cuestiones nuevas y de importancia más inmediata. Estar dispuesto a avanzar según lo guíe el Espíritu.

- *Ve a donde Dios te lleve.* Deja de lado la necesidad de tener razón, de controlar, de ganar. El discernimiento comunitario siempre se trata de dónde nos está guiando Dios como grupo, no de nuestras metas u objetivos personales.

- *Estar dispuesto a arriesgar lo desconocido, según Dios lo guíe.* La voluntad de arriesgar nuestra familiaridad por la voluntad de Dios implica que conocemos los latidos del corazón de nuestra comunidad, estamos abiertos a los cambios cuando sea necesario y deseamos honrarnos unos a otros.[206]

Las decisiones comunitarias tienen que ver con compartir sabiduría: incorporar pensamientos y sentimientos al proceso que consideramos relevantes para el grupo y avanzar juntos de la evaluación a la acción. Sin un compromiso mutuo, corremos el riesgo de degenerar en discusiones y peleas, siendo guiados por el mal que yace dentro de nosotros.[207]

A veces el propósito de Dios en nuestro proceso de discernimiento no se trata de la decisión en sí. Es posible que el Señor esté haciendo que nos enfrentemos unos a otros de maneras que no lo habíamos hecho antes; y al hacerlo facilita una nueva humildad, una nueva escucha y un nuevo amor entre nosotros.

---

206 Vea Howard, *The Brazos Introduction to Christian Spirituality*, 386-87. Además, *Pursuing God's Will Together* de Barton es un libro asombroso en lo que respecta a todo el proceso cuáquero de discernimiento.

207 Vea Sant 4:1-3.

El discernimiento es un proceso de vida. No se trata simplemente de tomar decisiones aisladas o puntuales. Cuando promovemos un estilo de vida de discernimiento, nos alejamos de los enredos de personalidades y motivos. En cambio, nos centramos en los caminos por los que Dios nos ha guiado continuamente. Como subrayaron los jesuitas, nuestro objetivo a largo plazo debe ser siempre la mayor gloria de Dios. Una vida cultivada en el servicio humilde y el amor por los demás es una vida abierta a la guía de Dios. Los corazones sintonizados con Dios pueden hacer del discernimiento comunitario un camino hacia la sorpresa, el asombro y la alegría.

Reflexión y Puntos para Considerar

- El proceso de discernimiento es demasiado exigente para realizarlo solo. ¿Cómo practicas el discernimiento comunitario? ¿Quién puede acompañarte en la toma de decisiones personales y ministeriales? ¿Qué características buscas en alguien que pueda ayudarte a discernir la voluntad de Dios?

- Al contemplar el discernimiento comunitario, ¿qué nuevos pensamientos se te vienen a la mente? ¿Dónde resuenas y dónde te resistes pedirles a otros que te ayuden a tomar decisiones?

- Considera lo que significa estar totalmente apegado al propósito y la voluntad de Dios. ¿Qué ídolos, motivos falsos, formas de orgullo o compulsiones se interponen en tu camino para rendirte libremente a Dios?

Para Más Lectura

Barton, Ruth Haley. *Pursuing God's Will Together: A Discernment Practice for Leadership Groups* (IVP, 2012). Una maravillosa guía para convertirse en una comunidad de discernimiento y práctica.

Palmer, Parker J. *A Hidden Wholeness: The Journey Toward an Undivided Life* (Jossey-Bass, 2004). Lleno de sabiduría, el libro de Palmer describe cómo utilizar la práctica cuáquera del círculo de confianza en el proceso de toma de decisiones.

Smith, Gordon T. *The Voice of Jesus: Discernment, Prayer, and the Witness of the Spirit* (IVP, 2003). ¿Cómo escuchamos la voz de Jesús en nuestra vida cotidiana?

Hubo un período de años en el que ocurrieron muchos acontecimientos emocionalmente devastadores en mi vida personal: la muerte de mi madre, una crisis emocional de una colega del ministerio, una crisis tras otra en nuestra familia extendida, y la lista continuó. Comencé a encubrir partes ocultas de mi vida a mi esposa, amigos, colegas y a cualquiera que me conociera.

En retrospectiva, a través de todas estas experiencias me quedé más encerrado en un exterior duro mientras me sentía solo y aislado por dentro. Supuse erróneamente que la integridad tenía más que ver con ser perfecto y menos con ser vulnerable. Ahora entiendo que tiene mucho más que ver con comprender tu ser interno, ser transparente con las personas cerca de ti y enfrentar honestamente tu ser verdadero: lo bueno, lo malo, lo feo y las cosas que desearías que fueran diferentes.

Durante una asignación de ministerio en los Estados Unidos a principios de la década de 1990, uno de mis hermanos experimentó un colapso emocional total. Estaba a punto de tener que internarla, en contra de sus deseos, en un centro de tratamiento psiquiátrico. El mismo escenario había ocurrido varios años antes con mi colega de ministerio. Esta experiencia devastadora y cargada de emociones me mandó más profundamente hacia mis actividades dañinas de escape, mientras las ocultaba de los demás. Este patrón de vida no comenzaría a resolverse hasta 2009, unos dieciséis años más tarde.

Con el paso de los años, viví una vida que habría sido admirable por fuera, sin nunca revelarle completamente a nadie cerca de mi, mi ser verdadero. Ahora sé que la integridad se refiere a una vida integrada. En realidad, la honestidad es fruto o resultado de la integridad. Cuando la vida de uno está verdaderamente expuesta y vulnerable ante los demás, eso es integridad. La autenticidad es quizás un sinónimo cercano de integridad. Sin autenticidad, nadie tiene un grado significativo de integridad.

A través de un cambio dramático de acontecimientos, en septiembre de 2009 finalmente le revelé mis años de engaño a un amigo cercano y un avance comenzó a moverse en mi vida. Cuando la vulnerabilidad se hizo realidad, había una nueva vida de libertad que vivir que nunca antes había conocido. Sin duda, habían grandes líos que limpiar, confesiones que revelar, disculpas que admitir y restituciones que hacer, pero el resultado fue verdadera autenticidad, integridad y libertad.

Descubrí que ganamos mayor integridad cuando le revelamos nuestro verdadero ser a Dios y a los demás. Esto es fundamental para nuestra experiencia del evangelio de Jesucristo. Como escribe el apóstol Pablo: "Estad, pues, firmes en la libertad con que Cristo nos hizo libres, y no estéis otra vez sujetos al yugo de esclavitud" (Gal 5:1). Una vez estuve esclavizado por el miedo de revelar mi verdadero ser, con defectos y todo, a los demás. Ahora sé que, en Jesús, debemos continuamente presentarnos plenamente ante Dios y los demás. No hay otra manera de vivir una vida de libertad, autenticidad e integridad.

Joseph
Servidor global en Europa Oriental

Tentación y Verdad
El Antiguo Camino hacia la Santidad

La palabra *tentación* proviene del latín *tempto*, que significa "preocuparse; instar; o probar."[208] Esto indica una naturaleza tanto activa como pasiva. La naturaleza activa de la tentación es algo que estamos haciendo, y la naturaleza pasiva es algo que nos prueba. Sin embargo, en ambos sentidos, la tentación es una experiencia que tenemos pero que también requiere una respuesta personal de nuestra parte. En su carta, Santiago nos dice que Dios no tienta a nadie, "sino que cada uno es tentado, cuando de su propia concupiscencia es atraído y seducido. Entonces la concupiscencia, después que ha concebido, da a luz el pecado; y el pecado, siendo consumado, da a luz la muerte" (Santiago 1:14–15).

La realidad de la tentación es parte integrante de nuestra vida como servidores globales. Ojalá pudiera decir que este no es el caso, pero cuanto más nos adentramos en el servicio misional, más nos enfrentamos a las tentaciones del mundo, las pruebas de la carne y las tentaciones del diablo. Sin embargo, el pecado no tiene por qué ser el resultado final. Recuerde que Jesús fue "tentado en todo según nuestra semejanza, pero sin pecado" (Hebreos 4:15). Es posible que estos ensayos puedan ser un medio para probar y revelar, en lugar de atrapar. Thomas à Kempis dijo que Satanás puede llegar al creyente de dos maneras: tentación y afirmación.[209]

Fue por primera vez a Rumania en 1987, antes de la revolución que derrocó al comunismo. Me pidieron que fuera a enseñar a una escuela bíblica oculta. Tomé el tren desde Belgrado, Serbia, a Timisoara, Rumania, y llegué muy tarde por la noche. Mientras estaba en el tren en el cruce fronterizo, los guardias fronterizos me habían robado todo mi dinero durante un registro al desnudo, por eso no tenía fondos para un taxi cuando llegué a Timisoara.

En el mismo compartimento viajaba una mujer rumana que también hablaba serbio y cuando se enteró de lo que había ocurrido ofreció ayudarme a llegar al hotel. Entonces, cuando llegamos a Timisoara, ella pagó los billetes de tranvía para llegar a mi hotel. Le di las gracias y entré al vestíbulo para registrarme, sólo para darme cuenta de que me estaba siguiendo. El recepcionista me preguntó si quería dos llaves, una para mí y otra para mi "esposa". Mientras miraba a la mujer, me di cuenta de que ella estaba mirando hacia atrás con expectación y de repente

---

208 Diccionario latín-inglés en línea, https://www.online-latin-dictionary.com/latin-english-dictionary.php?parola=tempto.dictionary.php?parola=tempto.

209 Thomas à Kempis, *The Imitation of Christ* (Hendrickson, 2004), 12–14.

me di cuenta de lo que estaba pasando. Mi reacción natural (nacida por un terror ingenuo) fue huir. Le dije al empleado: "Sólo uno, por favor", rápidamente le di las gracias a la mujer y corrí hacia el ascensor. Después me avergoncé de ser tan ingenuo. Pero tras reflexionar más, me di cuenta de que la tentación en la que me encontraba era también un medio que instantáneamente reveló mi corazón. Fue una tentación que me derribó, pero se convirtió en una herramienta que me impulsó a descansar en Dios durante mi estancia en el país.

Tentación: Desesperación y Desaliento

Dos ejemplos de tentación en las Escrituras se encuentran en la caída de Adán y Eva en Génesis 3 y las tentaciones de Jesús que se encuentran en los evangelios sinópticos.[210] Ambos modelos transmiten el núcleo de lo que significa ser tentado. Transmiten nuestro deseo de ser algo más que humanos, descarriados por el orgullo y los malos deseos que residen en nuestro ser interior. En Génesis, la serpiente le insiste a Adán y Eva que coman del fruto del árbol prohibido y "ser como Dios, sabiendo el bien y el mal" (3:5). Sucumben a la tentación y entran en una vida de pecado y separación de aquello para lo que fueron creados: los mayordomos de Dios en la tierra.

En los evangelios, Jesús se enfrenta a la tentación cuando el Espíritu lo lleva al desierto. Se enfrenta a pruebas de poder, codicia y orgullo, que lo supera supremamente. Pero estas tentaciones subrayan la raíz de todas las tentaciones: ser independientes de Dios rechazando nuestra santidad creada y rechazando su gracia correspondiente. La tentación del pecado es siempre un intento de ser algo distinto de lo que somos, como humanos. Toda la historia corrobora la desesperación, el desánimo, la maldad y el sufrimiento que resultan de la desobediencia del hombre.

Cuando nos rebelamos y pecamos, nuestra mente se vuelve temerosa y confusa. Mientras he aconsejado a misioneros que han cedido a la tentación, ellos comparten su profundo arrepentimiento por su pecado y su sentido universal de vergüenza y de sentirse distantes de nuestro amoroso Dios. De hecho, un hombre dijo que se sentía atrapado en un laberinto sin salida. Pablo escribe en Romanos 12:2 que necesitamos "ser transformados por la renovación de nuestra mente".

Uno de los campos más grande de batalla entre Dios y Satanás es la condición de nuestra mente. Como depósito del pensamiento, la mente sirve como catalizador de la acción. Cuando el enemigo se afianza en nuestros pensamientos, deposita miedo, confusión, desánimo e incluso desesperación. Lamentablemente, incluso los misioneros pueden ser propensos a tener pensamientos suicidas (y algunos han actuado en consecuencia) porque han creído las mentiras sobre sí mismos que el diablo les ha hecho creer. Creo que esta desesperación está más centrada en nuestra mente que en nuestros sentimientos.

---

210 Mat 4:1-11; Mar 1:12-13; Luc 4:1-13.

Debido a que la tentación es real, las Escrituras nos instruyen a disciplinarnos para no darle lugar al enemigo, que "anda alrededor como león rugiente, buscando a quien devorar" (1 Pedro 5:8). Satanás es muy activo atacando a quienes siguen a Jesucristo para derrotarnos y sacarnos del ministerio. Fundamentalmente, el diablo quiere que creamos que una vez que hemos cedido a la tentación ya no hay lugar para nosotros en el servicio de Dios.

Pero al renovar nuestra mente, pensamos los pensamientos de Dios al poner nuestra mente "en las cosas de arriba, no en las de la tierra" (Colosenses 3:2). Nos alineamos con la verdad del evangelio: que somos personas amadas y perdonadas. No hay nada que nosotros ni nada más podamos hacer para cambiar eso.[211] A medida que internalizamos la gracia dentro de nosotros mismos, nuestras mentes se renuevan y nuestros corazones se transforman. La renovación de nuestros pensamientos reconecta nuestra mente con los comportamientos éticos de una vida santa. Transformamos nuestros impulsos de malos deseos a santidad y justicia piadosas al centrarnos en Cristo, "el autor y consumador de nuestra fe" (Hebreos 12:2).

Diane J. Chandler afirma que: "Al igual que Pablo, debemos preocuparnos completamente por Cristo para que podamos ser cada vez más transformados en la *Imago Dei* a través de la *Imago Christi* para *gloria Dei*."[212] Fijar nuestros ojos en Jesús significa regresar a las Escrituras, reflejando a través de los Evangelios cómo Jesús es la verdadera expresión de la Imago Dei.

La verdad es que nunca podremos vencer las tentaciones estrictamente mediante la obstinación y la disciplina. El conocimiento aparte de la renovación de nuestras mentes es inútil. "No es mucho el conocimiento lo que llena y satisface al alma, sino la comprensión íntima y el gusto por la verdad."[213] El propósito de este enfoque es claro: "pedir un conocimiento íntimo de nuestro Señor ... para poder amarlo más y seguirlo más de cerca"[214]

Vale la pena recordar que cuando el Espíritu de Dios reside dentro de nosotros, tenemos acceso a la mente de Dios. Pablo nos dice esto en 1 Corintios 2 cuando dice que el Espíritu escudriña todas las cosas, aun las de Dios (v. 10), y nosotros mismos hemos recibido el Espíritu de Dios (v. 12), de modo que en verdad tenemos la misma mente de Cristo (v. 16). Renovar nuestra mente en Cristo nos ayuda a combatir las tentaciones de cosas como el escapismo del entretenimiento, la atracción del Internet y las redes sociales, los lugares oscuros de la pornografía y las relaciones ilícitas, y la presión del consumismo materialista. Saber que tenemos acceso a la mente de Cristo debería animarnos y liberarnos de la desesperación que trae el pecado.

---

211 Vea Rom 8:28–39.

212 Diane J. Chandler, *Christian Spiritual Formation: An Integrated Approach for Personal and Relational Wholeness* (IVP, 2014), 146.

213 Ignatius of Loyola, *The Spiritual Exercises of St. Ignatius*, trans. Lous J. Puhl (Vintage Books, 2000), 5.

214 Ignatius, 41.

Tentación: Orgullo y Justificación

Una tentación a la que los servidores globales se encuentran particularmente vulnerables es el orgullo. Pensaríamos que para el misionero que deja atrás su tierra natal y entra como aprendiz en una nueva cultura, la humildad sería una segunda naturaleza. Pero nosotros, los misioneros, somos tan culpables de orgullo como cualquier otra persona. Es fácil pensar: "He renunciado a mucho para ir al campo misionero; Soy mejor que otros." Hay diversas formas de vivir esto, pero esa justificación surge del orgullo propio. Además, cuando sucumbimos a esa racionalización, sembramos las semillas del arrepentimiento, la culpa, la vergüenza y la duda; y nuestra eficacia se ve comprometida, ya que somos cualquier cosa menos el servidor gozoso que anhelamos ser.

El orgullo nos lleva a afirmarnos, a exigir nuestros derechos y a querer ser considerados mejores que los demás. San Juan Casiano observó: "El orgullo corrompe todo el alma, no sólo una parte de ella."[215] Es por esto por lo que tradicionalmente el orgullo se ha llamado el pecado fundamental.[216] Es muy probable que el orgullo sea la pieza central del patrón de pecado de todos. El orgullo niega la obra de Cristo, porque se niega a admitir que nuestros pecados no pueden ser redimidos por nuestros propios esfuerzos.

Actitudes orgullosas cosas como la vanidad, el esnobismo, la irreverencia, la arrogancia, la impenitencia, el narcisismo y la desobediencia se manifiestan exteriormente hacia los demás.[217] Es comprensible que muchos misioneros en las primeras etapas del choque cultural puedan reaccionar con orgullo, pensando que su propia cultura es superior a la de otros. la cultura de su nuevo hogar. "¡Por qué incluso conducen por el lado equivocado de la carretera!"

Si bien podemos mostrar compasión hacia estos recién llegados y conmocionados culturalmente, está orgullosa superioridad no se limita al personal nuevo. Desafortunadamente, el imperialismo cultural ha estado en el centro del escenario en las actitudes de muchos misioneros, sin importar cuánto tiempo hayan estado en el campo.

Si somos honestos con nosotros mismos, todos llevamos estas posturas de orgullo dondequiera que vayamos. Reconocer esto antes de salir al campo nos ayudará a adoptar nuestra nueva cultura. Cualquiera que anhele integrarse a un nivel profundo en su nuevo hogar debe enfrentar su propio orgullo cultural y reafirmar su valor y su propia identidad en Cristo, lo que aplasta el orgullo propio.

Otra forma de experimentar orgullo es a través de actitudes engañosas como la desconfianza, el perfeccionismo y la presunción. Agustín llamó a esto

---

215 St. Cassian, *The Institutes*, trans. And annotated by Boniface Ramsey (Paulist Press, 2000), 255.

216 El orgullo ha sido llamado el pecado fundamental porque se le atribuye ser la causa de la caída de Satanás. Vea Isaías 14:12-15 y Ezequiel 28:12-19, y William Sanford La Sor, David Allan Hubbard y Frederic William Bush, *Old Testament Survey: The Message, Form, and Background of the Old Testament* (Eerdmans, 1982), 473-74.

217 Michael Mangis, *Signature Sins: Taming Our Wayward Hearts* (IVP, 2008), 31. Agustín dividió el pecado del orgullo en dos categorías: el externo y el interno. Vea Loren Gavitt, ed., *Saint Augustine's Prayer Book* (Holy Cross Publications, 1976).

orgullo secreto.[218] He notado cada uno de estos en mi propio corazón y también he experimentado sus efectos dentro de los corazones de muchos misioneros fuertes y eficaces. Los trabajadores altamente motivados pueden enorgullecerse secretamente de haber realizado una tarea cuando nadie más pudo hacerlo. En lugar de dar gloria a Dios, atesoran la gloria para sí mismos. El gran pecado del orgullo interior es que echa fuera el amor centrado en otros; es narcisista y totalmente centrado en el amor propio.

Dado que ese orgullo es profundo, es imposible afrontarlo sin una autorreflexión. San Bernardo de Claraval escribió en su clásico espiritual, *The Steps of Pride and Humility*, que "la humildad es la virtud por la cual un hombre reconoce su propia indignidad porque realmente se conoce a sí mismo".[219] Bernardo comienza sus doce pasos en una escalera hacia el orgullo el primer paso siendo "curiosidad sobre lo que no es de nuestra incumbencia", lo que significa que debemos ser conscientes de nuestra propensión a comparar, juzgar, clasificar, envidiar y burlarnos.[220]

Afortunadamente, Dios no nos deja abandonados a nuestra suerte o indefensos en nuestras luchas. Jesús dijo: "cualquiera que se enaltece, será humillado; y el que se humilla será enaltecido" (Lucas 18:14). También dijo: "Llevad mi yugo sobre vosotros, y aprended de mí, que soy manso y humilde de corazón" (Mateo 11:29). Cuando luchamos contra el orgullo, necesitamos ser reordenados para amar a Dios con todo nuestro corazón, alma, mente y fuerzas (Marcos 12:30).

Nuestra confianza en nuestra justicia no proviene de nuestro comportamiento sino de la obra de la cruz de Cristo. Cristo conquistó nuestro orgullo mediante su muerte y resurrección. Entonces, con humildad podemos hacernos eco de las palabras de invitación de Bernard:

"Ven", dice.
¿Dónde? "Hacia mí, la verdad."
¿Cómo? "Por humildad."
¿Para qué recompensa? "Yo os refrescaré."[221]

Tentación: Puridad Moral

En nuestra cultura occidental dominada por el sexo, la búsqueda de la santidad es un mayor desafío que el mantenimiento de la pureza moral. Algunos incluso han llegado a afirmar que "la Gran Comisión tiene que ver con la santidad".[222] Todos perdemos cuando uno de nosotros cede a la tentación sexual, ya sea por una aventura, viendo pornografía en línea o pensando en pensamientos lujuriosos. Como nos dice Pablo, la inmoralidad sexual es un pecado contra

---
218 Mangis, 31.
219 Bernard of Clairvaux, *The Steps of Humility and Pride* (Cistercian Publications, 1973), 30.
220 Bernard of Clairvaux, 57.
221 Bernard of Clairvaux, 31–32.
222 Kevin DeYoung, *The Hole in Our Holiness: Filling the Gap between Gospel Passion and the Pursuit of Godliness* (Crossway, 2012), 16.

nosotros mismos (1 Cor 6:18). Cuando los creyentes me confiesan sus deseos sexuales pecaminosos, escucho sus frustraciones: lo cansados que están de sus batallas contra la lujuria, lo agotadora que es la pornografía y cómo la impureza les roba su fuerza y autoridad moral.

El pecado sexual no es nuevo entre los misioneros. A principios del siglo XIX, empezaron a llegar rumores de escándalos sexuales desde las islas de los Mares del Sur. Las agencias misioneras estaban escuchando acerca de cómo sus misioneros varones estaban incurriendo en pecados sexuales con mujeres de la isla. Pero la solución que propusieron estas juntas abrió toda una nueva vía de problemas. "Para garantizar que tales tentaciones no mancharan a sus candidatos, los directores de la junta estadounidense de Comisionados para Misiones Extranjeras insistieron en que los candidatos se casaran antes de zarpar a Hawai."[223] Algunos se casaron después de conocer a su nueva novia sólo durante unas horas. Tratar de encontrar soluciones humanas a los problemas del pecado del corazón puede crear una nueva serie de problemas. Es mejor abordar el pecado con prontitud en lugar de eludirlo y transigir por el bien de nuestras debilidades humanas.

Como misionero, quizás estés pensando: "Esto nunca podría pasarme a mí." Sin embargo, cuanto más seguros e inmunes nos sintamos, mayor riesgo podríamos correr. Nadie está exento de la tentación sexual: hombres, mujeres e incluso niños. Al enfrentar los ataques del enemigo y vivir vidas estresantes, los servidores globales tienen una mayor vulnerabilidad moral. Soledad, necesidades emocionales insatisfechas, una nueva cultura que aprender y comprender, la eliminación de sistemas y estándares de apoyo, diferentes señales sexuales culturales, una mayor guerra espiritual, la lista continúa; Estos factores aumentan el riesgo que enfrentamos en tentaciones sexuales.

Muchos servidores globales no entienden y no están preparados para lidiar con la dinámica y la influencia de la tentación sexual. Es poco común caer en ese pecado inmediatamente, ya que suele ser el resultado de hábitos y patrones a largo plazo. Jesús nos dijo que el pecado sexual se origina en el corazón (Mateo 15:19). Este deslizamiento ocurre en nuestros corazones de manera tan gradual que es posible que ni siquiera nos demos cuenta. Vivimos en un ambiente saturado de sexo y estamos expuestos y entumecidos a la tentación sexual a diario. Una vez que comenzamos la diapositiva, la tentación sexual se convierte en una fuerte fuerza adictiva. Por eso es tan importante ni siquiera dar el primer paso en ese camino. El control del pecado sexual puede llegar a un punto en el que estemos dispuestos a renunciar a todo para gratificarlo: nuestro matrimonio, nuestras familias, nuestro ministerio, nuestra reputación, nuestros amigos, todo.

Si alguien está luchando contra la adicción sexual, se recomienda ayuda profesional. Sin embargo, existen algunas estrategias proactivas para mantener la pureza moral estando en el campo:

---

[223] Ruth Tucker and Leslie Andrews, "Historical Notes on Missionary Care," en *Missionary Care: Counting the Cost for World Evangelism*, ed. Kelly O'Donnell (William Carey Library, 1992), 27.

- Acepta tu vulnerabilidad personal y se más consciente de la dinámica sexual normal.
- Si estás casado, haz de tu relación una alta prioridad; comprometiendose a vivir una vida santa juntos.
- Meditar y aplicar las Escrituras que hablan de la pureza moral (Prov 5; 6:20–35; Ef 5:3–12; 1 Cor 6:12–20; Rom 6; Col 3:5; 1 Tes 4:3–8).
- Ponte más atento a prácticas que podrían parecer inofensivas, pero que en realidad no contribuyen a una vida santa. Estas prácticas pueden ser "lícitas" (1 Cor 6:12), pero para ti son particularmente dañinas porque te hacen mucho más vulnerable a la tentación.
- Renueva tu mente (Col 3:10) y concéntrate en todo lo que es noble, correcto, puro, amable, admirable, excelente y digno de alabanza (Fil 4:4–8).
- Conoce los factores desencadenantes que te hacen más vulnerable a las tentaciones sexuales. Estas primeras señales de advertencia pueden impulsarte a realizar cambios en tus elecciones de estilo de vida.
- No luches solo contra esa tentación. Confiesa y comparte tus luchas con otra persona es imprescindible (Santiago 5:16).[224]

Es importante recordar que la inmoralidad sexual no es un pecado imperdonable. El perdón y la sanación están disponibles a través de la santidad de la obra de Cristo en la cruz. La recuperación y el perdón son "una cuestión de formación espiritual."[225]

Tentación: Autenticidad

El pastor y escritor anglicano John Stott dijo una vez que "la santidad no es una condición a la que nos dejemos llevar."[226] Ser una persona íntegra exige que vivamos una vida intencional y auténticamente veraz. Jesús dijo: "Pero sea vuestro hablar: Sí, sí; no, no; porque lo que es más de esto, de mal procede" (Mateo 5:37). Leemos en Proverbios: "El labio veraz permanecerá para siempre; Mas la lengua mentirosa solo por un momento" (12:19) y "Los labios mentirosos son abominación a Jehová; Pero los que hacen verdad son su contentamiento" (v. 22).

Adele Calhoun dice: "Adán y Eva se convirtieron en los primeros hilanderos de la verdad."[227] Al igual que Adán y Eva, nosotros también enfrentamos la tentación todos los días de tejer la verdad de nuestro propio quebrantamiento. Queremos definir nuestras propias experiencias en nuestros propios términos y no según la realidad real. Pero como nos dice Proverbios, esas mentiras no duran para siempre: la verdad tiene el poder de perdurar.

---

224 Ken Williams, notas inéditas sobre la pureza moral (Wycliffe Bible Translators Counseling Dept, 1990), 3-4.
225 William M. Struthers, *Wired for Intimacy* (IVP, 2009), 178.
226 John Stott, *God's New Society: The Message of Ephesians* (IVP, 1979), 193.
227 Adele Ahlberg Calhoun, *Spiritual Disciplines Handbook* (IVP, 2005), 201.

Como servidores globales, hay muchas maneras en que no somos completamente honestos, especialmente cuando sentimos que somos llamados a validar el compromiso financiero y los donativos que nos hacen los comités de misión, las iglesias y los donantes. Por ejemplo:

- Giramos eventos y experiencias para impresionar a los demás.
- Exageramos.
- Hacemos trampa en los formularios para conseguir lo que queremos (incluso justificando nuestras acciones porque son "para el Señor").
- Rompemos promesas o no las cumplimos.
- Halagamos y nos convertimos en personas que agradan a la gente diciendo lo que creemos que los demás quieren oír, en lugar de lo que podría ser verdad.
- Calumniamos a otros (a menudo lo hacemos en situaciones de conflicto).
- Chismeamos y transmitimos rumores e insinuaciones sobre otros (a menudo lo hacemos en reuniones de oración grupales).
- Tenemos miedo de decir lo que realmente queremos decir (a menudo al liderazgo).
- Decimos la verdad, pero sin amor.

Los trabajadores globales deben trabajar duro para no racionalizar, negar y culpar, especialmente cuando el mundo que nos rodea normaliza las mentiras y falsedades piadosas. En cambio, debemos escuchar atentamente al Espíritu Santo cuando nos condena por hablar falsamente. Debemos hacer un compromiso personal de hablar siempre la verdad con amor y con bondad de corazón (Efesios 4:15).

Caminar en la luz de la comunión con Jesús significa que también caminamos en la luz de la verdad. La verdad es una palabra clave para el apóstol Juan. Utiliza la palabra veinticinco veces en su Evangelio, usándola como una de las características definitorias de Jesús (Juan 1:14). Ser una persona de verdad no debe ser un añadido, sino la esencia misma de nuestro ser. Jesús criticó con más fuerza a aquellos que no vivían auténticamente, llamándolos hipócritas.[228] La palabra griega *hipokrisis* es un término para actuar o usar máscaras.[229] Somos hipócritas en nuestra vida y servicio cuando nuestro corazón, nuestros valores y nuestras acciones no se alinean con la verdad de Cristo.[230]

La invitación de Jesús a ser una persona integrada nos llama a las disciplinas espirituales de buscar y decir la verdad.[231] Sostener el valor de la veracidad es central para la santidad y la vida espiritual. En verdad, construimos una base

---

228 Vea Mat 23:13, 15, 23, 25, 27.

229 υποκριτες, "Hupokritès", en W. Bauer, *A Greek-English Lexicon of the New Testament and Other Christian Literature*, trad. y ed. W. F. Arndt y F. W. Gingrich (University of Chicago Press, 1975), 852.

230 Vea Mat 5:37; 7:5–12.

231 Vea La disciplina espiritual de "truth-telling" en Calhoun, 200–202.

inquebrantable que permite que nuestra integridad personal no se incline ni colapse sobre sí misma. Como nos enseña Génesis 3, hay un camino resbaladizo desde la duda de la Palabra de Dios hasta la desobediencia total. Cuando estamos desconectados de la verdad, dejamos de amar a Dios con todo nuestro corazón, alma, mente y fuerzas (Mateo 22:34–40).

Tentación: Fidelidad Financiera y Corrupción

Quiero mencionar un último asunto de veracidad en nuestro caminar con Dios: las finanzas. El apóstol Pablo habla de la tentación de las riquezas materiales en 1 Timoteo 6:6–10:

Pero gran ganancia es la piedad acompañada de contentamiento; porque nada hemos traído a este mundo, y sin duda nada podremos sacar. Así que, teniendo sustento y abrigo, estemos contentos con esto. Porque los que quieren enriquecerse caen en tentación y lazo, y en muchas codicias necias y dañosas, que hunden a los hombres en destrucción y perdición; porque raíz de todos los males es el amor al dinero, el cual codiciando algunos, se extraviaron de la fe, y fueron traspasados de muchos dolores.

Pablo nos dice que las personas piadosas no están interesadas en enriquecerse porque poseen recursos internos que les proporcionan riquezas mucho más allá de las que nuestra vida aquí en la tierra puede proporcionar. Sin embargo, lo que Pablo condena aquí no es la riqueza en sí, sino el deseo desordenado del dinero. Cuando caemos en esta tentación, nos desviamos de la fe. La palabra griega para *errar* proviene de la palabra planeta *(àpeplaéthesan)*, que literalmente significa "el que codicia riquezas o 'planetas' alejados de la fe".[232] Esto sigue la antigua idea de los planetas errantes en los cielos. Una persona así no es estable, no está fijada en su fe y se vuelve "de doble ánimo" e "inestable en todo lo que hace" (Santiago 1:8).

Personalmente, no conozco a nadie que haya entrado al servicio misional con el deseo de obtener ganancias monetarias. Cuando se miden los dones, las habilidades, la educación y la experiencia, los servidores globales están lamentablemente mal pagados. Los misioneros que pertenecen a misiones religiosas también deben aumentar sus propios salarios. La gente no entra al servicio misional por una paga. Entonces, ¿cómo puede la tentación financiera convertirse en un problema para alguien que sigue una carrera que no tiene nada que ver con recompensas terrenales o monetarias?

Exploremos cuatro tentaciones comunes para los misioneros en el área de la integridad financiera:

- La envidia de las riquezas y posesiones de otros
- Decir la verdad sobre nuestra situación financiera a quienes nos apoyan
- La influencia corruptora del consumismo
- El tema del soborno

---

232 "Err," in W. E. Vine, *A Comprehensive Dictionary of the Original Greek Words with Their Precise Meanings for English Readers* (MacDonald Publishing, 1940), 379.

Muchos trabajadores globales envidian a sus amigos y familiares que tienen más dinero del que podrían esperar ganar como misioneros. Al interrogar a los misioneros cuando regresan del campo, he visto lo difícil que les resulta, después de vivir en países pobres, lidiar con la abundancia de bienes materiales en Estados Unidos. Luchan con la tensión de no tener y aún querer. Luchan con el concepto de vivir con sencillez y, al mismo tiempo, querer algunos de los dispositivos que poseen sus vecinos.

Los misioneros a menudo tienen una mentalidad de escasez y por eso nunca desperdician nada. Si te sobró algo de la comida de anoche, se usa en sopa al día siguiente. Lavas bolsas de plástico y guardas lazos de torsión para usarlas una y otra vez, ¡e incluso lavas cubiertas de plástico y vasos de poliestireno! Mientras que la mayoría de las personas se jactan de cuánto gastaron en un determinado artículo, los misioneros se jactan de lo poco que les han costado las cosas, como si necesitaran justificar sus compras. Sin embargo, cuando entramos en hogares de otras personas que aparentemente tienen todo lo que cualquiera podría desear, cosas hermosas y caras, es fácil sentir envidia de todo ello.

Recuerdo haber hablado con un misionero que estaba en su cuarto regreso de ministerio a los Estados Unidos y dijo que este regreso fue el tiempo más difícil de todos. Todos sus compañeros tenían más de cincuenta años y estaban en la cima de sus ingresos. Todos parecían tener casas bonitas y coches caros. No tenía nada. Sintió las diferencias materiales y admitió que estaba luchando contra la envidia.

Esto, por supuesto, es comprensible, pero también puede ser peligroso. El Salmo 49 habla de los peligros de la riqueza y nos advierte que no envidiemos: "No temas cuando se enriquece alguno, cuando aumenta la gloria de su casa; porque cuando muera no llevará nada, ni descenderá tras él su gloria" (vv. 16–17). Pablo también nos recuerda que el amor "no tiene envidia" (1 Cor 13:4). Es demasiado fácil dejarse cautivar por la riqueza. Más bien, debemos mantener nuestros ojos enfocados en la verdadera recompensa que es duradera y celestial en Cristo Jesús (Fil. 3:14).

Los misioneros también pueden juzgar mucho a aquellos que aparentemente tienen tanto y, sin embargo, dicen que no pueden mantenerlos financieramente. Vemos las casas de nuestros amigos, que tienen cuatro televisores de pantalla grande, dos autos nuevos y todos los aparatos y electrodomésticos más modernos, y nos preguntamos por qué no pueden encontrar fondos para donar a las misiones. Es difícil no juzgar a los demás cuando vemos esto, pero también debemos resistir esta tentación. Caminar delante de los demás sin envidia ni juicio da testimonio de nuestra confianza en la fiel provisión de Dios para nosotros como sus siervos. Quizás este sea un testimonio tan grande para el mundo como cualquier cosa que hagamos en el campo.

Esto lleva a la segunda área de tentación monetaria para los misioneros: la veracidad en cuanto a nuestras finanzas. Para los misioneros apoyados por la fe les puede resultar difícil responder a la pregunta de cómo va su apoyo financiero. Si dicen que tienen necesidades, temen estar negando la capacidad de Dios para cuidar de ellos. Sin embargo, por otro lado, si dicen que les va bien financieramente, temen que sus seguidores dejen de donar por completo. De esta manera, el sistema de recaudación de fondos, a pesar de todos sus beneficios de conectar a los partidarios con los misioneros, coloca a los servidores globales en una posición de debilidad. Están atrapados entre la necesidad y la confianza. Sin embargo, no importa en qué punto de esta tensión se encuentren los misioneros, todavía es posible ser personas con integridad financiera.

Debemos ser tan sinceros como podamos, compartir nuestras necesidades sin expresar una actitud de "pobre de mí". Podemos consolarnos con el ejemplo del apóstol Pablo, que nunca dejó de pedir ayuda cuando la necesitaba.[233] Por el contrario, también debemos evitar la tentación de exagerar nuestras necesidades. La iglesia tiene una larga historia de líderes (desde papas hasta evangelistas televisivos) que profesaban pobreza y, sin embargo, vivían estilos de vida extravagantes.

La tercera área de tentación financiera es simplemente la influencia de la riqueza material. Cuando Jesús es Señor, se convierte en Señor de nuestras finanzas (Mateo 6:24). La historia de Ananías y Safira (Hechos 5:1 11) nos recuerda que ni siquiera los cristianos son inmunes al poder que tiene el dinero para corromper. Su culpa no fue tanto retener fondos de la iglesia, sino mentir al respecto. Una vez más, se trata de una cuestión de veracidad. No debería haber doble sentido, planes astutos, duplicidad o agendas ocultas con respecto a nuestras finanzas. Debemos recordar que el dinero no equivale al valor personal, ni el carácter de uno se mide por la riqueza.

Desafortunadamente, conozco misioneros que han robado, malversado y estafado para obtener ganancias financieras. La riqueza monetaria corrompió sus almas. Destruyó su llamado y ministerio. El joven rico amaba sus posesiones más que a Dios (Marcos 10:17–31). Debemos reconocer la verdad de que "es hermoso poseer cosas materiales, pero generan tragedia personal cuando nos poseen."[234]

Finalmente, al abordar situaciones que involucran integridad financiera en el campo misionero, ¿cuál debería ser nuestra actitud con respecto al soborno? Mientras vivíamos en Serbia, nuestro propietario vino a nosotros con dos contratos que quería que firmáramos: uno que era solo entre nosotros y otro que quería presentar al gobierno por razones fiscales. El segundo contrato se redactó por mucho menos dinero del que realmente pagábamos en alquiler. Me opuse, pero me dejó claro que si no firmaba este contrato nos quedaríamos fuera de nuestro apartamento. No estaba seguro de qué debía hacer; me sentí muy incómodo firmando, pero sabía que él me tenía completamente a su merced.

Este tipo de situación es cuestión de oración. Decidí firmar ambos contratos. Sin embargo, le dije al propietario que si me preguntaban, no mentiría, sino que les diría a las autoridades lo que realmente estaba pagando. Eso no le gustó, pero estoy seguro de que aun así presentó el segundo contrato a las autoridades fiscales.

Nuestra conciencia cristiana considera aborrecible participar en sobornos. Sin embargo, para gran parte del mundo este es simplemente el precio normal

---

233 Vea 1 Cor 9:7–12.

234 Ralph Moore and Alan Tang, *Your Money* (Regal Books, 2003), 41–42.

de hacer negocios. Nuevamente, esto es una cuestión de oración y de saber con qué te sientes cómodo. Cuando se trata de navegar dentro de una cultura del soborno, lo que importa es cómo su motivación interna influye en su decisión. ¿Por qué considerarías pagar un soborno? ¿Cómo afectaría tal acción al evangelio? ¿Se ven esos sobornos como algo extra o simplemente normal en tu nueva cultura?

Diferenciar entre un soborno y una gratificación puede resultar difícil y causar una ansiedad profundamente arraigada. A veces surgen sentimientos de culpa de estos encuentros y pueden volverse bastante destructivos para el servidor global. Por esta razón, es aconsejable que los equipos misioneros que se ocupan de aceptar sobornos tengan una política intencional de con qué pueden vivir, teniendo siempre en cuenta la flexibilidad para situaciones únicas y la comodidad y conciencia personal.

La veracidad exige que vivamos vidas auténticas y sin complicaciones. El alma madura no dependerá de trucos ni engaños. Nuestra capacidad para reconocer y evitar el mal determina nuestro carácter y madurez espiritual. Nos arraigamos firmemente en nuestro ser interior cuando vivimos las palabras de Isaías: "Tú guardarás en completa paz a aquel cuyo pensamiento en ti persevera; porque en ti ha confiado" (26:3).

Reflexión y Puntos para Considerar

- ¿Cómo vives la necesidad de ser sincero en todas las cosas cuando enfrentas los desafíos de vivir en un mundo quebrantado? ¿Cuándo exageras, dices una verdad parcial, pides perdón en lugar de pedir permiso o tienes una escala móvil de honestidad? ¿Qué podría estar diciéndote el Señor en estos casos?

- ¿Cuándo te ha costado ser honesto? ¿Cómo fue eso para ti?

- ¿Quiénes han sido tus modelos a seguir de sexualidad y relaciones tanto saludables como no saludables? ¿Qué te han enseñado? ¿Conoces tus puntos desencadenantes que pueden llevarte a pensamientos y acciones impuros? ¿Qué impacto tienen en tu mente las películas, libros, imágenes, etc. sexualmente explícitos? ¿Qué pasos de acción necesitas tomar para proteger tu cuerpo y purificar tu mente?

- La idealización de la pobreza es una ilusión peligrosa para los cristianos. ¿Crees que la pobreza es santa en sí misma? ¿Por qué o por qué no? ¿Cómo equilibras tu comprensión de la riqueza con los conceptos de mayordomía y generosidad? ¿Cuál es la diferencia entre poseer y utilizar recursos materiales? ¿Cómo entiendes la diferencia entre confiar en las riquezas y confiar en Dios?

Para Más Lectura

Idleman, Kyle. *Gods at War: Defeating Idols That Battle for Your Heart* (Zondervan, 2013). Un examen de los ídolos en nuestro mundo moderno y cómo centrar y mover nuestros corazones hacia Jesús.

Mangis, Michael. *Signature Sins: Taming Our Wayward Hearts* (IVP, 2008). Explorando los siete pecados capitales y cómo cada uno de nosotros tiene un pecado principal que nos obsesiona. Mangis nos anima a encontrar la libertad en Cristo de ese pecado característico.

Struthers, William M. *Wired for Intimacy: How Pornography Hijacks the Male Brain* (IVP, 2009). La mirada de un neurocientífico sobre cómo la pornografía afecta el cerebro masculino y qué podemos hacer al respecto.

El campo misionero puede ser un lugar solitario, pero Isabel* y yo fuimos unidos a través de nuestros hijos, cuidándonos mutuamente durante estancias en el hospital, bebés, fiestas de cumpleaños y días festivos, visitas semanales e incluso vacaciones. Nuestra amistad comenzó como una pequeña semilla, pero con el paso de los años creció hasta ser profunda y completa. Cada una de nuestras familias se convirtió en sustitutos de la familia que habíamos dejado atrás cuando llegamos a Eslovaquia. Isabel y yo nos reunimos semanalmente durante casi diez años, generalmente en un momento en que nuestras hijas también podían estar juntas.

Una semana entre visitas recibí un correo electrónico de Isabel contándome sobre una culpa mía imperdonable y informándome que ya no seríamos amigas y que nuestras familias nunca volverían a juntarse. No tenía muchos amigos como para permitir dejar ir a esta, especialmente uno tan cercano a mi corazón. Los intentos de comprender y reconciliar se toparon con ira y rechazo. Nuestra familia lloró, examinamos nuestros corazones, hablamos con otros y oramos. Buscamos la sabiduría de los demás, pero la relación se acabó.

No tuve otro recurso. Todo lo que pude hacer fue perdonar. Tenía que ver mi versión del problema y eso fue todo lo que podía hacer: perdonar. Quería que mi amiga volviera. Pero ahora ella se había convertido en lo más parecido a un enemigo que jamás había tenido. Sin embargo, sabía que tenía que amarla y bendecirla. Así que oré para que Dios le diera el regalo más grande que jamás haya existido: la comprensión de su amor. Oré para que Dios derramara su amor sobre ella. Oré para que Dios tuviera misericordia de quien me había juzgado tan injustamente. Oré y memoricé el Salmo 27.

La comunidad cristiana era tan pequeña en nuestra ciudad que temía cada reunión. Incluso escribiendo sobre ello ahora duele porque pone el dolor y la emoción en el blanco y negro de un espacio pequeño y ordenado. Lo único que podía hacer era seguir pidiéndole a Dios que me ayudara a perdonar. Le pedí que no dejara que ninguna amargura entrara en mi vida. Lo hacía a diario, a veces cada hora y, a menudo, incluso momento a momento porque el dolor estaba siempre presente.

No vi a Isabel durante dieciocho meses, lo cual en nuestro pequeño pueblo era inusual. Entonces, de repente, recibí una llamada de Isabel diciéndome que lo sentía y que me había traicionado, y que aunque no lo merecía, si por favor podía ir a su casa para que pudiera disculparse. Yo estaba en shock. Caminé hasta su casa repitiendo el salmo que había memorizado.

Isabel me contó cómo el Señor la había llevado al lugar de pedir perdón y me preguntó si yo la perdonaría. Le dije: "Isabel, ya te perdoné, así que esto es fácil. Sí, por supuesto que te perdono." Isabel dijo que sabía que se había roto la confianza, pero que le gustaría restaurar nuestra amistad y reconstruir la confianza. También me preguntó si ella y su esposo podían venir a nuestra casa y disculparse con toda nuestra familia.

Esta historia tiene un final feliz. Incluso mientras escribo esto pienso en otras relaciones, algunas en las que he sido herido y he necesitado pedir perdón, pero el perdón aún no ha llegado. Luego hay relaciones en las que me encuentro perdonando. Continúo existiendo en la dolorosa etapa de la oración momento a momento, pidiéndole a Dios que me ayude a perdonar y no amargarme mientras sigo aprendiendo a perdonar.

Tricia
Servidora global en Europa del Este

*Nombres cambiados por seguridad

Comparación y Competición

El Antiguo Camino hacia el Perdón

19

El ministerio cristiano se lleva a cabo en comunidad y una de las grandes alegrías del servicio son las relaciones que formamos con nuestros compañeros de trabajo. Los misioneros pueden llegar a ser tan cercanos que realmente se convierten en familia. Pero como en todas las familias, los desacuerdos y los conflictos son una realidad, incluso en nuestras relaciones más sólidas. Llegamos a nuestras comunidades con tendencias pecaminosas, por lo que no debería sorprendernos que este quebrantamiento también se experimente en nuestras redes sociales.

En la generación pasada, los nuevos misioneros a menudo no eran completamente aceptados hasta que habían pasado cierto tiempo en el campo. Se les disuadió hablar sobre sus asignaciones y planes ministeriales hasta que habían completado la escuela de idiomas o de alguna manera demostrar su valía. Algunos gastaron su primer tiempo en el campo prácticamente aislado. Esta filosofía no era común cuando fui por primera vez al campo, pero existía de manera oculta, como mantenerme al tanto de las decisiones que tomaban. Esto me lo explicó el razonamiento de "necesidad de saber".

Afortunadamente, esta actitud no es muy frecuente hoy en día. Sospecho que los servidores globales más nuevos no tolerarían tener que esperar largos años antes de poder contribuir a las decisiones de sus equipos. En general, los misioneros experimentados ahora hacen un trabajo mucho mejor al valorar a todos los compañeros de equipo, sin importar su experiencia o compromiso. Desafortunadamente, todavía podemos encontrar un espíritu de devaluación entre los equipos que toma la forma de comparar y competir.

Comparación y Competición

Las Escrituras nos llaman a resistir la tendencia natural de comparar y competir. "No nos hagamos vanagloriosos, irritándonos unos a otros, envidiándonos unos a otros" (Gal 5:26). "No mirando cada uno por lo suyo propio, sino cada cual también por lo de los otros" (Fil 2:4). El "unos a otros" del Nuevo Testamento debe ser el punto focal de nuestras relaciones.[235]

Dicho esto, la comparación y la competencia son comunes tanto entre los servidores globales como entre las organizaciones misioneras. Puede ser tan normal como que un esposo y una esposa compitan entre sí en su estudio de idiomas o que dos organizaciones misioneras sean territoriales sobre quién recibe

---

235 En el Nuevo Testamento hay más de veinte expresiones de "unos a otros". Para una explicación más amplia, vea el libro clásico de Gene Getz: *Building Up One Another: How Every Member of the Church Can Help Strengthen Other Christians* (SP Publications, 1976).

el crédito por los ministerios exitosos o populares. Un líder de la iglesia nacional apareció, en el mismo mes, en tres portadas de revistas misioneras distintas como "su propio" misionero (incluyendo el mío).

La competencia también puede ocurrir dentro de una agencia. Las misiones generalmente funcionan con un presupuesto reducido y con recursos limitados. Cuando esto va acompañado de una mentalidad de escasez, rápidamente puede surgir competencia. He estado en reuniones presupuestarias donde cada departamento de mi misión tuvo que justificar y abogar por recursos adicionales, incluso cuando eso significaba que otro ministerio vería reducido su presupuesto. Estas batallas son intensas y a menudo dolorosas para observar. Pocas personas en tales encuentros demuestran el llamado a "honrarnos unos a otros" (Romanos 12:10).

Cuando comparamos y competimos, perdemos de vista las enseñanzas de Jesús en los Evangelios. ¿Recuerdas cuando Santiago y Juan se acercaron a él y le pidieron sentarse a su derecha e izquierda en su gloria venidera? Estaban tratando de superar a los otros discípulos y conseguir los buenos asientos. Pero después de que Jesús les dijo que beberían la copa (del sufrimiento) que él bebe, dijo, "pero el sentaros a mi derecha y a mi izquierda, no es mío darlo, sino a aquellos para quienes está preparado" (Marcos 10:40).

¿Se escondía codicia de grandeza detrás de la petición de Santiago y Juan? ¿Querían ser vistos como los discípulos más grandes del reino? La reprimenda de Jesús fue en cierto modo suave, pero al mismo tiempo fuerte: de eso no se trata el reino. Jesús nos dice que, en lugar de competir por lugares de honor, debemos estar preparados para sufrir y servir.[236]

En las últimas palabras de Jesús registradas en el Evangelio de Juan, el Señor resucitado le describe a Pedro la forma de su futura muerte (21:18–19). Después de escuchar las palabras de Jesús, Pedro, luchando por comprender, comienza a comparar preguntando sobre la muerte de Juan: "Señor, ¿y él?" (v. 21). Jesús se niega a comparar entre los dos. "Jesús le dijo: Si quiero que él quede hasta que yo venga, ¿qué a ti? Sígueme tú" (v. 22). Todos tenemos nuestro propio camino con Jesús y no debemos juzgar el camino de otros. Dios nos llama a cada uno de nosotros por separado para sus propios propósitos. Nuestra tarea es simplemente seguir nuestro propio camino.

Es cierto que esto es difícil. Cuando era director de una escuela bíblica en Europa, una vez me encontré caminando por los terrenos de un famoso campus cristiano en Estados Unidos, admirando todos los hermosos edificios. No teníamos nada parecido en la escuela que yo dirigía. ¿Por qué mi escuela no podría ser bendecida con solo uno de los edificios más pequeños? Podríamos hacer mucho más por el reino con esos recursos. ¿Por qué Estados Unidos tiene todo el dinero? Pero cuando examiné mi corazón, me di cuenta de que la raíz de mi actitud era la envidia. A nuestra escuela le estaba yendo bien con las bendiciones y los recursos que Dios nos había dado. Estaba comparando y me puse celoso.

---

236 Vea Marc 10:42–45. Por otros ejemplos, véase Marc 9:38–41 y Mat 23:5–12.

Es muy fácil comparar, envidiar y sentir celos de los demás. Pero Santiago nos recuerda que la persona sabia es la que es humilde y no se jacta, no tiene envidia ni alberga ambiciones egoístas (Santiago 3:13–14). "Porque donde hay celos y contención, allí hay perturbación y toda obra perversa" (v. 16). También dice que la sabiduría que viene del cielo "es primeramente pura, después pacífica, amable, benigna, llena de misericordia y de buenos frutos, sin incertidumbre ni hipocresía" (v. 17). Debemos apoyar, no competir con nuestros compañeros de trabajo.

Justicia y Misericordia

Miqueas 6:8 llama al pueblo de Dios a "solamente hacer justicia, y amar misericordia, y humillarte ante tu Dios." Jesús habló frecuentemente de un reino definido por la justicia, la misericordia y la humildad. "Mas ¡ay de vosotros, fariseos! que diezmáis la menta, y la ruda, y toda hortaliza, y pasáis por alto la justicia y el amor de Dios. Esto os era necesario hacer, sin dejar aquello" (Lucas 11:42). Este es el corazón de nuestra fe religiosa. La cruz marca el comienzo del reino venidero: un reino de verdad, justicia y humildad. Cuando vivimos de esta manera, nuestras almas descansan en paz.

Buscar justicia y misericordia tanto en nuestras vidas como en el mundo reduce nuestra tendencia a comparar y competir. En los primeros días de los jesuitas, antes de que un potencial sacerdote fuera confirmado, se le exigía que hiciera algún tipo de servicio comunitario, a menudo sirviendo en hospitales y viviendo de limosnas. Al hacerlo, aprendería a anteponer las necesidades de los demás sobre las suyas propias. Ese ministerio contribuyó en gran medida a eliminar las comparaciones y la competencia. No creo que los novicios se esforzaron por competir entre sí en vaciar los orinales.

¿Podríamos nosotros en las misiones de fe protestantes aprender algo de esto? Me pregunto si un período de servicio humilde podría sacarnos de nuestros pedestales de orgullo y derechos. Sospecho que nuestros corazones serían más propensos a aceptar nuestro lugar entre los demás a través de un servicio tan humilde (Marcos 10:40).

Amargura y Perdón

Una de las formas que podemos reducir nuestra necesidad de ponernos a nosotros mismos en primer lugar es aprender las lecciones del perdón y dejar de lado las heridas. Aceptar nuestras limitaciones y pérdidas nos permite ser más receptivos y aceptar las circunstancias de nuestra vida. Al perdonar, aprendemos que al morir a nosotros mismos renacemos a una nueva vida.

Es extraño que tantos servidores globales prediquen un evangelio de perdón, mientras en sus corazones albergan amargura y resentimiento. Hay muchos obstáculos para dar y recibir perdón. Los seres humanos tienen una tendencia natural hacia la reivindicación y la venganza. Queremos que otros sufran como nosotros hemos sufrido. Pero la venganza es un pobre sustituto de la vida abundante.

Sólo a través del perdón podemos dejar de lado la retribución que sentimos que se nos debe. Liberamos a otros de pagos. En el perdón, estamos llamados a tomarnos el tiempo para procesar adecuadamente el dolor y la pérdida que sentimos, pero luego a dejarlo en manos de Dios para que lo lleve por nosotros. El perdón es una actividad costosa y nuestros sentimientos no desaparecen inmediatamente. Requiere una elección consciente. Tenemos que decidir repetidamente hacer todo lo posible por no albergar resentimiento, no exponer nuestro error ante los demás ni atribuirlo a quienes nos lastiman. Pero sin ella, la verdadera libertad experiencial que tenemos en Cristo nunca podrá vivirse.

El apóstol Pablo nos llama como creyentes a "soportándoos unos a otros, y perdonándoos unos a otros si alguno tuviere queja contra otro. De la manera que Cristo os perdonó, así también hacedlo vosotros" (Col 3:13). Cuando practicamos el perdón, continúa diciendo Pablo, la paz de Cristo gobernará en nuestros corazones (v. 15).

Perdón: Qué Es y Qué No Es

La capacidad y la voluntad de perdonar consistentemente pueden ser el factor más importante en la eficacia misionera. Nuestro testimonio del amor de Dios depende de nuestra capacidad de abrazar el evangelio para nosotros y los demás. El poder de Dios en nuestras vidas se demuestra a través de él. Tres creencias fundamentales nos dan una comprensión bíblica de lo que es el perdón.

- Entender plenamente que la base para perdonar a los demás es el perdón de Dios hacia nosotros (Efesios 4:32).
- Darnos cuenta de que las consecuencias de no perdonar pueden destruirnos espiritual, emocional, física y relacionalmente (ver Mateo 6:14–15; 2 Cor 2:10–11; Ef 4:26–27; Sal 32:3–4; Prov 17: 9; 27:4).
- Permite que el Espíritu Santo entre en diálogo con tu alma y te convence si tienes un espíritu que no perdona (Juan 16:8).[237]

Dios nos ha perdonado más de lo que jamás podríamos perdonar a otros. Jesús nos dice claramente en el Sermón del Monte que debemos anteponer la reconciliación con nuestro hermano o hermana incluso a la adoración a Dios (Mateo 5:23). Basados en el perdón que hemos recibido en Cristo, sin voluntad de perdonar, los resentimientos pueden quedar enterrados durante años y, sin saberlo, causar un gran daño a nuestro corazón. Los pasos a continuación pueden liberarnos de cualquier amargura duradera y ayudarnos a avanzar hacia el perdón bíblico cuando alguien nos hace daño.

1. *Exprésale tus sentimientos a Dios.* El Padre sabe cómo te sientes, pero al derramar nuestras emociones ante Él, obtendremos beneficios personales. Afirma nuestros sentimientos de ira, lo que significa que no negamos lo que sentimos. Derramando nuestras emociones ante Dios nos brinda un lugar seguro para desahogar nuestra ira de una manera no destructiva y trae a Dios a nuestra situación de una manera muy personal. Este es el ejemplo bíblico que tenemos repetidamente en los Salmos de David y otros.

---

237 Ken Williams, notas inéditas, "Thoughts on Forgiveness" (Wycliffe Bible Translation Counseling Department, 1997), 1.

2. *Reconoce y nombra cualquier falta de perdón en tu corazón.* Es importante poder reconocer si realmente hemos perdonado o no. Decir "no he perdonado" es muy útil para ser honestos con nosotros mismos (Jer 17:9; Prov 10:18).

3. *Decide perdonar.* El perdón es un acto de nuestra voluntad con el poder dado por Dios (Efesios 1:19). En esta decisión, estamos decidiendo renunciar a nuestro derecho a sentir más resentimiento, así como a nuestro derecho a chismear o seguir insistiendo en el tema (Proverbios 17:9).

4. *El perdón es un proceso.* El perdón suele llevar tiempo. No te rindas. A veces es útil tomar una decisión general de perdonar a una persona y continuar tomando decisiones individuales a medida que nos vienen a la mente heridas específicas. Sin embargo, cuanto más esperamos, más difíciles serán los sentimientos de manejar sin pecar (Efesios 4:26–27). Recuerda, no necesariamente necesitamos tener ganas de perdonar para perdonar. El amor es una acción, y al decidir perdonar incluso cuando no tenemos ganas, actuamos por amor a esa persona. Esto no es hipocresía. Es obediencia.

5. *Busca la reconciliación.* No basta con dejar de lado nuestros sentimientos. Necesitamos hacer lo que podemos para restaurar la relación (Mateo 5:23–24). Sin embargo, debemos tener en cuenta que para lograrlo se necesitan ambas partes. Si la otra parte se niega a reconciliarse, la mejor manera de "vivir en paz" (Rom. 12:18) con ella puede ser darle espacio sin forzar el asunto.[238]

Perdonar es un proceso complicado. A menudo surgen preguntas a medida que avanzamos en los pasos hacia el perdón. Éstas son algunas de las más comunes:

1. Si la otra persona no se arrepiente, ¿aun así tengo que perdonarla? Sólo conozco un pasaje de las Escrituras, Lucas 17:3–4, que menciona que la otra persona se arrepiente. Todas las demás referencias hablan de perdonar independientemente de lo que haga la otra persona.[239]

2. Si el perdón es simplemente una decisión, ¿no debería poder hacerlo de inmediato? Las Escrituras no abordan este tema directamente. Pero en la mayoría de los casos, parece que el perdón es un proceso que lleva tiempo (Mateo 18:21). La decisión de perdonar es sólo el comienzo. Esperar cambios instantáneos en nuestros sentimientos probablemente no son realistas y luego pueden conducirnos a la autocondena, la culpa, el desánimo o la renuncia. Perdonar no significa que olvidamos el incidente. El verdadero perdón ocurre cuando recordamos el incidente sin nuestra ira y resentimiento. Es cierto que todavía podemos sentir pena o tristeza, pero con el verdadero perdón, la ira desaparece.

---

[238] Williams, 2–3.
[239] Vea especialmente Prov 10:11; 25:21; Mat 5:44–46; Luc 6:36; Rom 12:14; 1 Cor 4:12–13; 1 Ped 3:9.

3. ¿Qué pasa si quiero perdonar pero el enojo aún persiste? Primero, debemos aplicar Lucas 6:27–28 y Romanos 12:14, 17, 20–21. Realizar el perdón apropiándonos del amor de Jesús por nosotros mismos y por los demás. Es posible que también necesitemos buscar ayuda (Santiago 5:16). La confesión ante los demás y sus oraciones por nosotros es un arma espiritual poderosa para superar la ira. Al confesar, debemos asegurarnos de centrarnos en nuestros sentimientos y la necesidad de perdonar, en lugar de en lo que la otra persona nos ha hecho. A lo contrario, es posible que simplemente estemos usando nuestra confesión para justificar y chismear.[240]

El perdón no significa que excusamos a los demás por lo que hicieron. Tampoco significa que debamos seguir confiando incondicionalmente o tener una relación cercana con la persona que nos lastimó. Es posible que nunca podamos reconciliarnos completamente con ellos. Pero sí significa que nuestros corazones son libres para amar nuevamente.[241]

Perdón Organizacional

Lidiar con el pecado organizacional puede ser difícil. La pena y el dolor pueden ser profundos y tratar de encontrar una solución puede resultar abrumador. Sin embargo, así como somos llamados a amar y perdonar a las personas, también somos llamados a amar y perdonar a las organizaciones. Cuando se necesita el perdón a nivel organizacional, los miembros eligen juntos dejar atrás la amargura y el rencor por el daño y la angustia, trabajando hacia un nuevo futuro. Ese perdón caracteriza a las organizaciones saludables. El verdadero perdón organizacional nunca es un intento de minimizar el daño. Más bien, es una respuesta para evitar que ese daño impregne la cultura de la organización. El perdón organizacional pone fin a la disfunción curando el resentimiento, la amargura y, con suerte, lo mejor que pueda, la confianza rota. Ayuda a todos a avanzar en paz y esperanza.

Jesús nos dijo que amáramos al Señor y a nuestro prójimo (Mateo 22:37–39). Estamos aquí en la tierra para amar, por lo que nuestro enfoque debe estar en aprender a amar bien. Es fácil amar a lo bello. Es fácil perdonar lo perdonable. Pero si realmente queremos crecer en nuestro amor y capacidad de perdonar, no hay mejor manera que lidiar con lo que no es digno de ser amado ni perdonado. Afortunadamente, es posible amar, incluso cuando parezca lo contrario, porque habitamos en la fuerza y las posibilidades del amor de Dios, no en las nuestras.

Al igual que con las relaciones personales, cuando una organización nos daña, fácilmente podemos sentir que tenemos derecho a estar amargados. Generalmente el perdón es lo último que tenemos en mente. Sin embargo, el resentimiento contra una organización afecta a todos en ella, incluyendo (y principalmente) a nosotros mismos. Recordemos que "Cristo no es el tercero interpuesto entre Dios y la humanidad para hacerse cargo del pecado humano. Él es el Dios agraviado."[242]

---

240 Williams, "Thoughts on Forgiveness", 3-4.

241 Williams, 4.

242 Miroslav Wolf, *Free of Charge: Giving and Receiving in a Culture Stripped of Grace* (Zondervan, 2005), 145.

Jesús entiende, de primera mano, la injusticia que hemos experimentado. Tenía todo el derecho a no perdonar y, sin embargo, eligió el perdón, y nosotros también podemos hacerlo. Perdonar es difícil y puede llevar tiempo, pero podemos superarlo y perdonar. Podemos encontrar el amor nuevamente, incluso dentro de la organización que nos lastimó.

A veces, incluso cuando perdonamos, el comportamiento organizacional puede seguir siendo pecaminoso y las personas pueden seguir experimentando un dolor profundo. Cuando este es el caso y la situación es destructiva, el perdón puede no ser suficiente. Tal vez necesitemos alejarnos de tal situación por nuestra propia salud y la de los demás. Jane Fryar, haciendo referencia a Judith Sturnick, lo expresa de esta manera:

> *Sturnick le advierte a los lectores que las organizaciones tóxicas pueden desanimar e incluso destruir a los líderes servidores. Ella insta a los líderes a no proteger ni racionalizar el comportamiento organizacional destructivo (podríamos decir pecaminoso). No todas las organizaciones quieren sanar. Sturnick insiste en que los líderes atrapados en organizaciones tóxicas exploren las razones para permanecer allí. Advierte que las personas sanas en organizaciones enfermas comienzan a actuar de manera no saludable sólo para sobrevivir. Esto puede comprometer seriamente la capacidad del líder para servir verdaderamente y fomentar la curación. Incluso en la iglesia, los líderes a veces, en el dolor, debemos sacudir el polvo de nuestros pies, como dijo Jesús (Mateo 10:14). Nuestra partida en tales casos sirve como nuestra última palabra de ley para aquellos que se rebelan contra su gracia.*[243]

En tal caso, dejar la organización misionera debe hacerse de la forma más pacífica y honrada a Dios que se pueda. Pero para ser fieles al evangelio, debemos tomar esa decisión, o nosotros mismos podríamos ser víctimas de la insalubridad y la enfermedad que nos rodean.[244]

Realmente no existe ninguna razón saludable o útil para comparar y competir en misiones. La obra del reino de Dios es lo suficientemente grande para todos nosotros. Nunca tenemos que demostrarle al Señor que tenemos éxito en el ministerio, porque Dios no mide el éxito como lo hacemos nosotros en términos de números y fama. Dios nos llama, brinda oportunidades para nuestro ministerio e incluso brinda cualquier éxito que se obtenga. Nuestro papel no es demostrar que de alguna manera somos mejores que los demás, sino sólo ser fieles a lo que Dios quiere que hagamos y hacia donde Dios quiere que vayamos.

---

243 Jane L. Fryar, *Servant Leadership: Setting Leaders Free* (Concordia, 2001), 103, haciendo referencia a Judith Sturnick, "Healing Leadership", en *Insights on Leadership: Service, Stewardship, Spirit, and Servant-Leadership*, ed. Larry Spears (John Wiley & Sons, 1998), 185–93.

244 ryar, 103.

Reflexión y Puntos para Considerar

- Cuando comparamos y competimos en el ministerio, nos conformamos con algo menos que un verdadero compañerismo bíblico. ¿En qué áreas de tu vida te comparas con los demás? ¿Dónde compites con hermanos y hermanas por los logros ministeriales? ¿Dónde compites y te comparas por la estima del liderazgo? ¿Dónde compites y te comparas con los demás para obtener la aprobación de Dios?

- Elije uno de los "unos a otros" del Nuevo Testamento. Intenta practicar este "uno al otro" con las personas más cercanas a ti (tu cónyuge, hijos, compañero de equipo) durante un período de tiempo específico. Registra tus pensamientos y reflexiones del ejercicio.

- Imagínate lo que sucedería en tu vida si aceptas plenamente el llamado de Cristo a perdonar. ¿Qué tipos de sanación, nuevos comienzos o restauraciones puedes imaginar? ¿Qué obstáculos existen para ti a la hora de imaginar ese futuro?

- Si estás luchando contra el dolor organizacional, ¿qué puedes hacer para encontrar la curación? ¿Qué pasos puedes tomar para tomar la decisión de perdonar? ¿Quién puede ayudarte a recorrer ese proceso?

Para Más Lectura

Crabb, Larry. *Becoming a True Spiritual Community: A Profound Vision of What the Church Can Be* (Thomas Nelson, 1999). Cómo la verdadera comunidad puede transformar a una familia de creyentes a la semejanza de Cristo.

Smith, James Bryan. *The Good and Beautiful Community: Following the Spirit, Extending Grace, and Demonstrating Love* (IVP, 2010). Cómo vivir en relación con los demás, no comparando, sino extendiendo gracia y perdón.

CONCLUSIÓN

A lo largo de este libro hemos explorado aspectos de la formación espiritual del siervo global, colocando nuestro corazón para Dios y nuestras manos para el servicio en el orden adecuado. A través de estas disciplinas espirituales, podemos experimentar la maduración del fruto espiritual en nuestras vidas y en las vidas de los demás. Las prácticas de este libro se han vivido en las vidas de los santos durante siglos, tanto por el pueblo de Dios en el Antiguo Testamento como por los santos de la iglesia desde las primeras páginas del Nuevo Testamento hasta ahora.

A pesar de todas nuestras estrategias y objetivos misionales; a pesar de todo el reclutamiento, la investigación y la obtención de recursos; a pesar de toda la predicación y enseñanza; nuestra motivación para las misiones todavía se reduce al corazón de Dios por el mundo. Nuestro llamado misionero es nada menos que amar al Señor nuestro Dios con todo nuestro corazón, alma y mente; y amar a los demás como a nosotros mismos (Mateo 22:37–39). Donde nuestra pasión por Dios es débil, nuestro servicio a la misión de Dios será débil. La centralidad de Dios en el corazón del siervo global es el tema más crucial para las misiones hoy y en los días venideros (Apocalipsis 2:1–7).

Cuando William Carey navegó hacia la India en 1793, lo expresó con estas palabras:

Cuando dejé a Inglaterra, mi esperanza de la conversión de la India era muy fuerte; pero entre tantos obstáculos, moriría, a menos que Dios lo sostuviera. Bueno, tengo a Dios y Su Palabra es verdad. Aunque las supersticiones de los paganos eran mil veces más fuertes de lo que son, y el ejemplo de los europeos mil veces peor; aunque fui abandonado por todos y perseguido por todos, mi fe, fijada en la Palabra segura, se elevaría por encima de todos los obstáculos y superaría toda prueba. La causa de Dios triunfará.[245]

Carey, y muchos de los que lo precedieron y siguieron, se sintieron impulsados por esta misma pasión por Dios. En esencia, el mandato misionero es simple y factible: regocijaos y alegraos en el Señor.[246] ¿Qué mensaje podría ser más placentero para el mundo que "Alegraos en el Señor y alegraos, justos; ¡Cantad todos los rectos de corazón!" (Sal 32:11)?

La gloria universal de Dios y la adoración mundial de Dios es nuestra razón fundamental para enseñar y practicar las disciplinas espirituales para la misión mundial. Siempre debemos mantener lo primero en primer lugar (Apocalipsis 2:4). Sí, es imprescindible que hayamos sido llamados a un lugar y a un pueblo y que nuestras manos hayan sido equipadas para la

---

245 Como se cita en Iain Murray, *The Puritan Hope* (Banner of Truth Trust, 1971), 140. Cómo vivir en relación con los demás, no comparando, sino extendiendo gracia y perdón.

246 Vea Sal 67:3–4; 69:32; 70:4; 97:1.

tarea. Pero sin un corazón centrado en Dios, con la visión de grupos étnicos enteros adorándolo, nuestro trabajo es simplemente trabajo y es en vano. Como dice el Salmo 67:4: "¡Regocíjense y canten de alegría las naciones!"

Y cantaron una nueva canción:

"Y cantaban un nuevo cántico, diciendo: Digno eres de tomar el libro y de abrir sus sellos; porque tú fuiste inmolado, y con tu sangre nos has redimido para Dios, de todo linaje y lengua y pueblo y nación; y nos has hecho para nuestro Dios reyes y sacerdotes, y reinaremos sobre la tierra."

—Apocalipsis 5:9–10

AGRADECIMIENTOS

Nunca pensé que escribiría un libro, y mucho menos uno sobre formación espiritual. Realmente no sé cómo sucedió, ¡pero sucedió! Una cosa que sí sé es que no podría haberlo escrito sin la comunidad que Dios me ha dado. Mi más profundo agradecimiento es para muchos.

Gracias a todas mis colegas de Barnabas Inernational por sus oraciones y aliento. Un agradecimiento especial a mi grupo de pastores de BI (Charlie y Frauke Schaeffer, Alan y Judy Steier, y Alex y Cami Vlasin, y al director de BI, Perry Bradford) por todo su apoyo personal y sus oraciones.

También quiero reconocer la enorme comunidad de atención a los miembros de la que he tenido el privilegio de formar parte durante los últimos veinticinco años. La sabiduría que he aprendido de todos ustedes sólo ha sido superada por los ejemplos piadosos que han sido para mí. Especialmente quiero agradecer a Wendy Wilson de Missio Nexus por desafiarme a desarrollar un retiro de formación espiritual para trabajadores globales, que finalmente se transformó en este libro.

Mi esposa Debbie y yo hemos recibido apoyo financiero y de oración como misioneros de fe durante casi cuarenta años. No podemos comenzar a expresar nuestro agradecimiento por todos nuestros compañeros en el ministerio, ya que sin ellos este libro no se habría escrito. Un agradecimiento especial a cuatro iglesias que nos apoyaron mientras escribía: Cityview Community Church en Elmhurst, Illinois; Iglesia Evangélica Libre de Harvard Avenue en Villa Park, Illinois; Primera Iglesia Presbiteriana en Glen Ellyn, Illinois; y la Iglesia Anglicana Internacional en Colorado Springs, Colorado.

También quiero agradecer a John y Fran Corby, Scott y Betty McDonald, y a Dan y Sandy O'Rear por su amistad especial y oraciones.

Cuando comencé mis estudios de doctorado en el Seminario Teológico Gordon-Conwell, no podía imaginar cuán vivificantes resultarían mis estudios. A mis compañeros de estudios, y especialmente a mis asesores académicos, el Dr. Dave Currie y el Dr. Stephen Macchia, va mi profundo agradecimiento por presentarme a una comunidad espiritual tan cálida. Lo académico y el disfrute personal no siempre van de la mano, pero este libro es una prueba de que algo así puede suceder cuando pasas tiempo aprendiendo con personas tan profundas y amables.

Muchos trabajadores globales contribuyeron con sus historias para hacer este libro más personal. No podría aprovechar las aportaciones de todos, pero quiero agradecerles aquí. Gracias a Gary, Sarah, Greg, Jesse, Dan, Scott, Karyn, Ashley, Doug, Renee, Jen, John, Howard, Sarah, Jim, John, Nancy, Joseph y Tricia por su deseo de compartir su "historias personales de Dios".

Mi editora jefa, Stacey Covell, me ha brindado una ayuda inestimable y le agradezco su paciencia, comprensión, diligencia y cuidado del manuscrito durante todo el proceso editorial. Las largas horas de trabajo de Stacey, así como su constante estímulo, hicieron que este libro fuera mucho mejor; para ella, ninguna expresión de gratitud es adecuada.

También me gustaría agradecer a mis editores adicionales, Andrea Strunz y Shawn Mrakovich, por su meticulosa y amable experiencia. Y mi más sincero agradecimiento al equipo de William Carey Publishing por elegir publicar mi trabajo.

A mi familia: mi esposa, Debbie; nuestros hijos y sus cónyuges, Josiah y Erin, Mari Elaine, Hannah y Chris; y nuestros nietos, Isaac, Emmanuel Joy y Audra, gracias por permitirme el privilegio de compartir mi vida de manera honesta y abierta. Después de todo, gran parte de esta historia también es tuya. Debbie, tú nos seguiste y en ocasiones nos guiaste a través de este viaje misionero juntos; A menudo, la única voz que escuché a través de mi propio vagar por el desierto fue la tuya. Ningún agradecimiento puede expresar mi deuda contigo por tu fortaleza y amor.

Finalmente, durante casi cuarenta años en misiones quiero agradecer a los innumerables trabajadores globales que se han cruzado en mi camino. Tu tarea es el trabajo más difícil del mundo. Ustedes son mis héroes. Tu amor misericordioso en acción me inspiró a escribir este libro.

Más que cualquier otra cosa, este libro le debe su totalidad a nuestro Dios Triuno. Él plantó la semilla en mi corazón, la regó durante el proceso de escritura y, a través de su cuidado, produjo cualquier fruto que se encuentre en sus páginas. *Soli Deo gloria*.

Si permaneces en el viaje espiritual el tiempo suficiente, las prácticas que sustentaron tu fe se quedarán cortas. Cuando esto sucede, puede resultar muy desilusionante. Pero si continuamos en el camino, descubrimos que en realidad esto es una invitación a profundizar con Dios.

—Padre Thomas Keating

BIBLIOGRAFÍA

A Kempis, Thomas. *The Imitation of Christ*. Hendrickson Publishers, 2004.

Adler, Cyrus, and Louis N. Dembitz. "Kiddush" In *Jewish Encyclopedia.* 1906 ed.

Anderson, Keith R. *A Spirituality of Listening: Living What We Hear*. IVP, 2016.

Angel, G. T. D. "Slave." In *The New International Dictionary of New Testament Theology,* edited by Colin Brown. Zondervan, 1978.

Arendt, Hannah. *Eichmann in Jerusalem: A Report on the Banality of Evil*. Penguin Books, 1994.

Bakke, Jeannette A. *Holy Invitations: Exploring Spiritual Direction*. Baker, 2000.

Bangley, Bernard, ed. *The Cloud of Unknowing.* Paraclete Press, 2006.

Barton, Ruth Haley. *Invitation to Retreat.* IVP, 2019.

Barton, Ruth Haley. *Invitation to Silence and Solitude*. IVP, 2009.

Barton, Ruth Haley. *Pursuing God's Will Together: A Discernment Practice for Leadership Groups.* IVP, 2012.

Barton, Ruth Haley. *Sacred Rhythms: Arranging Our Lives for Spiritual Transformation.* IVP, 2006.

Barton, Ruth Haley. *Strengthening the Soul of Your Leadership: Seeking God in the Crucible of Ministry*. IVP, 2008.

Bauer, W. *A Greek-English Lexicon of the New Testament and Other Christian Literature*. Edited and translated by W. F. Arndt and F. W. Gingrich. University of Chicago Press, 1957.

Benner, David G. *The Gift of Being Yourself: The Sacred Call to Self-Discovery*. IVP, 2004.

Benner, David G. *Sacred Companion: The Gift of Spiritual Friendship and Direction*. IVP, 2002.

Benner, David G. *Surrender to Love: Discerning the Heart of Christian Spirituality*. IVP 2003.

Berry, Wendell. "How to Be a Poet (to remind myself)." In *New Collected Poems.* Counterpoint, 2013.

Bernard of Clairvaux. *The Steps of Humility.* Cistercian Publications, 1973.

Briggs, J. R. *Fail: Finding Hope and Grace in the Midst of Ministry Failure.* IVP, 2014.

Brother Lawrence. *The Practice of the Presence of God*. Whitaker House, 1982.

Brown, Patricia D. *Learning to Lead from Your Spiritual Center*. Abingdon, 1996.

Bruce, F. F. *The Book of Acts.* NICT. Eerdmans, 1980.

Brunson, Andrew, and Norine Brunson. Q&A at Mission Leaders Conference. MissioNexus, September 21, 2019, https://www.youtube.com/watch?v=9jNYokjiV9c.

Buchanan, Mark. *Spiritual Rhythm.* Zondervan, 2010.

Calhoun, Adele Ahlbeg. *Spiritual Disciplines Handbook.* IVP, 2005.

Calvin, John. *Institutes of Christian Religion, Vol. 1.* Westminster Press, 1960.

Chan, Simon. *Spiritual Theology: A Systematic Study of the Christian Life*. IVP, 1998.

Chandler, Diane J. *Christian Spiritual Formation: An Integrated Approach for Personal and Relational Wholeness.* IVP, 2014.

Chole, Alicia Britt. *Sacred Slow: A Holy Departure from Fast Faith.* Thomas Nelson, 2017.

Chrysostom, John. "The Homilies on the Acts of the Apostles." In *A Select Library of Nicene and Post–Nicene Fathers*, edited by Philip Schaff. Vol. XI, reprint. Eerdmans, 1975.

Cocksworth, Ashley. "Sabbath Contemplation?" In *Embracing Contemplation: Reclaiming a Christian Spiritual Practice*, ed. John H. Cole and Kyle C. Strobel, 74–94. IVP, 2019.

Cole, John H., and Kyle C. Strobel, eds. *Embracing Contemplation: Reclaiming a Christian Spiritual Practice*. IVP, 2019.

Crabb, Larry. *Becoming a True Spiritual Community: A Profound Vision of What the Church Can Be*. Thomas Nelson, 1999.

Dawn, Marva J. *Keeping the Sabbath Wholly*. Eerdmans, 1989.

De Caussade, Jean-Pierre. *Abandonment to Divine Providence*. Translated by John Beevers. Doubleday, 1975.

Demarest, Bruce. *Soulguide: Following Jesus as Spiritual Director*. NavPress, 2003.

DeYoung, Kevin. *The Hole in Our Holiness: Filling the Gap between Gospel Passion and the Pursuit of Godliness*. Crossway, 2012.

Dirks, Morris. *Forming the Leader's Soul: An Invitation to Spiritual Direction*. SoulFormation, 2013.

Dorsett, Lyle W. *Seeking the Secret Places: The Spiritual Formation of C. S. Lewis*. Brazos Books, 2004.

Dougherty, Rose Mary. *Group Spiritual Direction: Community for Discernment*. Paulist Press, 1995.

Early, Justin Whitmel. *The Common Rule: Habits of Purpose in the Age of Distraction*. IVP, 2019.

Edwards, Tilden. *Spiritual Director, Spiritual Companion: Guide to Tending the Soul*. Paulist Press, 2001.

Engelsvikon, Tormod. "Spiritual Conflict in Today's Mission." *Lausanne Occasional Papers, 29*. Edited by A. Scott Moreau, 2001.

Fairbairn, Donald. *Life in the Trinity: An Introduction to Theology with the Help of the Church Fathers*. IVP, 2009.

Ferdinando, Keith. *The Message of Spiritual Warfare*. IVP, 2016.

Fieker, Jim. "Top Observations of IMPACT Leader Research Project and the Implications to Our Mission Organizations." Unpublished report, 2008.

Ford, Leighton. *The Attentive Life*. IVP, 2008.

Foster, Richard J. *Celebration of Discipline: The Path to Spiritual Growth*. Harper and Row, 1978.

Foster, Richard J. *Prayer: Finding the Heart's True Home*. Harper, 1992.

Foster, Richard J. *Streams of Living Water: Celebrating the Great Traditions of Christian Faith*. Harper, 1998.

Foster, Richard J., and Gayle D. Beebe. *Longing for God: Seven Paths of Christian Devotion*. IVP, 2009.

Foster, Richard J., and Emilie Griffin, eds. *Spiritual Classics*. Harper, 2000.

Foster, Richard J., and James Bryan Smith, eds. *Devotional Classics*. Harper, 1990.

Fox, George. *The Journal of George Fox*. Edited by Norman Penney. Costmo Classics, 2007.

Fryar, Jane L. *Servant Leadership: Setting Leaders Free*. Concordia, 2001.

Garrison, David. *A Wind in the House of Islam: How God Is Drawing Muslims around the World To Faith in Jesus Christ*. WIGtake Resources, 2014.

Gavitt, Loren, ed. *Saint Augustine's Prayer Book*. Holy Cross Publications, 1976.

Getz, Gene A. *Building Up One Another: How Every Member of the Church Can Help Strengthen Other Christians*. SP Publications, 1976.

Gibbs, Eddie. *LeadershipNext: Changing Leaders in a Changing Culture*. IVP, 2005.

Gish, Dorothy J. "Sources of Missionary Stress." In *Journal of Psychology and Theology* 11 (1983): 236–42.

Goggin, Jamin, and Kyle Strobel, eds. *Reading the Christian Spiritual Classics: A Guide for Evangelicals*. IVP, 2013.

Green, Thomas H. *Drinking from a Dry Well*. Ave Maria Press, 1991.

Guenther, Margaret. *Holy Listening: The Art of Spiritual Direction*. Cowley, 1992.

Guinness, Os. *The Call: Finding and Fulfilling the Central Purpose of Your Life*. W Publishing, 2003.

Hale, Thomas. *On Becoming a Missionary*. William Carey Library, 1995.

Hall, Thelma. *Too Deep for Words: Rediscovering Lectio Divina*. Paulist Press, 1988.

Hallesby, O. *Prayer*. Augsburg, 1975.

Hamblin, Allen, Jr. *Embracing Followership: How to Thrive in a Leader-Centric Culture*. Kirkdale Press, 2016.

Haugk, Kenneth C. *Christian Caregiving: A Way of Life*. Augsburg, 1984.

Heschel, Abraham Joshua. *The Sabbath: Its Meaning for Modern Man*. Farrar, Strass and Giroux, 1951.

Heuertz, Phileena. *Mindful Silence: The Heart of Christian Contemplation*. IVP, 2018.

Howard, Evan B. *The Brazos Introduction to Christian Spirituality*. Baker, 2008.

Idleman, Kyle. *Gods at War: Defeating Idols that Battle for Your Heart*. Zondervan, 2013.

Ignatius of Loyola. *The Spiritual Exercises*. Translated by Louis J. Puhl. Vintage Books, 2000.

Ingram, Chip. *The Invisible War: What Every Believer Needs to Know about Satan, Demons, and Spiritual Warfare*. Baker, 2006.

Irwin, Kevin W. "Liturgy." In *The New Dictionary of Catholic Spirituality*, edited by Michael Downey, 602–10. The Liturgical Press, 1993.

Jervis, L. Ann. *At the Heart of the Gospel: Suffering in the Earliest Christian Message*. Eerdmans, 2007.

Johnstone, Patrick. *Operation World*. 6th ed. Zondervan, 1993.

Jones, Marge, and E. Grant Jones. *Psychology of Missionary Adjustment*, Gospel Publishing House, 1995.

Kelly, Thomas R. *A Testament of Devotion*. HarperCollins, 1941.

Kolber, Aundi. *Try Softer*. Tyndale Publishers, 2020.

Kreglinger, Gisela H. *The Spirituality of Wine*. Eerdmans, 2016.

Lamp, Herbert F., Jr. "Toward a Theology of Submission and Obedience in Missions." DMin diss., Gordon-Conwell Theological Seminary, 2011.

Lane, George. *Christian Spirituality: A Historical Sketch*. Loyola Press, 2005.

LaSor, William Sanford, David Allan Hubbard, and Frederic William Bush. *Old Testament Survey: The Message, Form and Background of the Old Testament*. Eerdmans, 1982.

Latourette, Kenneth Scott. *A History of the Expansion of Christianity. Vol. 1: The First Five Centuries*. Hendrickson Publishers, 1970.

Laubach, Frank. *Practicing His Presence*. Christian Books, 1976.

Lewis, C. S. *Letters to Malcolm: Chiefly on Prayer*. Harcourt, 1964.

Lewis, C. S. *The Screwtape Letters*. Reprint. Signet, 1988.

Linn, Dennis, Sheila Fabricant Linn, and Matthew Linn. *Sleeping with Bread: Holding What Gives You Life*. Paulist Press, 1995.

Long, Kathryn T. *God in the Rainforest.* Oxford University Press, 2019.

Loss, Myron. *Culture Shock: Dealing with Stress in Cross-Cultural Living.* Light and Light Press, 1983.

Lovelace, Richard. *The Dynamics of the Spiritual Life.* IVP, 1979.

Luther, Martin. "Concerning Christian Liberty." In *First Principles of the Reformation,* eds. H. Wace and C. A. Buckheim. William Clowes and Sons, 1883.

Luther, Martin. "Treatise on Good Works." In *The Christians in Society I,* trans. W. A. Lambet, Rev. James Atkinson. Vol. 44 of *Luther's Works,* general editor Helmut T. Lehmann. Fortress Press, 1966.

Macchia, Stephen A. *Becoming a Healthy Team.* Baker, 2005.

Macchia, Stephen A. *Crafting a Rule of Life.* IVP, 2012.

Mains, Karen Burton. *Open Hearts, Open Homes: The Hospitable Way to Make Others Feel Welcome and Wanted.* IVP, 1997.

Mangis, Michael. *Signature Sins: Taming Our Wayward Hearts.* IVP, 2008.

May, Gerald. *The Dark Night of the Soul: A Psychiatrist Explores the Connection Between Darkness and Spiritual Growth.* Harper, 2004.

McHugh, Adam S. *The Listening Life: Embracing Attentiveness in a World of Distraction.* IVP, 2015.

McKelvey, Douglas Kaine. *Every Moment Holy.* Rabbit Room Press, 2017.

McKnight, Scott. *Fasting.* Thomas Nelson, 2009.

Millar, Gary J. *Calling on the Name of the Lord: A Biblical Theology of Prayer.* IVP, 2016.

Milne, Bruce. *The Message of John.* IVP, 1993.

Moon, Gary W., and David G. Benner, eds. *Spiritual Direction and the Care of Souls: A Guide to Christian Approaches and Practices.* IVP, 2004.

Moore, Ralph, and Alan Tang. *Your Money.* Regal Books, 2003.

Mulholland, M. Robert, Jr. *Invitation to a Journey: A Road Map to Spiritual Formation.* IVP, 1993.

Murray, Andrew, and Edward D. Andrews. *Waiting on God!* Christian Publishing House, 2020.

Murray, Iain. *The Puritan Hope.* Banner of Truth Trust, 1971.

Nee, Watchman. *Spiritual Authority.* Christian Fellowship Publishers, 1972.

Nouwen, Henri. "Education to Ministry." In *Theological Education* 9 (Autumn 1972).

Nouwen, Henri. *In the Name of Jesus.* Crossroads, 1996.

Nouwen, Henri. *Making All Things New: An Invitation to the Spiritual Life.* HarperOne, 1981.

Nouwen, Henri. *Reaching Out: The Three Movements of the Spiritual Life.* Doubleday, 1975.

Nouwen, Henri. *Turn My Mourning into Dancing: Finding Hope in Hard Times.* W Publishing Group, 2001.

Nouwen, Henri. *The Way of the Heart.* Ballantine Books, 1981.

Nouwen, Henri. *The Wounded Healer.* Doubleday, 1979.

Okholm, Dennis. *Monk Habits for Everyday People: Benedictine Spirituality for Protestants.* Brazos Press, 2007.

Owens, Tara. *Embracing the Body: Finding God in Our Flesh and Bone*. IVP, 2015.

Palmer, Parker J. *A Hidden Wholeness: The Journey Toward an Undivided Life*. Jossey-Bass, 2004.

Palmer, Parker J. *Let Your Life Speak: Listening to the Voice of Vocation*. Jossey-Bass, 2000.

Peace, Richard. *Contemplative Bible Reading: Experiencing God Through Scripture*. NavPress, 1998.

Peterson, Eugene H. *Eat This Book: A Conversation in the Art of Spiritual Reading*. Eerdmans, 2006.

Peterson, Eugene H. *Tell It Slant: A Conversation on the Language of Jesus in His Stories and Prayers*. Eerdmans, 2008.

Piper, John. *Desiring God: Meditations of a Christian Hedonist*. Multnomah Press, 1986.

Plueddemann, James E. *Leading Across Cultures: Effective Ministry and Mission in the Global Church*. IVP, 2009.

Ponticus, Evagrius. *Evagrius Ponticus' Chapters on Prayer*. Translated by Sr. Pascale-Dominique Nau. Self-pub., lulu.com, 2012.

Pratt, Lonni Collins, and Father Daniel Homan. *Benedict's Way*. Loyola Press, 2000.

Reeves, Michael. *Delighting in the Trinity: An Introduction to the Christian Faith*. IVP, 2012.

Saint Benedict. *The Rule of Saint Benedict*. Edited by Timothy Fry. Random House, 1998.

Saint Benedict. *Saint Benedict's Rule for Monasteries*. Translated by Leonard J. Doyle. Liturgical Press, 2001.

Saint Cassian. *The Institutes*. Translated and annotated by Boniface Ramsey. Paulist Press, 2000.

Saint John of the Cross. *The Dark Night of the Soul*. Translated by Mirabai Starr. Riverhead Books, 2002.

Savin, Olga. Trans. *The Way of the Pilgrim*. Shambhala Classics, 2001.

Sheeran, Michael J. "Beyond Majority Rule: Voteless Decisions in the Religious Society of Friends." Philadelphia, meeting of the Religious Society of Friends, 1983.

Sittser, Gerald L. *Water from a Deep Well*. IVP, 2007.

Smith, Gordon T. *Called to Be Saints: An Invitation to Christian Maturity*. IVP, 2014.

Smith, Gordon T. *Spiritual Direction: A Guide to Giving and Receiving Direction*. IVP, 2014.

Smith, Gordon T. *The Voice of Jesus: Discernment, Prayer, and the Witness of the Spirit*. IVP, 2003.

Smith, James Bryan. *The Good and Beautiful Community: Following the Spirit, Extending Grace, and Demonstrating Love*. IVP, 2010.

Stott, John R. W. *God's New Society: The Message of Ephesians*. IVP, 1979.

Stott, John R. W. *The Message of Acts*. IVP, 1990.

Strobel, Kyle. *Formed for the Glory of God: Learning the Spiritual Practices of Jonathan Edwards*. IVP, 2013.

Struthers, William M. *Wired for Intimacy*. IVP, 2009.

Swinton, John. *Raging with Compassion: Pastoral Responses to the Problem of Evil*. Eerdmans, 2007.

Tan, Siang-Yang. *Full Service: Moving from Self-Serve Christianity to Total Servanthood.* Baker, 2006.

Taylor, Howard, and Geraldine Taylor. *Hudson Taylor's Spiritual Secret.* Moody, 2009.

Taylor, William David. "Missionary." In *Evangelical Dictionary of World Missions*, ed. William D. Taylor. Baker, 2000.

Teague, David. *Godly Servants: Discipleship and Spiritual Formation for Missionaries.* Mission Imprint, 2012.

Tell, Bill. *Lay It Down: Living in the Freedom of the Gospel.* NavPress, 2015.

Thigpen, Paul. *Saints Who Battled Satan: Seventeen Holy Warriors Who Can Teach You How to Fight the Good Fight and Vanquish Your Ancient Enemy.* TAN Books, 2015.

Thomas, Gary. *Sacred Pathways: Discovering Your Soul's Path to God.* Zondervan, 1996.

Thompson, Curt. *The Anatomy of the Soul.* SaltRiver, 2010.

Tozer, A. W. *The Knowledge of the Holy.* HarperCollins, 1961.

Tucker, Ruth, and Leslie Andrews. "Historical Notes on Missionary Care." In *Missionary Care: Counting the Cost for World Evangelism*, ed. Kelly O'Donnell, William Carey Library, 1992.

Vine, W. E. *A Comprehensive Dictionary of the Original Greek Words with Their Precise Meanings for English Readers.* MacDonald Publishing, 1940.

Viola, Frank A. *Who Is Your Covering? A Fresh Look at Leadership, Authority, and Accountability.* Rev. ed. Present Testimony Ministry, 1999.

Volf, Miroslav. *Free of Charge: Giving and Forgiving in a Culture Stripped of Grace.* Zondervan, 2005.

Wakefield, James L. *Sacred Listening: Discovering the Spiritual Exercises of Ignatius Loyola.* Baker, 2006.

Ward, Benedicta. *The Desert Christians: The Sayings of the Desert Fathers.* Macmillan, 1975.

Warner, Timothy. *Spiritual Warfare: Victory over the Powers of This Dark World.* Crossway, 1991.

Warren, Trish Harrison. *Liturgy of the Ordinary.* IVP, 2016.

Weber, Carolyn. *Holy Is the Day: Living in the Gift of Presence.* IVP, 2013.

Whitney, Donald S. *Spiritual Disciplines for the Christian Life.* NavPress, 1991.

Wilhoit, James C. *Spiritual Formation as If the Church Mattered: Growing in Christ in Community.* Baker, 2008.

Willard, Dallas. "Foreword" to James C. Wilhoit, *Spiritual Formation as If the Church Mattered: Growing in Christ in Community.* Baker, 2008.

Willard, Dallas. *Spirit of the Disciplines.* Harper and Row, 1998.

Willis, Dustin, and Brandon Clements. *The Simplest Way to Change the World: Biblical Hospitality as a Way of Life.* Moody, 2017.

www.ingramcontent.com/pod-product-compliance
Ingram Content Group UK Ltd.
Pitfield, Milton Keynes, MK11 3LW, UK
UKHW050416240426
12048UKWH00021B/1540